**Kohlhammer
Urban-
Taschenbücher**

W0095330

Band 557

Grundriß der Psychologie

Band 8

eine Reihe in 21 Bänden
herausgegeben von
Herbert Selg und Dieter Ulich

Diese neue, in sich geschlossene Taschenbuchreihe
orientiert sich konsequent an den Erfordernissen des
Studiums. Knapp, übersichtlich und verständlich
präsentiert jeder Band das Grundwissen einer
Teildisziplin.

Walter Hussy

Denken und Problemlösen

Verlag W. Kohlhammer
Stuttgart Berlin Köln

Die Deutsche Bibliothek – CIP-Einheitsaufnahme

Grundriß der Psychologie: eine Reihe in 21 Bänden /
hrsg. von Herbert Selg und Dieter Ulich. –
Stuttgart; Berlin; Köln: Kohlhammer
  (Urban-Taschenbücher; ...)

NE: Selg, Herbert [Hrsg.]

Bd. 8. Denken und Problemlösen / Walter Hussy. – 1993
  (Urban-Taschenbücher; Bd. 557)
   ISBN 3−17−010817−4
NE: Hussy, Walter; GT

Für meinen Sohn Marius,
der die familiäre Orientierung weiter festigt

Alle Rechte vorbehalten
© 1993 W. Kohlhammer GmbH
Stuttgart Berlin Köln
Verlagsort: Stuttgart
Gesamtherstellung:
W. Kohlhammer Druckerei GmbH + Co. Stuttgart
Printed in Germany

Inhalt

Vorwort

Der vorliegende Band zur Denk- und Problemlösepsychologie ist Bestandteil der Reihe »Grundriß der Psychologie«, in welcher versucht wird, einen Überblick über die verschiedenen Gebiete der Psychologie zu geben. Entsprechend strebt auch dieser Text das Ziel an, in den Themenbereich der Denkpsychologie *einzuführen.* Dadurch eröffnet sich Studierenden der Anfangssemester bzw. fachfernen Lesern die Möglichkeit, einen einfachen und anschaulichen Ein- und Überblick zu gewinnen.

Man kann sich fragen, ob es notwendig ist, einen solchen Band zur Denkpsychologie zu schreiben, zumal in jüngerer Zeit vom gleichen Verfasser – und einigen anderen Autoren – einschlägige Publikationen erfolgten (z. B. Hussy 1984, 1986; Schaefer 1985; Bourne et al. 1986). Die Rechtfertigung für diesen Band bezieht sich deshalb auch auf seinen eingangs erwähnten, einführenden Charakter mit der Betonung auf *Verständlichkeit auch für Nichtpsychologen.* Andere Fachbeiträge können weiterhin als Vertiefungen und Ergänzungen verstanden werden.

Darüber hinaus verläuft die Entwicklung des Themenbereichs mit einer so großen Geschwindigkeit, daß nach sechs bzw. acht Jahren durchaus ein Aktualisierungsbedarf besteht, und zwar nicht nur für einzelne neuere empirische Befunde, sondern auch für neueste Themen wie z. B. die Wissens- und Bewußtseinspsychologie.

Schließlich ist dieser Band, abgesehen von einigen kurzen historischen Bemerkungen, auf den derzeit dominierenden *informationsverarbeitungstheoretischen* Ansatz beschränkt; ältere Schulen wie der Behaviorismus oder die Gestaltpsychologie werden bewußt vernachlässigt.

Nach einer thematischen und begrifflichen Abgrenzung erfolgt im zweiten Kapitel die Darstellung eines *Rahmenmodells,* welches eine Einordnung der vielfältigen empirischen Beiträge und theoretischen Ansätze zu den relevanten Themen erleichtern soll. Schon an dieser Stelle werden die inhaltlichen Schwerpunkte – *Aufmerksamkeit, Problemlösen, Urteilen, kreativer Prozeß* – eingeführt und anhand des Modells miteinander in Beziehung gesetzt. Deren differenzierte Abhandlung folgt im dritten Kapitel, dem Schwerpunkt des vorliegenden Bandes. Abschließend erfahren die neuesten Entwicklungen im Fach – die *Wissenspsychologie* und die *Bewußtseinspsychologie* – eine einführende Würdigung.

Gerne danke ich meiner Familie für ihr Verständnis für manchen entgangenen gemeinsamen Tag. Weiterhin wäre die Überarbeitung des Manuskripts ohne die geduldige, zuverlässige und kompetente Mitarbeit von Frau Gudrun Roth und meiner Frau in der zur Verfügung stehenden Zeit nicht möglich gewesen. Ihnen – und den vielen anderen nichtgenannten, diskussionsbereiten Kolleginnen und Kollegen – gilt mein herzlichster Dank.

Gusterath, im Herbst 1992   Walter Hussy

1 Gegenstand, Methode und Geschichte

Viele Personen, die dieses Buch zur Hand nehmen, werden bereits beim Lesen des Titels Vorstellungen und Erwartungen über den Inhalt entwickeln. So wissen wir doch alle, was mit *Denken* gemeint ist, sind alle schon oft genug *Problemen* begegnet und haben sicherlich auch die meisten davon *gelöst*. Doch wenn man einmal etwas länger darüber nachdenkt, was sich beim Denken und Problemlösen eigentlich in unseren Köpfen abspielt, oder wenn man gar versucht, diese Begriffe zu kennzeichnen (definieren), dann wird man sehr schnell bemerken, daß unser diesbezügliches Wissen recht unpräziser und globaler Natur ist. Die Präzisierung, Erweiterung, Differenzierung und Systematisierung dieses Wissens hat sich die Denk- und Problemlösepsychologie zur Aufgabe gemacht, und im weiteren Verlauf des Buches wird ein Überblick über den derzeitigen Stand dieser Bemühungen gegeben. Doch bevor wir uns den wissenschaftlichen Erkenntnissen näher zuwenden, folgen zunächst einige Beispiele, die die Vielfalt des Gegenstandsbereichs illustrieren und das Interesse daran wecken bzw. vertiefen sollen.

1.1 Außergewöhnliche Denk- und Gedächtnisleistungen

Schon 1945 berichteten Scheerer et al. von einem Jungen mit außergewöhnlichen Fähigkeiten im *Kalenderrechnen*. Dieser elfjährige Junge mit einem extrem niedrigen Intelligenzquotienten (IQ = 50) konnte z. B. den Wochentag eines beliebigen Datums ab 1880 nennen. Gefragt, welcher Wochentag etwa der 25. 8. 1989 sei, nannte er ohne nennenswerte Verzögerung den Freitag. Ebenso leicht fiel ihm das umgekehrte Vorgehen, also ein Datum zu einem spezifischen Wochentag zu finden (der dritte Sonntag im August 1937). Außerdem hatte er ein hervorragendes Gedächtnis für Geburtsdaten von Personen aus seiner Umgebung oder seines Interesses. Das Erstaunliche an diesem Fall – und weiteren ähnlichen Fällen – ist die Tatsache, daß trotz erheblicher geistiger

Defizite in einem eng umgrenzten Feld Höchstleistungen vollbracht werden können, zu denen selbst hochbegabte Personen kaum fähig sind.

Ebenfalls schon länger bekannt sind Beispiele von *Rechenkünstlern*. So beschrieb Hunter (1968) den Fall eines Mathematikprofessors, der z. B. im Kopf die Divison ¼₇ berechnen konnte und für die Gesamtberechnung – einschließlich 44 Stellen nach dem Komma – nur rund 100 Sekunden benötigte. In jüngster Zeit berichten Bredenkamp et al. (1988) über den ähnlichen Fall eines 21jährigen Informatikstudenten, der u. a. die 137. Wurzel aus einer 1000stelligen Zahl ohne Hilfsmittel in weniger als einer Minute berechnet. Bemerkenswert ist auch in diesen Fällen der außerordentliche Leistungsstandard in einem begrenzten Bereich, hier dem Bereich der Zahlen.

Es drängt sich die Frage auf, ob hier spezielle Begabungen vorliegen oder ob andere Personen – mit entsprechender Übung – Vergleichbares leisten können. Eine Untersuchung von Chase & Ericsson (1982) zur *Gedächtnisspanne* zeigt, welche enormen Leistungssteigerungen im Gedächtnisbereich möglich sind. Unter Gedächtnisspanne versteht man die Anzahl von Zeichen (Zahlen, Buchstaben, Wörtern), die bei einmaliger Präsentation korrekt wiedergegeben werden können. Sie liegt im Durchschnitt bei sieben Zeichen. Konkret geht man dabei so vor, daß im Sekundenabstand Zahlen vorgetragen werden (4 – 2 – 7 – 0 – 2 – 1 – 7), die unmittelbar im Anschluß daran in dieser Reihenfolge wiederzugeben sind. Chase & Ericsson trainierten eine studentische Versuchsperson in 264 (!) Sitzungen, diese Spanne zu vergrößern. Das Ergebnis dieser intensiven Übung ist *Abb. 1.1* zu entnehmen. Von einer anfänglich normalen Leistung von sieben Zahlen steigerte sich schließlich die Behaltensleistung auf 82 (!) Zahlen. Daß diese Leistungssteigerung nicht gleichbedeutend mit einer entsprechend erweiterten Gedächtnisspanne ist, sondern aus einer spezifischen Strukturierung des Zahlenmaterials resultiert, sei an dieser Stelle nur am Rande vermerkt.

Durch eine weitere Untersuchung zu intensiven Übungseffekten wird der Eindruck verstärkt, daß die berichteten herausragenden Rechenleistungen das Resultat langjähriger und intensiver Beschäftigung mit einem bestimmten, eng umgrenzten Gegenstandsbereich darstellen. Spelke et al. (1976) ließen zwei Studenten über einen Zeitraum von 17 Wochen täglich fünf Stunden lang üben, *gleichzeitig Prosatexte zu lesen und diktierte Wortlisten zu schreiben*. Jeder, der diese Doppeltätigkeit versuchsweise ausführt, wird ihre enorme Schwierigkeit bemerken. Die beiden

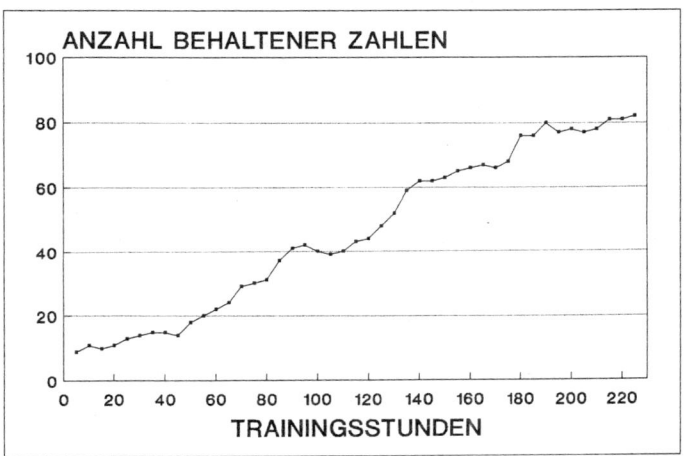

Abb. 1.1: Die Anzahl behaltener Zahlen in Abhängigkeit von der Anzahl der Trainingsstunden in der Studie zur Gedächtnisspanne von Chase & Ericsson (1982).

Tätigkeiten stören sich gegenseitig, und es kommt zu einer deutlichen Verlangsamung der Lese- und Schreibgeschwindigkeit, zu vielen Fehlern in beiden Tätigkeiten, zu einer Verschlechterung der Handschrift und zu Verständnis- und Erinnerungsdefiziten bezüglich beider Tätigkeiten. Genau dieses Bild zeigten anfangs auch die beiden Studenten. Am Ende der 17 Wochen (ca. 400 Stunden Übung! – natürlich mit immer neuen Texten und Wortlisten) hatte sich das Bild allerdings total gewandelt. Jetzt waren die Verlangsamungen und die Fehler verschwunden, das Schriftbild sowie die Verständnis- bzw. Erinnerungsleistungen für beide Tätigkeiten normal; zusätzlich schrieben sie anstelle der diktierten Worte deren Überbegriffe (z. B. „Tier" für das Wort „Hase").

Dieses und die anderen genannten Beispiele zeigen, zu welchen geistigen (kognitiven) Leistungen Menschen fähig sind. Auf deren Erklärungsmöglichkeiten kommen wir im weiteren Verlauf des Textes zurück. Bevor wir uns näher mit der begrifflichen Einengung des Gegenstandsbereichs beschäftigen, soll aber auch die Kehrseite der Medaille kurz zur Sprache kommen.

Jeder hat schon oft genug Situationen erlebt, in denen Leistungen gefordert wurden, gleichgültig, ob in der Schule, während des Studiums oder im Berufsleben. Wenn solche Situationen gleichzeitig von großer persönlicher Bedeutung sind (z. B. in Prüfungssituationen oder Vorstellungsgesprächen), dann handelt es sich um sogenannte *Streßsituationen.* Viele Personen berichten, daß sie in solchen Situationen nicht mehr denken, sich an die einfachsten Sachverhalte nicht mehr erinnern oder diese rekonstruieren können. Geistige Leistungen auch einfachster Art, die unter normalen (streßfreien) Bedingungen keinerlei Schwierigkeiten bereiten, sind nicht mehr vollziehbar, es entstehen Denk- oder Erinnerungsblockaden. Süllwold (1988) berichtet von einem entsprechenden Experiment, in welchem die Versuchspersonen (Vpn) sogenannte *Verschiebeaufgaben* bearbeiten mußten (vgl. *Abb. 1.2*). Eine bestimmte Ausgangsanordnung (*Abb. 1.2 b* und *Abb. 1.2 c*) soll durch schrittweises Verschieben von je einer Scheibe innerhalb der sechs Felder in die Zielanordnung (*Abb. 1.2 a*) überführt werden. *Tab. 1.1* enthält die Lösung für *Abb. 1.2 b,* und *Abb. 1.3* veranschaulicht die ersten fünf Lösungsschritte. Weicht die Vp von dieser idealen Lösungsschrittfolge ab, so benötigt sie mehr als zehn Züge bis zur Lösungsfindung.

Tab. 1.1: Die Lösung der Problemstellung aus Abb. 1.2 b (Verschiebeproblem, nach Süllwold 1988)

Zug	Scheibe	Feld
1	2	4
2	6	5
3	1	2
4	3	3
5	6	6
6	2	5
7	5	4
8	1	1
9	2	2
10	5	5

Die Vpn bearbeiteten diese Problemstellung unter drei Bedingungen: eine Gruppe (Kontrolle) erhielt keine zusätzliche streßerzeugende Rückmeldung, in den beiden anderen Gruppen wurde Streß erzeugt. Dies geschah, indem in der einen Gruppe (mittlerer Streß) eine *Mißerfolgsrückmeldung* bezüglich einer vorab zu bearbeitenden, nicht verwandten Problemstellung gegeben wurde, verstärkt durch eine negative Äußerung des Versuchsleiters (Vl);

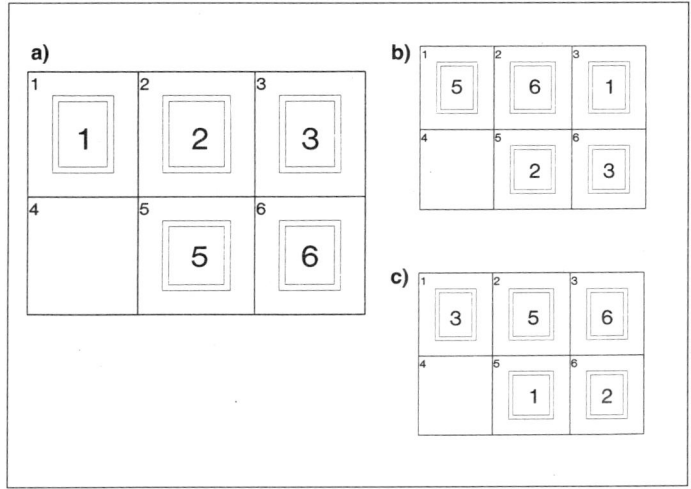

Abb. 1.2: Der Zielzustand (a) und zwei Ausgangszustände (b und c) im Verschiebeproblem von Süllwold (1988).

die andere Gruppe (starker Streß) durchlief dieses Erlebnis des Versagens zweimal. Die Leistungen in der sich anschließenden Verschiebeaufgabe sind in *Abb. 1.4* veranschaulicht.

Man erkennt eine drastische Unterlegenheit (*Abb. 1.4 a*) der Leistung in den Streßgruppen im Vergleich zur streßfreien Kontrollgruppe. Dieser Befund zeigt, daß es Bedingungen gibt, in denen die kognitiven Leistungsmöglichkeiten in erstaunlicher Weise eingeengt sind. Daß diese Beobachtungen für Männer (*Abb. 1.4 a*), nicht aber für Frauen gelten (*Abb. 1.4 b*), sei nur am Rande vermerkt, macht aber die Frage nach den Möglichkeiten und Grenzen unserer kognitiven Kapazitäten im Bereich des Denkens und Problemlösens nur noch spannender.

1.2 Gegenstand und Methoden der wissenschaftlichen Denk- und Problemlösepsychologie

Nach dieser illustrativen Darstellung kognitiver Hoch- bzw. Minderleistungen wollen wir uns jetzt etwas systematischer mit dem Gegenstand und den Methoden der Denk- und Problemlösepsychologie befassen.

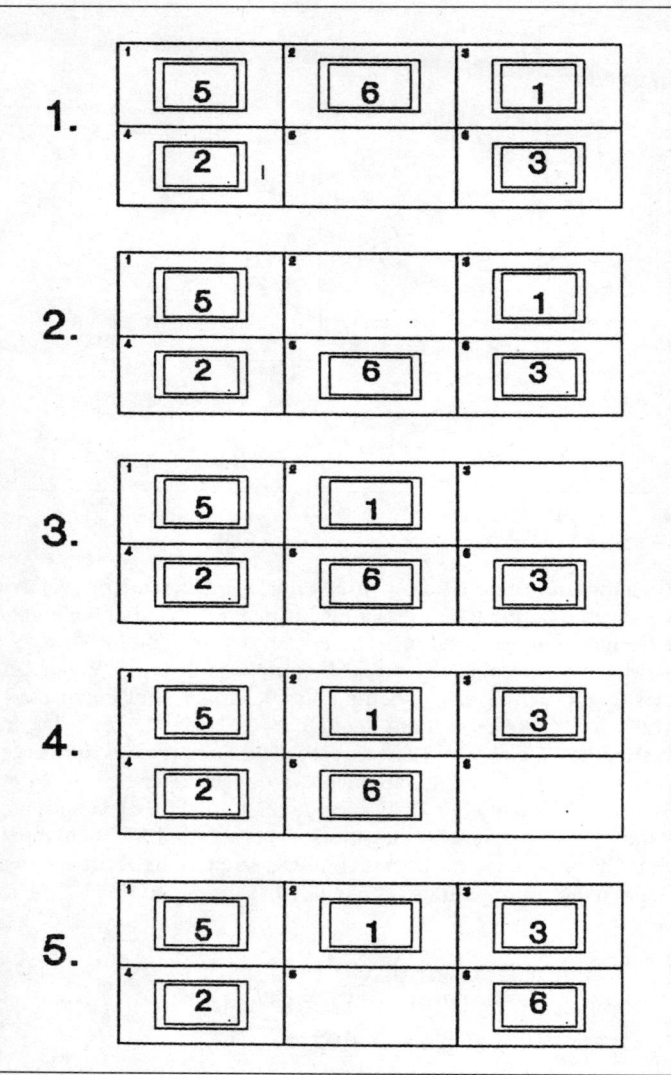

Abb. 1.3: Die ersten fünf (optimalen) Züge im Verschiebeproblem. Mit dem fünften Zug ist (für die Scheiben 3 und 6) ein Zwischenziel erreicht. In den restlichen fünf Zügen werden nur noch die Scheiben 1, 2 und 5 durch Schieben entgegen dem Uhrzeigersinn bewegt.

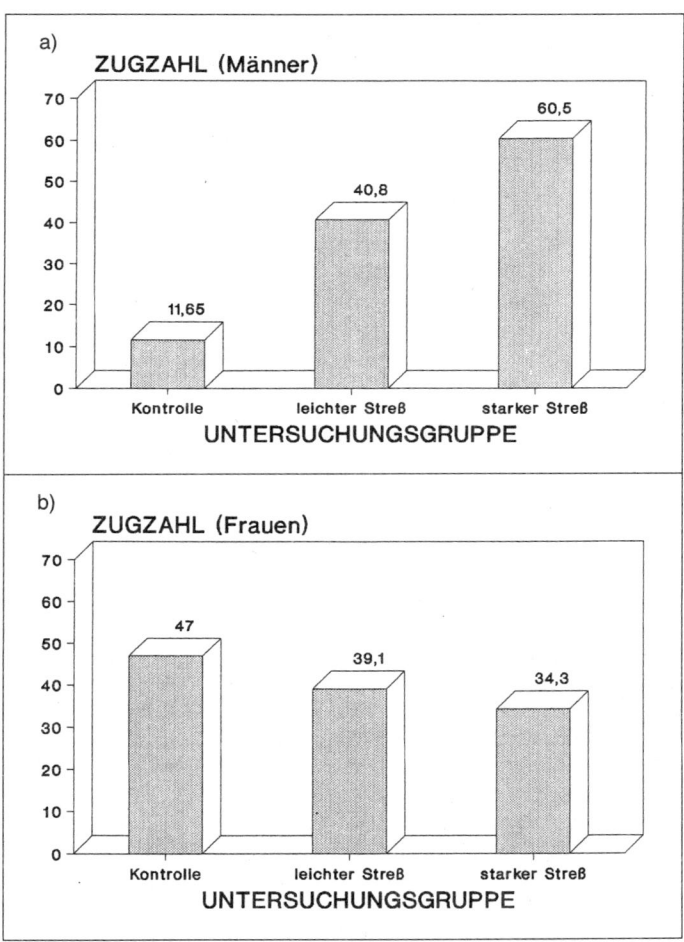

Abb. 1.4: Die benötigte Anzahl von Zügen bis zum Erreichen des Zielzustandes im Verschiebeproblem, in Abhängigkeit vom Ausmaß der Belastung, differenziert nach den Ergebnissen der männlichen (a) und weiblichen Vpn (b).

1.2.1 Gegenstandsbereiche und Ziele

Zu diesem Zweck ist zunächst der eigentliche Gegenstandsbereich festzulegen. Es zählen dazu all jene geistigen Vorgänge, die

a) zielgerichtet sind,
b) nicht *alleine* auf das Entdecken und Erkennen von Reizen beschränkt sind,
c) nicht *alleine* auf das Speichern oder das Abrufen von Fakten im bzw. aus dem Gedächtnis beschränkt sind und
d) – teilweise als Folge davon – das Verarbeiten von Fakten erforderlich machen.

Zu a): Mit *zielgerichtet* ist gemeint, daß die geistigen Abläufe auf das Erreichen eines definierten Ziels ausgerichtet sind. Im Streßbeispiel aus Kapitel 1.1 bestand dieses Ziel im Erreichen der Anordnung *1.2 a (Abb. 1.2)* durch das Verschieben der Scheiben. Die Überlegungen und Maßnahmen der Vpn dienten dem Erreichen dieses Zustandes, waren also zielgerichtet (oder zielorientiert).

Dagegen fehlt z. B. beim *freien Assoziieren* diese Zielgerichtetheit. Die Aufgabe der Vp besteht in diesem Fall darin, auf ein durch den Versuchsleiter (Vl) gegebenes Stichwort Wörter zu nennen, die ihr dazu einfallen. Natürlich handelt es sich dabei auch um einen kognitiven Vorgang, allerdings zählen wir ihn nicht zum Gegenstandsbereich der Denk- und Problemlösepsychologie, es sei denn als einen Teilaspekt zielgerichteter Prozesse.

Zu b): Übernimmt eine Person den Auftrag, an einer verkehrsreichen Straße alle roten Autos zu zählen, so handelt es sich dabei zweifellos um eine zielgerichtete geistige Aktivität. Dennoch wird dieser Vorgang der Wahrnehmungs- und Aufmerksamkeitspsychologie zugeordnet. Das aufmerksame (konzentrierte) Verfolgen der Umwelt allein ist somit nicht mit Denk- und Problemlöseprozessen gleichzusetzen; andererseits gilt auch in diesem Fall, daß Wahrnehmung und Aufmerksamkeit interessante und wesentliche Teilaspekte des Denkens darstellen. Ohne die Möglichkeit des Erkennens der Zahlen in dem Verschiebeproblem und ohne die Ausrichtung der Aufmerksamkeit auf dieses Problem kann es auch keinen Denk- oder Problemlöseprozeß geben. So könnte man den Streßeffekt in diesem Problem (bei Männern) darauf zurückführen, daß – unter Streßbedingungen – ein Teil der Aufmerksamkeit nicht dem Problemlöseprozeß gilt, sondern noch der Bewältigung der vorangegangenen negativen Rückmeldungen zufließt mit der Folge der Verschlechterung der Problemlöseleistung.

Zu c): Gibt man einer Person eine Liste von Wörtern mit der Anweisung (Instruktion), diese möglichst gut zu behalten, damit sie im Anschluß an die Darbietung (Präsentation) möglichst viele dieser Wörter wiedergeben (reproduzieren) kann, so zählt dieser kognitive Vorgang zum Gegenstandsbereich der Lern- und Gedächtnispsychologie. Erneut gilt aber auch in diesem Fall, daß Lern- und Gedächtnisprozesse eine wesentliche Voraussetzung von Denken und Problemlösen sind. Beispielsweise könnten Rechenkünstler (vgl. Kapitel 1.1) ohne die Möglichkeit, Zwischenergebnisse zu behalten, ihre außergewöhnlichen Denkleistungen nicht vollbringen, aber genau diese Denkleistungen gehen über Lern- und Gedächtnisvorgänge hinaus.

Zu d): Das Verarbeiten von Fakten (Informationen) entspricht diesem »darüber Hinausgehen«. Im Verschiebeproblem soll nicht die Anordnung der Scheiben im Gedächtnis behalten werden, sondern die Informationen zum Ausgangszustand (*Abb. 1.2 b*) und Zielzustand (*Abb. 1.2 a*) müssen so miteinander in Beziehung gesetzt werden, daß die Lösung gelingt. Bewegt man die Scheiben entgegen dem Uhrzeigersinn (*Scheibe 5 nach Feld 4, S6 – F1, S1 – F2, S3 – F3 usw.*), so kommt man zwar der Lösung näher, scheitert aber letztlich daran, daß die Scheiben 5 und 6 sowie 2 und 3 bezüglich des Zieles immer in der falschen Abfolge bleiben (6 vor 5 und 3 vor 2). Also muß man dieses Problem beseitigen. Es wäre beseitigt, wenn man die Scheiben 3 und 6 auf ihre entsprechenden Zielfelder bringen könnte, denn dann stehen anstelle der Scheibe 5 die 3 und umgekehrt anstelle der Scheibe 2 die 6. Ist dieses Zwischenziel erreicht, dann handelt es sich nur noch um ein Verschiebespiel mit drei Scheiben (1, 2 und 5) entgegen dem Uhrzeigersinn. In *Abb. 1.3* sind – wie bereits erwähnt – diese ersten Lösungsschritte bis zum Zwischenziel abgedruckt.

Ein anderes Beispiel für das Verarbeiten von Informationen im Sinne ihrer neuen Verknüpfung ist aus Intelligenztests wohlbekannt. Dort wird häufig nach der Fortsetzung einer gegebenen Zahlenreihe gefragt:

$$6, 7, 9, 6, 2, 7, 13, 6, ?$$

Das Fragezeichen steht für jene Zahl, die die Reihe korrekt fortsetzt. Es gilt also herauszufinden, welche Verknüpfungsregeln (Beziehungen, Relationen) die Abfolge (Sequenz) der Zahlen bestimmen. *Eine* Möglichkeit der Relation ist die Differenz. Bildet man diese zwischen je einem Zahlenpaar, so ergibt sich folgendes Bild:

$$1, 2, 3, 4, 5, 6, 7, ?$$

Das bedeutet, daß die Differenz zwischen der letzten gegebenen Zahl der Reihe (6) und der gesuchten Zahl (?) 8 beträgt. Somit kommen als Lösung die Zahlen -2 und 14 in Frage. Es muß also eine weitere Relation zwischen den Zahlen gefunden werden, um eindeutig entscheiden zu können. Diese Verknüpfungsregel könnte sich aus den Vorzeichen der Differenzen ableiten lassen. Sie ergeben folgende Sequenz:

$$+, +, -, -, +, +, -, ?$$

Damit ist die *zweite* Regel gefunden, nämlich der Vorzeichenwechsel im Zweierschritt; die Lösung besteht somit in der Zahl -2.

Das *Verarbeiten von Informationen im Sinne ihrer zielbezogenen (Neu-)Verknüpfung* stellt folglich das entscheidende Kriterium für die Zugehörigkeit von kognitiven Prozessen zum Gegenstandsbereich der Denk- und Problemlösepsychologie dar. Als ihr Ziel ist – als weitere Konsequenz daraus – die *Beschreibung und Erklärung jener Erscheinungen* (Phänomene) zu bezeichnen, die zu diesem Gegenstandsbereich zählen. Dabei gilt das Hauptaugenmerk dem Auffinden von *allgemeingültigen Gesetzmäßigkeiten* zur Beschreibung und Erklärung denkpsychologischer Phänomene. Damit ist gemeint, daß sie für alle Personen (Individuen) gelten. Wenn eine solche Gesetzmäßigkeit etwa lautet, daß die bildhafte Präsentation eines Problems (im Vergleich zur numerischen Präsentation) die Lösungsfindung erleichtert, dann sollte dieses Gesetz für alle (die meisten, die Mehrzahl der) Individuen gelten. Natürlich wird es immer Unterschiede zwischen Individuen geben, aber diese sind nicht der primäre Gegenstand der Denkpsychologie, sondern der der Persönlichkeitspsychologie.

1.2.2 Kennzeichnung von Denk- und Problemlöseprozessen

Aus den bisher angeführten Beispielen und Untersuchungen sowie den dazu angestellten Überlegungen und Erörterungen lassen sich weitere Erkenntnisse ableiten. Bei Denk- und Problemlöseprozessen handelt es sich um sehr *vielschichtige (komplexe) geistige Abläufe*. Diese Komplexität ergibt sich zum einen aus der Anzahl und Verschiedenartigkeit der beteiligten kognitiven Teilprozesse und zum anderen aus der Vielfalt möglicher Problemstellungen. Bezüglich der Teilprozesse ist bereits klar geworden, daß neben den Vorgängen der zielbezogenen (Neu-)Verknüpfung auch Wahrnehmungs- und Aufmerksamkeits- sowie Lern- und Gedächtnisprozesse beteiligt sind. Auch hinsichtlich der unterschiedlichen Problemstellungen haben wir bereits ein ganzes

Spektrum kennengelernt: es reicht vom arithmetischen Rechnen über das Kalenderrechnen und die Verschiebeprobleme bis hin zum »Zahlenreihen fortsetzen«. Im weiteren Verlauf des Textes wird noch eine Reihe weiterer Probleme hinzukommen. Diese unterschiedlichen Problemstellungen verlangen auch den Rückgriff auf jeweils spezifische Teilfertigkeiten. So benötigt man zur Bearbeitung des Verschiebeproblems nur wenig spezifisches Faktenwissen. Anstelle der Zahlen könnten auch Zeichen (Symbole) auf den Scheiben stehen; an der Problemstruktur und der Problemschwierigkeit würde sich dadurch nichts Entscheidendes ändern. Dagegen ist zur Lösung des Problems »Zahlenreihen fortsetzen« sehr wohl spezielles Wissen über das Zahlensystem (Zahlenabfolge) und über die Operationen mit den Zahlen (Addition, Subtraktion usw.) erforderlich, und ein Ersetzen der Zahlen durch Symbole brächte eine völlige Veränderung der Problemstruktur und der Problemschwierigkeit mit sich.

Weiterhin wird deutlich, daß Denk- und Problemlöseprozesse *nicht direkt beobachtbar* sind. Sie sind nur aus dem Verhalten der denkenden Individuen erschließbar. Damit stoßen wir auf ein schwieriges Problem (nicht nur) der Denkpsychologie: Mit Hilfe welcher Vorgehensweisen (Methoden) sind neue Erkenntnisse über Denk- und Problemlöseprozesse zu gewinnen? Auf dieses auch heute noch sehr kontrovers diskutierte Thema kommen wir im weiteren Verlauf dieses Kapitels zurück.

Das Fehlen einer direkten Beobachtbarkeit ergibt sich daraus, daß Denk- und Problemlöseprozesse *im Individuum (intern)* ablaufen. Personen verwenden innere Abbildungen (interne Repräsentationen) jener Sachverhalte, die zur Lösung benötigt werden. So ist die Probleminstruktion (über die Wahrnehmung) ebenso intern repräsentiert wie die zur Lösung benötigten Zusatzinformationen. Bezogen auf das Beispiel »Zahlenreihen fortsetzen« ist sowohl die Instruktion (welche Zahl setzt die Reihe korrekt fort?) im Gedächtnis abgebildet (neu) wie auch das Wissen um das Zahlensystem und die möglichen Operationen (alt). Die Verarbeitung dieser neuen und alten Informationen im Sinne ihrer zielbezogenen (Neu-)Verknüpfung erfolgt also mittels ihrer internen Repräsentationen. Die bereits betonte Bedeutung des Gedächtnisses für Denk- und Problemlöseprozesse – als unabdingbare Voraussetzung für die Möglichkeit der internen Repräsentation – wird auch durch diese Überlegungen unmittelbar deutlich.

Aus der Zielorientierung des Denk- und Problemlösevorgangs folgt schließlich, daß dieser sich auf das Erleben und Verhalten des denkenden Individuums auswirkt – er wird *erlebens- und verhaltenswirksam.* Dieses zeigt sich z. B. an Stimmungsveränderungen im Anschluß an ge- oder mißglückte Problemlöseversuche, die ihrerseits wieder – wie das Streßexperiment zeigt – Rückwirkungen auf Denkprozesse mit sich bringen können. Ergebnisse von Denkprozessen können aber auch gravierende und überdauernde Verhaltensveränderungen nach sich ziehen, so etwa, wenn sich ein Individuum entschließt, sich von seinem Partner zu trennen oder den Arbeitsplatz (Beruf) zu wechseln. Gerade im letzteren Sinne planen und organisieren wir unser Verhalten – natürlich nicht ausschließlich – durch Denkprozesse.

Damit sind die wesentlichsten Merkmale jener kognitiven Aktivitäten genannt, die mit »Denken« und »Problemlösen« bezeichnet werden. Im weiteren Verlauf des Textes werden wir die beiden Begriffe – gerade unter dem Aspekt der Zielorientierung – synonym verwenden. Zur Vervollständigung ist an dieser Stelle deshalb noch der Begriff des »Problems« festzulegen. Auch zur Klärung dieser Frage beziehen wir uns auf die bisher besprochenen Beispiele und die zugehörigen Überlegungen. Offensichtlich sind zwei wesentliche Bestimmungsstücke eines Problems der *Ausgangs-* und der *Zielzustand.* Der Ausgangs- oder Istzustand im Verschiebeproblem wird durch *Abb. 1.2 b* (oder *1.2 c*) festgelegt. Die Vp befindet sich also in einer Situation mit bestimmten Merkmalen (meist durch die Instruktion festgelegt). Ebenso definiert die Instruktion den Ziel- oder Sollzustand (*Abb. 1.2 a*), somit ebenfalls eine Situation mit spezifischen Merkmalen. Damit man von einem Problem sprechen kann, muß noch ein weiteres Merkmal erfüllt sein: Zwischen Ausgangs- und Zielzustand muß sich ein *Hindernis* (Barriere) befinden. Damit ist gemeint, daß es für ein Individuum, welches versucht, das Verschiebeproblem zu lösen, nicht ohne weiteres möglich ist, die Lösung zu produzieren. Ohne weiteres bedeutet, daß die Lösung nicht schon bekannt ist und somit nicht einfach aus dem Gedächtnis abgerufen werden kann, sondern daß Denkprozesse im oben festgelegten Sinne – ein zielgerichtetes (Neu-)Verknüpfen der Merkmale – eingesetzt werden müssen.

Kann man dagegen den Ausgangszustand durch Abrufen der Lösung aus dem Gedächtnis in den Zielzustand überführen, handelt es sich nicht um ein Problem, sondern um eine *Aufgabe,* es fehlt die Barriere.

1.2.3 Methoden der Denk- und Problemlösepsychologie

Wie kann man wissenschaftliche Erkenntnisse über einen Gegenstandsbereich gewinnen, der nicht allein durch seine hohe Komplexität, sondern zusätzlich – und vor allem – durch die nicht direkte Beobachtbarkeit gekennzeichnet ist? Wir wollen uns an dieser Stelle einen kurzen Überblick darüber verschaffen, welche diesbezüglichen Methoden in der wissenschaftlichen Denkpsychologie eingesetzt wurden bzw. werden.

Die längste Tradition besitzt zweifellos die *Selbstbeobachtung* (Introspektion). Dabei berichten die Vpn beim Bearbeiten eines Problems, was gerade in ihnen vor sich geht und warum sie die jeweiligen Schritte unternehmen. Als Beispiel kann einmal mehr das Verschiebeproblem dienen. Die Vp muß sich in diesem Fall zu ihrem Vorgehen äußern und beispielsweise sagen: »Ich bewege die Scheibe 2, damit eine Chance besteht, die Scheiben 5 und 6 in die erforderliche Reihenfolge zu bringen.« Diese Art des mündlichen (verbalen) Berichts begleitet den gesamten Lösungsprozeß vom Beginn bis zum (erfolgreichen) Ende. Aus solchen *Verbaldaten* wird auf die intern ablaufenden Denkprozesse (Art, Dauer, Abfolge) rückgeschlossen.

Zwei Einwände gegen diese Methode betreffen ihre *Subjektivität* und die *Beeinflussung der ablaufenden Denkprozesse*. Den ersten Einwand kann folgendes Beispiel veranschaulichen: Will man das Gewicht eines Gegenstandes erfassen, so kann man dieses schätzen oder es messen. Das *Schätzen* des Gewichts führt zu subjektiven Daten, da verschiedene Versuchspersonen zu unterschiedlichen Ergebnissen kommen (oder die gleiche Person zu unterschiedlichen Zeitpunkten zu verschiedenen Ergebnissen kommt). Dagegen bezeichnet man die *Meß*ergebnisse (gewonnen mit dem Meßinstrument Waage) als objektiv, da verschiedene Personen zum (annähernd) gleichen Ergebnis kommen. Ein wesentliches Kriterium wissenschaftlicher Forschung bezieht sich auf die Objektivität der Daten (Beobachtungen), die den Erkenntnissen zugrunde liegen, und aus dieser Sicht mangelt es den Introspektionsdaten an Objektivität.

Der zweite Vorbehalt gegenüber dieser Beobachtungsmethode bezieht sich darauf, daß das Berichten über die internen Abläufe diese selbst beeinflußt (verändert) und die Aussagen damit die »wahren« Vorgänge nicht ausreichend exakt erfassen.

Gerade wegen dieses zweiten Einwandes wich man häufig auf zwei der Selbstbeobachtung verwandte Methoden aus, nämlich die der *Retrospektion* und des *lauten Denkens*. Bei der Retrospektion berichtet die Vp *nach* dem Problemlösevorgang über die intern abgelaufenen Vorgänge. Damit ist deren direkte Beeinflussung vermieden, aber es taucht dafür ein nicht weniger gravierendes Problem auf, nämlich die Frage nach der Präzision der Erinnerungsleistung, durch die die rückwirkende Beobachtung gekennzeichnet ist. Kann man sich wirklich daran erinnern, weshalb man z. B. den Zug 3 im Verschiebeproblem gemacht hat, oder handelt es sich dabei nicht vielmehr um den – erneut sehr subjektiven – Versuch der *Rekonstruktion,* also des Erstellens eines in sich stimmigen Gesamtbildes.

Die Methode des lauten Denkens beinhaltet, daß Personen aussprechen, was ihnen beim Problemlösen gerade »durch den Kopf geht«. Sie analysieren nicht näher, welche kognitiven Prozesse ablaufen, sondern sie benennen sie einfach. Im Vergleich zur Introspektion würde eine Vp möglicherweise berichten: »Mit welchem Zug beginne ich am besten? Ich versuche es einmal mit Scheibe 2.« Zwar reduziert auch diese Methode das Ausmaß der Einflußnahme auf die kognitiven Prozesse selbst, da die permanente Reflexion über deren Rechtfertigung entfällt, andererseits ist damit aber natürlich auch ein Datenverlust verbunden, denn gerade an diesen Vorgängen ist man interessiert: Wie und aufgrund welcher Sachverhalte kommt es zur zielorientierten (Neu-) Verknüpfung von Merkmalen des Ausgangs- und Zielzustandes?

Um diesem Mangel an Objektivität, Zuverlässigkeit (Reliabilität) und Gültigkeit (Validität) der Selbstbeobachtungsmethoden zu entgehen, weicht man häufig auf die Fremdbeobachtungsmethode (Extraspektion) aus. Nicht das gegenstandsbezogene verbale Verhalten der untersuchten Personen wird als Datenbasis zur Ableitung von neuen Erkenntnissen herangezogen, sondern andere, direkt beobachtbare (bzw. meßbare) und damit objektive Verhaltensmerkmale – wie die Zeitdauer oder die Güte des Problemlösevorgangs (Anzahl der benötigten Lösungsschritte) – dienen als entsprechende Grundlage. Um es am Beispiel der Streßuntersuchung zu verdeutlichen: Die Auswirkung von Streß auf den Problemlösevorgang wird anhand der Anzahl der benötigten Züge bis zur Lösungsfindung – einem direkt und objektiv beobachtbaren Verhaltensmerkmal – beurteilt. Aufgrund der festgestellten höheren Anzahl von Zügen mit zunehmendem Streß (bei Männern) *schließt* man auf die zugrundeliegenden Ursachen, etwa auf störende selbstwertbezogene Gedanken, die durch Streß hervorgerufen werden. Bei Verwendung der Selbstbeobachtungsmethoden dagegen würde man die Aussage der Personen bezüglich der Häufigkeit der berichteten selbstwertbezogenen Äußerungen in den verschiedenen Untersuchungsbedingungen analysieren und – *ohne zusätzliche Schlußfolgerungen* – möglicherweise zu ähnlichen Unterschieden kommen.

Vor allem die Methode der Fremdbeobachtung tritt in der Regel zusammen mit der Methode des Experimentierens auf. Auch hier kann das Streßbeispiel zur Illustration herangezogen werden. Man versucht, Erkenntnisse darüber zu gewinnen, welchen Einfluß Streß auf das Problemlöseverhalten zeigt. Zu diesem Zweck werden Problemlösesituationen geschaffen, die sich nur hinsichtlich des Ausmaßes an Streßbelastung unterscheiden, dagegen in allen anderen Aspekten möglichst ähnlich sind. In der Untersuchung bearbeiten alle Vpn das gleiche Verschiebeproblem, aber (jeweils gleich viele Vpn) unter drei unterschiedlichen Belastungsbedingungen. Stellt man nun (mit Hilfe inferenzstatistischer Verfahren) sicher, daß die errechneten Mittelwertsunterschiede in den drei Bedingungen nicht mit dem Zufall erklärt werden können, so hat man die Möglichkeit zu einer sogenannten *Kausalaussage,* also z. B. »mit zunehmender Belastung (durch Mißerfolgsrückmeldung bewirkt) verzögert sich die Lösungsfindung beim Verschiebeproblem« oder »Belastung ist die *Ursache* für die verzögerte Lösungsfindung«.

Zusammenfassend kann man feststellen, daß die über Introspektion gewonnenen Daten einerseits subjektiven Charakter haben und damit einem strengen wissenschaftlichen Objektivitätskriterium nicht standhalten, andererseits aber sehr nahe an die interessierenden Fragestellungen heranreichen und sich somit spekulative Folgerungen teilweise erübrigen. Dagegen erfüllen die Extraspektionsdaten das Objektivitätskriterium, erfordern in der Regel aber Schlußfolgerungen auf die ihnen zugrundeliegenden kognitiven Prozesse. Mit Hilfe sinnvoll konzipierter Anschlußexperimente sind solche Schlußfolgerungen zu überprüfen.

In den letzten Jahren hat eine weitere Methode in der Denkpsychologie Einzug gehalten, nämlich die der *Computersimulation* oder der *kognitiven Modellierung.* Darunter versteht man den Versuch, mit Hilfe des Computers Probleme zu lösen. Allgemein bekannt sind jene Computerprogramme, mit denen man Schach spielen kann. Die Leistung solcher Programme erreicht und übersteigt manchmal sogar die der weltbesten Schachspieler.

Die Entwicklung solcher Problemlöseprogramme wird primär durch eine Teildisziplin der Informatik, nämlich die zur Erforschung der künstlichen Intelligenz (KI), vorangetrieben (manchmal auch AI von artificial intelligence). Das Ziel dieser Disziplin ist nicht das Lösen von Problemen, wie dieses durch menschliche

Individuen geschieht, sondern mit Hilfe spezieller Programmiersprachen (z. B. LISP oder PROLOG) und der Möglichkeiten von
Computern (hohe Speicherkapazität, schnelle Verarbeitung),
schnelle, elegante und effiziente Problemlöseprogramme zu erstellen. Aber auch im Bereich der kognitiven Psychologie gibt es
eine Reihe von Versuchen, solche Programme zu erstellen. Dabei
bedient man sich auch des Wissens und der Methoden der KI
(z. B. Programmiersprachen). Insofern besteht auch ein reger
Kontakt zwischen diesen beiden Forschungsansätzen. Der grund-
sätzliche Unterschied liegt im *Aufbau der Programme*. In der
kognitiven Psychologie spielen Eleganz und Effizienz sowie die
mathematisch-algorithmische Durchdringung eine untergeordnete
Rolle. Primäres Ziel ist die *Simulation menschlichen Problemlösens*. So gesehen repräsentieren die Programmstrukturen psychologische Modelle zum Problemlösen. Neue Erkenntnisse können
dadurch gewonnen werden, daß man unterschiedliche Programm-
versionen zu einer Fragestellung, die verschiedene diesbezügliche
Erklärungsansätze repräsentieren, auf ihre Übereinstimmung mit
dem beobachtbaren Problemlöseverhalten einer Person in der
fraglichen Situation überprüft. Wenn wir im abschließenden
Kapitel 4 dieses Buches kurz auf die Wissenspsychologie zu sprechen kommen, wird die Methode der Computersimulation – dort
vorzugsweise »kognitive Modellierung« genannt – noch einmal
aufgegriffen.

1.3 Geschichte der Denk- und
Problemlösepsychologie

Eine Einführung in den Bereich der Denk- und Problemlösepsychologie bliebe unvollständig, wenn nicht wenigstens einige Worte
zu ihrer Geschichte verloren würden. Im folgenden Kapitel gehen
wir daher kurz auf ihre philosophischen Ursprünge, die psychologischen Anfänge und die großen Schulen und Strömungen dieses Jahrhunderts ein.

1.3.1 Philosophischer Ursprung

Es kann kaum verwundern, daß sich die alten griechischen Phi-
losophen, die viele der auch heute noch interessierenden wissen-

schaftlichen Fragestellungen in erstaunlicher Weise gedanklich durchdrungen haben, gerade auch mit dem Denken beschäftigten. Hier war es vor allem Aristoteles, der für die Bereiche Lernen, Gedächtnis und Denken Prinzipien formulierte, die auch heute noch überraschend modern anmuten. Er unterscheidet – in der heutigen Sprache formuliert – zwei Basiselemente, aus denen sich die kognitiven Vorgänge zusammensetzen:

a) die *Idee* (der Gedanke),

b) die *Assoziation* (Verbindung, Verknüpfung).

Seine drei Prinzipien der Bildung von Assoziationen zwischen zwei (oder mehreren) Objekten oder Ereignissen betreffen den Bereich »Lernen und Gedächtnis«:

1) *Kontiguität:* Treten zwei Objekte oder Ereignisse in *räumlicher* oder *zeitlicher* Nähe auf, so werden sie ohne weiteres Zutun im Gedächtnis verknüpft. Die Verbindung zwischen den Begriffen »Garten« und »Pflanzen« entsteht nach diesem Prinzip.

2) *Ähnlichkeit:* Sind sich zwei Objekte oder Ereignisse *ähnlich,* so werden sie im Gedächtnis verknüpft. Dieses Prinzip beschreibt die Stiftung einer Assoziation zwischen einer »Rose«, die man zu einem bestimmten Zeitpunkt und an einem bestimmten Ort kennengelernt hat, mit einer »Tulpe«, die erstmals in einem anderen raumzeitlichen Zusammenhang auftrat.

3) *Kontrast:* Sind zwei Objekte oder Ereignisse *gegensätzlich,* so werden sie im Gedächtnis verknüpft. Die beiden Begriffe »Tag« und »Nacht« illustrieren dieses Prinzip.

Für das Denken bilden diese gedächtnismäßig repräsentierten Verbindungen insofern die Grundlage, als der Ideenfluß durch solche Assoziationen gesteuert wird: ein Begriff ruft einen damit assoziierten zweiten Begriff auf, dieser einen weiteren und so fort. Wir werden Modelle zum semantischen Gedächtnis kennenlernen, die deutlich auf solche Vorstellungen Bezug nehmen.

Wenn wir an die eingangs besprochenen Beispiele zum »Zahlenreihen fortsetzen« denken, so gewinnt man zwar den Eindruck, dem intentionalen, kontrollierten Charakter des Problemlösens mit diesen Vorstellungen kaum gerecht zu werden, andererseits lernen wir noch eine Klasse kognitiver Vorgänge kennen, nämlich die *automatisierten Prozesse,* für die diese alten philosophischen Postulate durchaus hohe Aktualität besitzen. Auf deren weitere Ausarbeitung durch die britischen Assoziationisten (z. B. Locke und Hobbes) im 17. und 18. Jahrhundert wollen wir an dieser Stelle nicht eingehen, sondern uns direkt den Anfängen der wissenschaftlichen Psychologie zuwenden.

1.3.2 Psychologische Anfänge

Gegen Ende des 19. Jahrhunderts begann sich aus der philosophischen Beschäftigung mit dem menschlichen Geist eine eigenständige, empirisch orientierte Wissenschaft zu entwickeln, die das menschliche Erleben und Verhalten zum Gegenstand hat, die Psychologie. Im allgemeinen wird dieser Beginn mit dem Einrichten eines psychologischen Labors in Leipzig (1879) durch Wilhelm Wundt gleichgesetzt. Sein Interesse galt dem menschlichen Bewußtsein, also einem Bereich, dem wir gerade in jüngster Zeit wieder verstärkt Beachtung schenken (vgl. Kapitel 4). Introspektion – durch speziell trainierte Personen – stellte für ihn die Methode der Wahl dar. Er fand drei kognitive (mentale) Elemente des Bewußtseins, nämlich die *Sinnesempfindungen, Vorstellungen* und *Gefühle,* aus denen sich alle kognitiven Abläufe zusammensetzen. Nach seinem Dafürhalten bestand die Aufgabe der Psychologie darin, die diesbezügliche Struktur der Bewußtseinsinhalte zu untersuchen, weshalb sein Ansatz auch die Bezeichnung *Strukturalismus* trägt (nicht zu verwechseln mit einer derzeit aktuellen, gleichnamigen wissenschaftstheoretischen Position). Interessanterweise glaubte Wundt allerdings, daß sich höhere geistige Prozesse – wie Lernen und Denken – der Introspektion entziehen würden und von daher nicht Gegenstand der Forschung sein könnten, und widmete seine Aufmerksamkeit elementaren Wahrnehmungsvorgängen.

Diese Position blieb nicht ohne Widerspruch. Schon ein Zeitgenosse, Hermann Ebbinghaus, untersuchte mit Erfolg einen Teilbereich der durch Wundt »verbannten« höheren geistigen Prozesse, das verbale Lernen. Er wechselte zu diesem Zweck von der Intro- zur Extraspektion. Außerdem führte er spezielles Untersuchungsmaterial, die sogenannten sinnfreien Silben, ein. Das Vorgehen bestand darin, eine Liste mit solchen Silben (mur, taz, rar, sek usw.) zu lesen und danach zu reproduzieren. In einer Reihe genial erdachter Studien (meist im Eigenversuch durchgeführt) fand er z. B. die Lern- und Vergessenskurve (*Abb. 1.5 a* und *1.5 b*).

Diese zeigen den Lernzuwachs in Abhängigkeit von der Anzahl der Lerndurchgänge bzw. das Ausmaß an Vergessen in Abhängigkeit von der Zeit zwischen perfektem Behalten und Reproduktion. Diese idealisierten Verläufe lassen den anfänglich großen Lernzuwachs bzw. das anfänglich starke Vergessen erkennen. Danach flachen die Kurven ab, d. h., mit weiterer Übung wird der

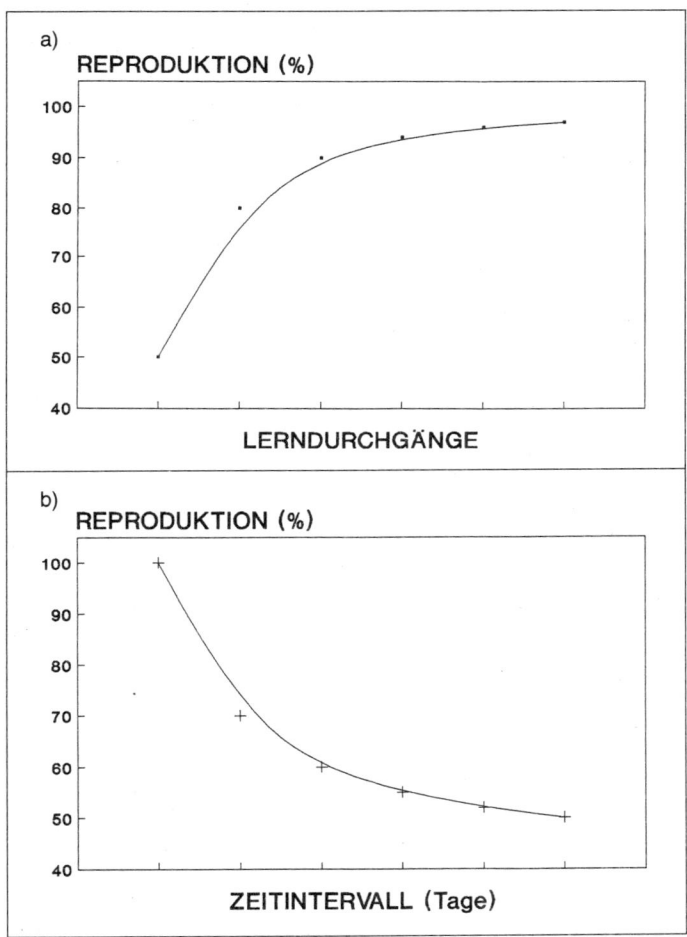

Abb. 1.5: Schematische Darstellung der Lern- (a) und Vergessenskurve (b) nach Ebbinghaus.

Zuwachs geringer bzw. mit längerem Zeitintervall läßt der Verlust durch das Vergessen nach.

Der Einfluß von Ebbinghaus auf die Lern- und Gedächtnispsychologie war sehr stark. Bis in die fünfziger Jahre unseres Jahrhunderts dominierten seine Materialien und Untersuchungsmethoden. Sein Hauptverdienst liegt jedoch zweifellos im Nachweis der prinzipiellen Untersuchbarkeit höherer geistiger Prozesse.

Ähnliche Verdienste gebühren Franz C. Donders, der sich schon in der Mitte des 19. Jahrhunderts mit der Messung der Ablaufgeschwindigkeit geistiger Ereignisse beschäftigte. Ausgangspunkt dafür ist die *Reaktionszeit* (RZ), die dann vorliegt, wenn ein Individuum auf einen (bekannten) Reiz mit einer festgelegten Reaktion (z. B. Tastendruck) antwortet. Die Zeit vom Erscheinen des Reizes (z. B. der Buchstabe x) auf einem Bildschirm bis zum Tastendruck stellt die RZ dar. Wird die Situation insofern leicht verändert, als neben dem x auch ein z auf dem Bildschirm auftauchen kann, auf welches mit einer anderen Taste reagiert werden muß, dann bildet die Zeit zwischen Reiz und Reaktion die *Entscheidungszeit* (EZ) ab. Diese EZ muß länger sein als die RZ, da ein zusätzlicher Unterscheidungsprozeß auf der Wahrnehmungsebene (welcher Buchstabe liegt vor; *sensorische Diskrimination*) und auf motorischer Ebene (welche Taste ist zu drücken; *motorische Diskrimination*) erforderlich wird. Die Dauer der sensorischen und motorischen Diskrimination ergibt sich nach dieser Logik aus der Subtraktion der RZ von der EZ (daher die Bezeichnung Subtraktionsmethode). Vergrößert man die Anzahl möglicher Alternativen (Buchstaben und Tasten), dann vergrößert sich – wie *Abb. 1.6a* zeigt – auch die EZ.

Allerdings geriet diese Methode vorübergehend in Vergessenheit, da sich etliche für die damalige Zeit rätselhafte Befunde einstellten. So war der Verlauf der EZ sehr stark vom verwendeten Reizmaterial abhängig, worauf man sich keinen rechten Vers machen konnte, oder man störte sich an dem nichtlinearen Verlauf der EZ (*Abb. 1.6a*), da man eigentlich eine lineare Abhängigkeit der EZ von der Anzahl der Alternativen erwartete. In den letzten Jahrzehnten erinnerte man sich dann jedoch wieder an diese Methode und konnte z. B. zeigen, daß die vermutete lineare Abhängigkeit dann vorliegt, wenn man nicht die Alternativenzahl auf der Abszisse aufträgt, sondern deren Informationsgehalt. Weitere Beispiele für die vielfältigen Möglichkeiten des Einsatzes der Zeitmessung in der Denkpsychologie werden uns im Verlauf des Textes noch begegnen.

1.3.3 Große Strömungen: Behaviorismus und Gestalt

Diskutierte man bis zum Beginn des 20. Jahrhunderts vornehmlich die Fragen nach der Untersuchungsmethodik und der Kom-

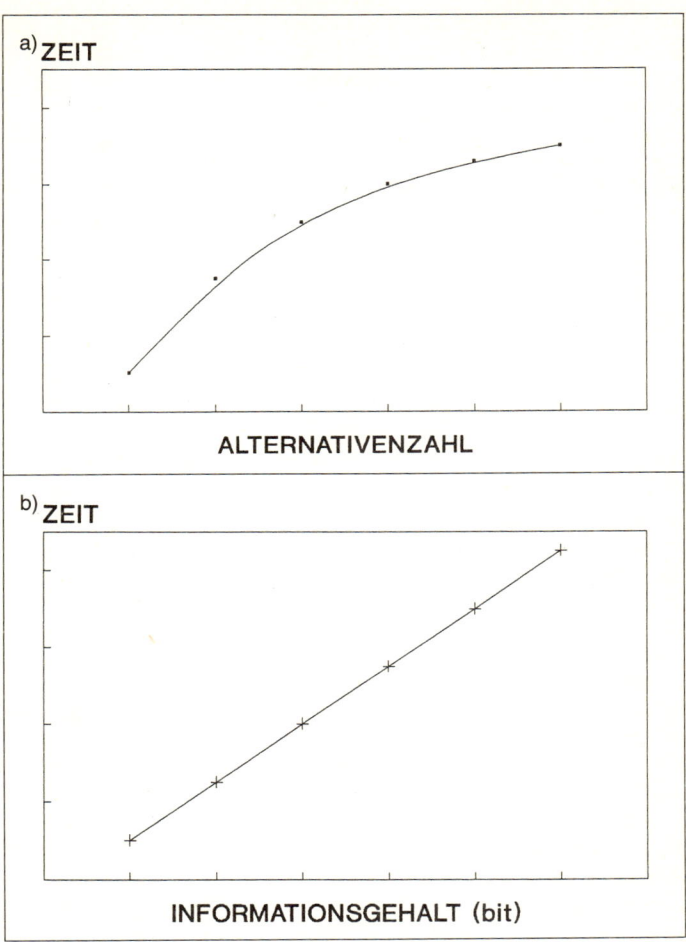

Abb. 1.6: Schematische Darstellung des Anstiegs der Entscheidungszeit in Abhängigkeit von a) der Alternativenzahl und b) dem Informationsgehalt der Situation.

plexität analysierbarer kognitiver Prozesse, so trat mit John B. Watson eine radikal veränderte Sichtweise gegenüber kognitiven Abläufen in den Vordergrund. Er lehnte sowohl den Untersuchungsgegenstand (Bewußtsein, Gedächtnis, Denken, Gefühle) als auch die Introspektion als Untersuchungsmethode kategorisch ab und betonte direkt beobachtbares Verhalten als alleiniges Ziel psychologischer Forschung. Außerdem bildete für ihn folglich die Extraspektion die einzig mögliche wissenschaftliche Untersuchungsmethode. Diese Position, die in der Folgezeit eine große Anhängerschaft fand und bis in die fünfziger Jahre unseres Jahrhunderts einen starken Einfluß auf die psychologische Forschung ausübte, wird mit *Behaviorismus* (von behavior = Verhalten) bezeichnet.

Ganz in der Tradition der philosophischen Vorläufer der Denkpsychologie betonen Behavioristen drei Bestimmungsgrößen menschlichen Verhaltens, nämlich

a) den Reiz (Reizmuster, Situation),
b) die Reaktion (Reaktionsmuster, Antwort der Person) und
c) die Assoziation (Verbindung oder Verknüpfung zwischen Reiz und Reaktion).

Aus der direkten Beobachtung dieser Größen läßt sich menschliches Verhalten beschreiben und erklären. Sie bilden das sogenannte S-R-Schema, wobei S für Reiz *(stimulus)* und R für Reaktion *(response)* steht. Der Strich dazwischen repräsentiert die Assoziation. Wird eine Person zum freien Assoziieren aufgefordert (vgl. Kap. 1.2.1) und antwortet auf das Stichwort »Tag« mit »Nacht«, so bildet »Tag« den Stimulus und »Nacht« die Reaktion aufgrund der gedächtnismäßig repräsentierten Assoziation zwischen beiden Begriffen (Kontingenz, Kontrast; vgl. Kap. 1.3.1). Wird die Person ermuntert, weitere Assoziationen zu nennen, so folgen beispielsweise die Begriffe »Sonne«, »Woche« und »warm«. Das bedeutet, daß zu einem Stimulus in der Regel *mehrere* Reaktionen gehören und daß die *Stärke* der Assoziation die Reihenfolge des Aufrufs bestimmt. *Abb. 1.7* zeigt ein entsprechend erweitertes S-R-Schema, welches auf der Reaktionsseite als *Reaktionshierarchie* bezeichnet wird. Gemäß der Bedeutung der »Assoziation« für die Beschreibung und Erklärung menschlichen Verhaltens wird die behavioristische Position häufig auch als *Assoziationismus* bezeichnet.

In der extremen Form des Behaviorismus Watsonscher Prägung hatten Begriffe wie Lernen und Denken keinen Platz. Watsons eigene Worte illustrieren diese Position sicherlich am besten:

»Bei seinen ersten Anstrengungen, Gegenstand und Methode zu präzisieren, begann der Behaviorist das Problem der Psychologie neu zu formulieren und dabei alle mittelalterlichen Vorstellungen über Bord zu werfen. Er strich aus seinem wissenschaftlichen Vokabular alle subjektiven Termini wie Empfindung, Wahrnehmung, Vorstellung, Wunsch, Ab-

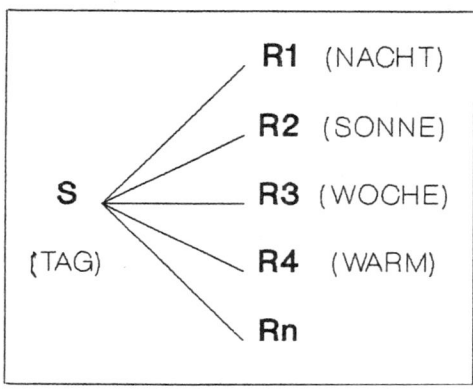

Abb. 1.7: Eine Reaktionshierarchie auf den Stimulus »Tag« beim freien Assoziieren, mit S – R1 als der höchsten und S – Rn als der niedrigsten Assoziationsstärke.

sicht und sogar Denken und Gefühl, soweit diese Begriffe subjektiv definiert waren.« (1930, S. 5; deutsch 1976, S. 39)

Auf die Dauer konnte man allerdings damit nicht überzeugen. So wurden auf dem Hintergrund des S-R-Schemas Interpretationen zu diesen Begriffen vorgelegt. Im Bereich des Lernens beschäftigten sich Behavioristen primär mit den Bedingungen für den Aufbau (Erwerb) von Assoziationen. Bekannt wurde dieser Forschungszweig unter der Bezeichnung der *klassischen und instrumentellen Konditionierung*. Denken interpretierte man als die Anwendung des *Versuchs- und Irrtumsprinzips* auf vorhandene S-R-Schemata.

Ein klassisches Beispiel aus dem Gebiet des Problemlösens bei Tieren soll diese Sichtweise erläutern. Thorndike (1898) experimentierte mit Katzen, die er ohne Nahrung in einen Käfig einsperrte. Außerhalb des Käfigs befand sich – für die Tiere gut sichtbar – ein Schälchen mit Milch. Diese Situation beschreibt die Reizseite. Die Tiere zeigten nun eine Reihe von Reaktionen, z. B. miauen, kratzen, durch die Gitterstäbe zwängen, auf den Öffnungshebel drücken, am Öffnungsseil ziehen usw. Aufgrund der Häufigkeit und des Zeitpunkts des Auftretens dieser Reaktionen kann man nun zu einer vermutlichen anfänglichen Reaktionshierarchie in bezug auf die Reizsituation gelangen. Das entsprechende Schema ist in *Abb. 1.8 a* dargestellt.

Demnach ist R1 (durch Gitterstäbe zwängen wollen) die *do-*

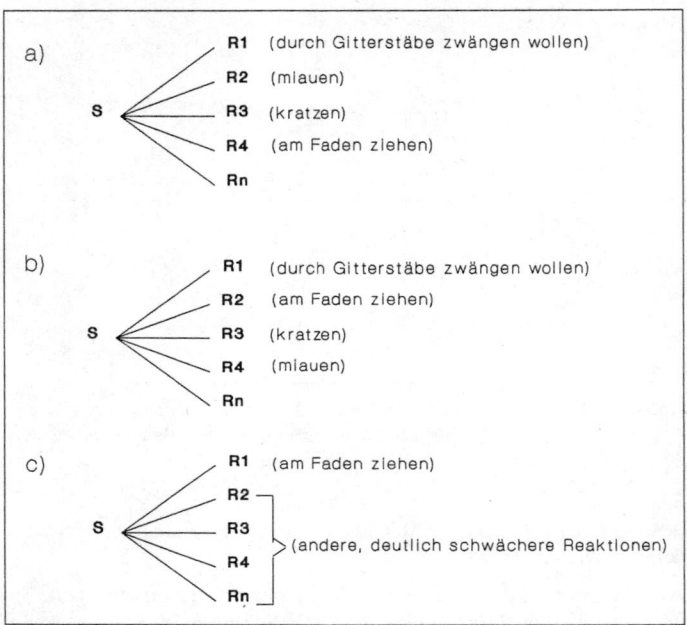

Abb. 1.8: Die Veränderung der anfänglichen Reaktionshierarchie im Käfigproblem (a) aufgrund wiederholter Versuche (b und c), aus dem Käfig zu entkommen.

minante (assoziationsstärkste) Reaktion. Nachdem R1 nicht zum Ziel führt, werden weitere Reaktionen ausprobiert (miauen, kratzen), bis schließlich die erfolgreiche Reaktion folgt (Öffnungshebel drücken oder am Öffnungsseil ziehen). Diese Assoziation (S – R4) wird aufgrund des Erfolgs in ihrer Stärke erhöht, während die anderen – aufgrund des Mißerfolgs – eine Schwächung erfahren. *Abb. 1.8 b* zeigt eine entsprechende Veränderung in der Reaktionshierarchie. Wiederholt man diesen Vorgang mit der gleichen Katze, so zeigen sich entsprechende Veränderungen: Zwar dominiert noch immer die Reaktion, sich durch die Gitterstäbe zwängen zu wollen, aber danach kommt schon das zum Ziel führende Verhalten. Nach einer Reihe weiterer Durchgänge zeigt das Tier sofort die korrekte Reaktion; diese wurde zur dominanten Verhaltensweise (*Abb. 1.8 c*).

Problemlösen besteht aus behavioristischer Sicht also aus einer

Veränderung der Reaktionshierarchie aufgrund von Versuchs-Irrtums-Verhaltens, wobei die Versuche der Assoziationsstärke in der Hierarchie folgen und der Irrtum (bzw. der Erfolg) die Veränderungen in der Reaktionshierarchie bewirkt (weitere Einzelheiten sind z. B. bei Hussy 1984, S. 154 ff oder Mayer 1983, S. 16 ff zu finden). Ein Problem liegt vor, wenn die dominante Reaktion auf einen Reiz nicht erfolgreich ist. Man kann leicht erkennen, daß selbst diese gemäßigte (neo-)behavioristische Position schnell in Schwierigkeiten gerät. Denken wir z. B. an das Verschiebeproblem, so ist unklar, wie eine diesbezügliche Reaktionshierarchie aussehen soll. Außerdem muß man sich fragen, wie die in Kapitel 1.2 geforderte Neuverknüpfung von Informationen zustande kommen soll; die erforderliche Reaktion befindet sich entweder bereits in der Hierarchie (dann ist es keine Neuverknüpfung), oder die Lösung gelingt nicht. Neben solchen auf das Problemlösen bezogenen Argumenten galt die zunehmende Unzufriedenheit mit der behavioristischen Position vornehmlich dem mechanistischen, passiven Menschenbild, welches dieser Sichtweise zugrunde liegt. Der Mensch wird als reagierendes Wesen aufgefaßt, sein Verhalten ist durch Reiz-Reaktionsverbindungen festgelegt, und für spontanes, selbstbestimmtes und intentionales Verhalten bleibt kein Raum. So verwundert es nicht, daß sich schon bald eine Gegenströmung etablierte, die *Gestaltpsychologie.*

Max Wertheimer und Wolfgang Köhler gelten als die prominentesten Vertreter dieser Schule, die ein gegenteiliges Menschenbild propagiert, also das aktive, selbstbestimmte, geistig produktive Individuum. Der Interessenschwerpunkt wechselt von den *Strukturen* des Bewußtseins zum *Prozeß* des Denkens und Problemlösens, von der *elementaristischen* Betrachtungsweise (Reiz, Reaktion, Assoziation) zur *ganzheitlichen* Sicht (Gestalt). Die Bezeichnung »Gestalt« steht für die Auffassung, daß kognitive Abläufe im Bereich der Wahrnehmung, des Lernens, Gedächtnisses und Denkens mehr sind als die Summe der Teile (Elemente), aus denen sie sich zusammensetzen.

Ein Beispiel aus der Wahrnehmungspsychologie, in der die Gestaltpsychologie zunächst Fuß faßte, mag diese Gedanken veranschaulichen. *Abb. 1.9* zeigt drei Kreise und ein Dreieck, welche durch ein helleres Dreieck teilweise überlagert werden. In Wirklichkeit ist dieses Dreieck nicht heller als die Umgebung, und die Konturen sind nur subjektiv vorhanden (deshalb die Bezeichnung subjektive Konturen; Kanizsa 1976). Der wahrnehmungsmäßig gegebene Gesamteindruck ist also mehr als die Summe der ihn konstituierenden Einzelteile, er hat Gestaltcharakter.

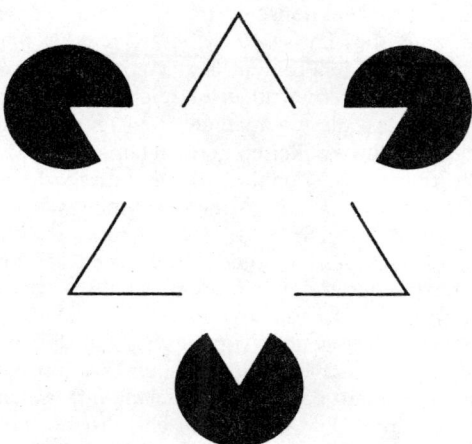

Abb. 1.9: Subjektive Konturen nach Kanizsa (1976): Es werden drei schwarze Kreise und ein Dreieck gesehen, von einem (scheinbar) hellweißen Dreieck teilweise verdeckt.

Entsprechend repräsentiert für die Gestaltpsychologie ein Problem eine *defekte* Gestalt, die nach Umwandlung in eine *gute* Gestalt strebt. Duncker, ein weiterer bekannter Gestaltpsychologe, formuliert den Vorgang des Problemlösens mit folgenden, bereits recht modern anmutenden Worten:

»Ein Problem entsteht, wenn ein Lebewesen ein Ziel hat, aber nicht weiß, wie es dieses Ziel erreichen kann. Immer dann, wenn man nicht allein durch einfaches Agieren von einer gegebenen Situation in eine gewünschte Situation überwechseln kann, muß auf »Denken« rekurriert werden. (Unter Agieren verstehen wir hier das Ausführen offensichtlicher Handlungen.) Dieses Denken hat die Aufgabe, Handlungen zu planen, die zwischen der bestehenden und der angestrebten Situation vermitteln können.« (1945, S. 1, übersetzt durch den Verfasser)

Ein Beispiel ist das bekannte Neun-Punkte-Problem (*Abb. 1.10 a*).

Die Aufgabe besteht darin, diese neun Punkte mit vier Geraden zu verbinden, und zwar ohne dabei abzusetzen, d. h. ohne den Bleistift vom Papier zu nehmen. Mißlungene erste Lösungs-

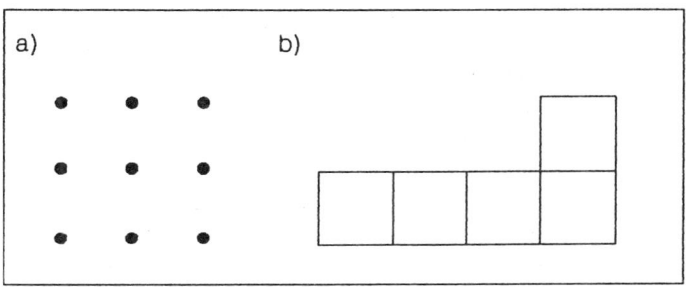

Abb. 1.10: Gestaltpsychologische Problemdarstellungen: a) Neun-Punkte-Problem: Verbinde die neun Punkte mit vier geraden Linien, ohne dabei abzusetzen! b) Streichholzproblem: Mache aus den fünf Quadraten durch Umlegen von drei Hölzern vier Quadrate!

versuche verdeutlichen die defekte Gestalt (bzw. das Vorliegen eines Problems). Der Ehrgeiz, die Lösung dennoch zu finden, zeugt von der Anspannung, die defekte in eine gute Gestalt überführen zu wollen. Zum Zweck des Problemlösens muß die defekte Gestalt *umstrukturiert* werden, d. h., ihre Einzelteile müssen in neuer Weise zusammengesetzt werden. Hier sind deutliche Parallelen zu den in Kapitel 1.2 angestellten Überlegungen erkennbar, wonach ein Hauptmerkmal des Problemlösens in der zielorientierten (Neu-)Verknüpfung von Merkmalen des Ausgangs- und Zielzustands zu sehen ist. Der Ausgangszustand entspricht der defekten, der Zielzustand der guten Gestalt und die Überführung erfolgt durch Neustrukturierung, also (Neu-)Verknüpfung. Die im Neun-Punkte-Problem erforderliche Umstrukturierung entspricht dem Sichloslösen von der Quadratwahrnehmung der neun Punkte, die den Lösungsraum einengt und die eigentliche Lösung ausschließt. Erst wenn die Linien über die Seiten des (wahrnehmungsmäßig gegebenen) Quadrats hinausgezogen werden, eröffnet sich der korrekte Lösungsweg.

Die zielführende Umstrukturierung vermittelt *Einsicht* in das Problem, die häufig von einem *Aha-Erlebnis* begleitet wird. Der gesamte Lösungsprozeß ist *produktiver* Natur und nicht mit dem mechanischen Abarbeiten von Reaktionshierarchien zu beschreiben.

Den Unterschied zwischen produktivem und reproduktivem Denken macht Katona (1940) in einer interessanten Untersuchung deutlich. Er verwendet sogenannte Streichholzprobleme (vgl. *Abb. 1.10b*), bei denen die Aufgabe zum Beispiel darin besteht, durch Umlegen von drei Hölzern aus fünf Quadraten vier herzustellen. Diese vier Quadrate müssen von gleicher Seitenlänge sein wie die fünf Ausgangsquadrate. Seine Vpn ordnete er drei Versuchsbedingungen zu. Die erste Gruppe beobachtete den Vl, wie dieser (insgesamt sechsmal) schrittweise ein Streichholzproblem löste (reproduktive Lernbedingungen: RB). In der zweiten Gruppe wurden die Vpn zusätzlich aufgefordert, den Lösungsweg zu begreifen. Der Vl richtete das Augenmerk der Vpn z. B. auf die Anzahl gemeinsamer Seiten benachbarter Quadrate (produktive Lernbedingungen: PB). *Abb. 1.11* veranschaulicht diese beiden Lernstrategien. Für die Kontrollgruppe (KB) entfiel diese Übungsphase.

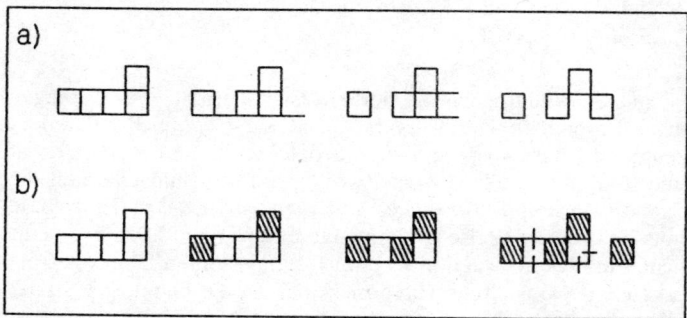

Abb. 1.11: Illustration der beiden Lernbedingungen im Streichholzexperiment von Katona (1940): Die Gruppe mit reproduktivem Lernen (a) sah dem Vl schrittweise bei der Lösungsfindung zu, die Gruppe mit produktivem Lernen (b) wurde vom Vl zusätzlich angewiesen zu versuchen, das Vorgehen zu verstehen, so etwa mit dem Hinweis auf die Quadrate mit nur einer gemeinsamen Seite.

In der Testphase, die entweder eine oder drei Wochen später stattfand, bearbeiteten alle Vpn eine Reihe alter (bekannter) und neuer Streichholzprobleme. Für die Kontrollgruppe waren alle Probleme neu. *Abb. 1.12* enthält die Untersuchungsergebnisse, ermittelt über den mittleren prozentualen Anteil korrekter Lösungen.

Ein völlig ausgeglichenes Bild vermitteln die Vpn der Kontrollgruppe (KB). Dieses ist auch zu erwarten, da – wie bereits erwähnt – alle Probleme für sie neu waren und der Zeitpunkt der Tests deshalb keine Rolle spielt. Ähnlich ausgeglichen sind die

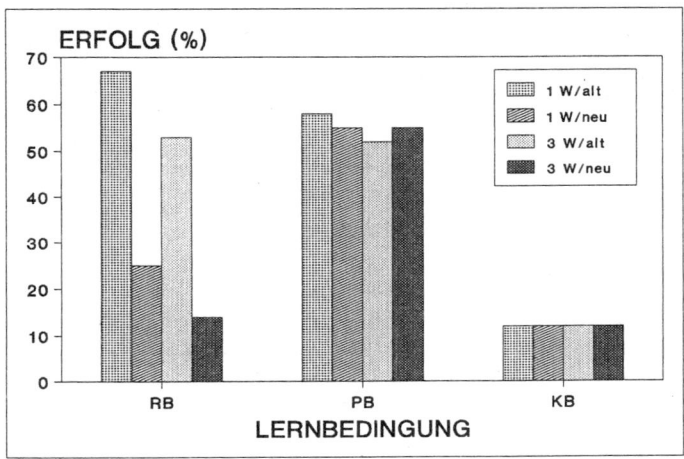

Abb. 1.12: Der prozentuale Erfolg der drei experimentellen Gruppen im Streichholzexperiment von Katona (1940): RB steht für reproduktive Bedingung, PB für produktive Bedingung und KB für Kontrollbedingung. Die Ergebnisse sind nach Testzeitpunkt (1 W = eine Woche später; 3 W = drei Wochen später) und Problemart (alt = bekanntes Problem; neu = neues Problem) differenziert.

Leistungen der Vpn in der Bedingung mit produktivem Lernen (PB), allerdings auf einem um rund 40 Prozent höheren Niveau. Der Versuch, die beobachteten Lösungen zu verstehen, also die Situation so umzustrukturieren, daß sich eine gute Gestalt ergibt, führte zur weitgehenden Unabhängigkeit von Zeit und Problemart. Die Vpn erwarben kein spezielles Wissen, welches sie später einfach reproduzierten, sondern sie erwarben (Teil-)Einsicht in die allgemeine Struktur von Streichholzproblemen. Diese Einsicht war für alte wie neue Probleme in gleicher Weise hilfreich und auch noch nach drei Wochen wirksam, da die Lösungen produziert und nicht reproduziert wurden.

Ein anderes Bild ergibt sich schließlich für die dritte Gruppe, die den Vl beobachtete und dabei die Möglichkeit hatte, sich den speziellen Lösungsweg einzuprägen (RB). Nach einer Woche zeigten diese Personen die beste Leistung bei bekannten, nicht aber bei neuen Problemstellungen. Dies spricht dafür, daß sie gelerntes Spezialwissen reproduktiv verwandten. Unterstützt wird diese Interpretation durch die nach drei Wochen gezeigten Leistungen. Bei bekannten Problemen sanken diese auf das Niveau der PB-Gruppe, bei neuen auf jenes der KB-Gruppe. Wenn Behavioristen sich überhaupt mit Denken und Problemlösen beschäftigten, dann – nach Auffassung von Gestaltpsychologen – mit der reproduktiven Form. Produktives Denken dagegen entzieht sich der Beschreibung und Erklärung mittels S-R-Schemata.

Daß die Gestaltpsychologie als geschlossene Schule die vierziger Jahre unseres Jahrhunderts nicht überlebte, lag vornehmlich an zwei entscheidenden Punkten:

a) die verwendeten Begriffe sind unpräzise und
b) es fehlt eine geschlossene Theorie.

Zu a): Begriffe wie Reiz, Reaktion und Assoziation sind präzise definierbar. Im Gegensatz dazu fehlt diese Möglichkeit für Begriffe wie »defekte oder gute Gestalt«, »Umstrukturieren« und »Einsicht«. Fehlt aber eine präzise Begrifflichkeit, so ist der wissenschaftliche Wert von Beschreibungs- und Erklärungsansätzen zweifelhaft.

Zu b): Gestaltpsychologen bekämpften in erster Linie die behavioristische Position, d. h., sie begnügten sich damit zu zeigen, daß diese nicht haltbar ist. Sicherlich waren sie mit diesen Versuchen auch erfolgreich. Andererseits kann man auf Dauer aber nur dann überzeugen, wenn man selbst eine differenzierte und fundierte Gesamtkonzeption vorlegen kann.

Auch wenn die Gestaltpsychologie als geschlossene Schule nicht mehr existiert, so sind doch ihre wesentlichsten Gedanken, Überzeugungen und Erkenntnisse nicht verlorengegangen. Im heute dominierenden kognitionspsychologischen Ansatz zum Denken und Problemlösen werden sie zum großen Teil aufgegriffen und in die Theoriebildung mit einbezogen. Das folgende zweite Kapitel ist dieser Position gewidmet.

2 Informationsverarbeitung und Kognition

In diesem Kapitel wollen wir uns einen Zugang zur derzeit dominierenden kognitiven Psychologie erschließen. Zunächst befassen wir uns mit dem Wechsel von der Gestaltpsychologie und dem (Neo-)Behaviorismus zur heutigen Sichtweise, beschäftigen uns danach mit den neuen Begriffen wie Information, Informationsverarbeitung, Kognition usw. und machen uns abschließend mit einem Rahmenmodell zur elementaren und komplexen menschlichen Informationsverarbeitung vertraut, das im sich anschließenden dritten Kapitel helfen soll, die Vielzahl der empirischen Befunde und der Modellvorstellungen zu ordnen.

2.1 Die Wiederentdeckung der Kognition

Wie bereits ausgeführt gab es etwa zwischen 1920 und 1950 ein heftiges Ringen der Gestaltpsychologen und Behavioristen um prinzipielle Fragen des Untersuchungsgegenstands (Sind höhere geistige Prozesse erforschbar?) und der Untersuchungsmethodik (Introspektion vs. Extraspektion). Allerdings kam es zu keinem tragfähigen Konsens, und der wissenschaftliche Erkenntnisfortschritt im Bereich der Denk- und Problemlösepsychologie blieb auf der Strecke. Dieses Defizit wurde immer deutlicher und der Nachholbedarf dringlicher.

In diese Atmosphäre fiel Ende der vierziger Jahre die Entwicklung der *Nachrichtentechnik* und der zugehörigen mathematischen Theorie (Informationstheorie; Shannon & Weaver 1949) mit dem zentralen Gegenstand der Übermittlung von Informationen von einem *Sender* zu einem *Empfänger* über einen vorgegebenen Kanal (mit begrenzter Kapazität). Das Konzept eines *Übertragungskanals mit begrenzter Kapazität* (vgl. *Abb. 2.1*) fand als Metapher bereitwillige Aufnahme in die Modellbildung zu Wahrnehmungs- und Gedächtnisfragen, zumal damit die gewünschte Präzision und Objektivität im Sinne einer mathematisch formulierten Theorie einherging. Bei unseren Überlegungen zum Thema »Aufmerksamkeit« werden wir darauf zurückkommen.

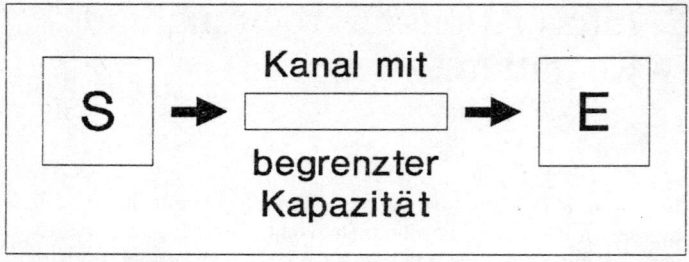

Abb. 2.1: Das Kanalmodell aus der Nachrichtentechnik: Der Sender (S) strahlt Information aus, der Empfänger (E) nimmt sie auf. Zur Übertragung der Information steht ein Kanal mit begrenzter (Übertragungs-) Kapazität zur Verfügung.

Ähnlichen Einfluß nahmen in den fünfziger Jahren die Entwicklungen im Bereich der elektronischen Datenverarbeitung. Ein Computer kann – ähnlich wie der Mensch – als ein System verstanden werden, welches symbolische Information verarbeitet. Diese Information wird mittels eines Programms in den Computer eingegeben, dort umgeformt, gespeichert und/oder ausgegeben. In analoger Weise kann das menschliche Individuum Information über die Sinnesorgane aufnehmen, intern umwandeln, speichern und/oder – über die Motorik – an die Umwelt zurückgeben. Hard- und Softwarekomponenten des Computers wurden – im Analogieschluß – zu funktionalen Bestandteilen eines *Modells menschlicher Informationsverarbeitung*. Die freudige, ja zum Teil euphorische Übernahme in die Modellbildung zum menschlichen Denken und Problemlösen beruhte auch hier nicht zuletzt auf der (scheinbar) enthaltenen Objektivität und Formalisierbarkeit der modellrelevanten Begriffe (z. B. Information, Speicher usw.), die in der Sprache der Gestaltpsychologie so schmerzlich vermißt wurden.

Diese und weitere Impulse veränderten die wissenschaftliche Landschaft nicht schlagartig, sondern allmählich. Neumann vollzieht den Vorgang sehr treffend nach, wenn er formuliert:

»Die Ablösung des Neobehaviorismus durch die Psychologie der Informationsverarbeitung vollzog sich ohne eine Krise der Psychologie, wie sie einst den Niedergang der klassischen Introspektionspsychologie begleitet hatte. Es gab in den fünfziger Jahren keinen Aufstand der Söhne gegen die wissenschaftlichen Väter, keine Manifeste und Proklamationen. Es wurden keine lokalen Schulen gegründet, die (wie seinerzeit Berlin für die Gestaltpsychologie und Chicago für den Behaviorismus) der neuen Richtung als Kristallisationspunkt dienten. Die Psychologie der Informationsverarbeitung eroberte die Allgemeine Psychologie nicht, sie diffundierte gewissermaßen in sie hinein. Sie entstand nicht in der Auseinandersetzung mit der herrschenden theoretischen Orientierung, sondern sie verdankt ihre Existenz der Faszination, die von der Informationstechnologie und dem ihr zugrundeliegenden theoretischen Apparat ausging.« (1985, S. 3 f)

Nach diesem stillen und eher gemächlichen Beginn vollzog sich die Weiterentwicklung der Psychologie der Informationsverarbeitung allerdings sehr rasch, fast explosionsartig. Ende der sechziger Jahre erschien ein den neuen Ansatz zusammenfassendes Buch von Neisser (1967, Cognitive Psychology), das zu einer Art Kristallisationspunkt wurde und den neuen Namen mit sich brachte: *Kognitive Psychologie.* Man begann, von der *kognitiven Wende* zu sprechen und gründete 1970 eine neue Zeitschrift mit dem Namen *Cognitive Psychology,* die durch ihre Aufsätze in den folgenden Jahren dazu beitrug, den Ansatz und den Forschungsbereich zu präzisieren.

Noch heute, Anfang der neunziger Jahre, dominiert die Kognitive Psychologie. Sie hielt zwischenzeitlich ebenso Einzug in Bereiche der Sozial- und Persönlichkeitspsychologie wie in die Pädagogische und Klinische Psychologie. Im Bereich der Allgemeinen Psychologie wurden zunehmend komplexere Phänomene untersucht. Dominierte bei Neisser (1967) noch der eher elementare Wahrnehmungsbereich, so sind es heute das Gedächtnis, die Sprache und das Denken, welche die meiste Aufmerksamkeit auf sich ziehen. In jüngster Zeit versucht man sich auch wieder am Bewußtseinsbegriff, einem der wohl schwierigsten theoretischen Unterfangen, dem sich die wissenschaftliche Psychologie gegenübersieht (vgl. Kapitel 4.2).

2.2 Die neuen Begriffe

Was hat man nun eigentlich unter Kognition zu verstehen? Im weiteren Sinne stellen Kognitionen *Erkenntnisse* dar, also die Endprodukte von Prozessen, die auf Erkenntnisgewinn ausgerichtet sind. Im allgemeinen versteht man unter Kognition aber nicht allein die Endprodukte, sondern auch jene (kognitiven) Prozesse, die zu Erkenntnis führen. Dabei ist es unerheblich, ob diese Prozesse und Produkte sehr elementarer Art sind (z. B. das Erkennen eines Objekts im Sinne des Wahrnehmens) oder sich durch hohe Komplexität auszeichnen (z. B. das Lösen eines schwierigen Problems). Wesentlich erscheint vielmehr, daß die an der resultierenden Erkenntnis beteiligten Prozesse Bezug auf das intern repräsentierte Wissen des Individuums nehmen. So gesehen erfaßt bereits die Definition von Neisser den psychologischen Kern des Begriffes, wenn er formuliert:

»Kognition ist die Aktivität des Wissens, der Erwerb, die Organisation und der Gebrauch von Wissen.« (1979, S. 1)

Die Kognitive Psychologie (oder Kognitionspsychologie) beschäftigt sich folglich mit all jenen Informationsverarbeitungsprozessen, die auf Gedächtnisinhalte zurückgreifen (vgl. Stäudel 1987, S. 30). Dazu zählen u. a. die Wahrnehmung, die Aufmerksamkeit, das Gedächtnis, die Vorstellung, die Sprache und das Denken (Problemlösen). Eine spezifische diesbezügliche Sichtweise wird eingenommen, wenn die *Entwicklung* all jener Prozesse in den Mittelpunkt des Interesses rückt. Man spricht dann von der Erforschung der kognitiven Entwicklung.

Wie wir bereits gesehen haben, stellt das *Informationsverarbeitungskonzept* den Kern kognitionspsychologischer Modelle dar. Aus der Umwelt nimmt das Verarbeitungssystem (der kognitive Apparat) Informationen auf, speichert und verarbeitet sie intern und gibt sie manchmal wieder an die Umwelt zurück. Die Veranschaulichung dieses Konzepts in *Abb. 2.2* zeigt in besonders deutlicher Weise die Analogie zum Übertragungskanalkonzept der Informationstheorie (vgl. *Abb. 2.1*).

Die internen Verarbeitungsschritte, von denen einige in *Abb. 2.2* beispielhaft angeführt sind, laufen nicht gleichzeitig ab, sondern folgen aufeinander. Entsprechend differenzieren Informationsverarbeitungsmodelle zwischen unterschiedlichen *Verarbeitungsphasen*. In *Abb. 2.3* ist diese Differenzierung vorgenommen.

Man kann daran auch die für den Ansatz typische *Blockschaltbild*darstellungsweise kennenlernen. Ein System enthält *Elemente* (die Kästchen) und *Relationen* zwischen den Elementen (die Pfeile). Elemente sind Gedächtnisstrukturen, die gemäß ihrer Eigenschaften Informationen unterschiedlich schnell, in unterschiedlichem Umfang und für eine unterschiedliche Zeitdauer aufnehmen bzw. aufbewahren können. Ein *offenes* Verarbeitungssystem ist zusätzlich dadurch gekennzeichnet, daß es *Randelemente* besitzt, die nicht nur mit den Systemelementen in Verbindung stehen, sondern auch Beziehungen zu anderen Systemen aufweisen. Beim menschlichen Individuum stellen die Sinnesor-

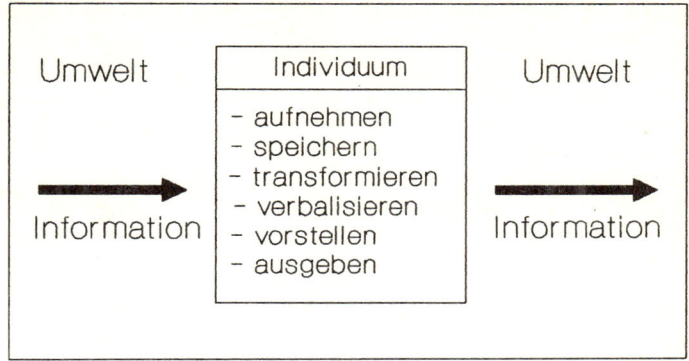

Abb. 2.2: Im Sinne eines Informationsverarbeitungssystems nimmt das Individuum Informationen aus der Umwelt auf, speichert und/oder verarbeitet sie und gibt sie wieder – in verarbeiteter Form – an die Umwelt zurück.

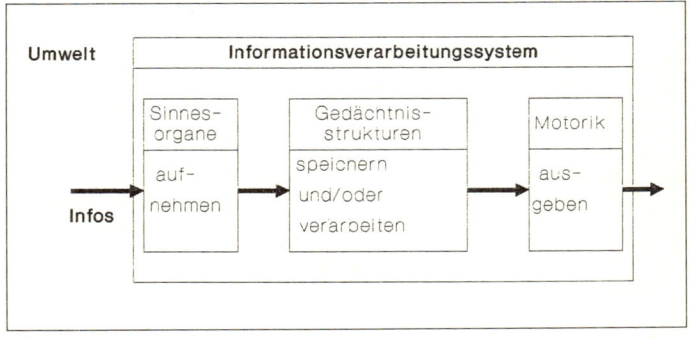

Abb. 2.3: Eine Differenzierung des in Abb. 2.2 enthaltenen Informationsverarbeitungssystems in drei Verarbeitungselemente (Sinnesorgane, Gedächtnisstrukturen, Motorik) und Verarbeitungsphasen (Fluß der Informationen gemäß den Relationen).

gane und die Motorik diese Randelemente dar, die mit der Umwelt in Verbindung stehen. Die Relationen kennzeichnen die Richtung des Informationsflusses von Element zu Element.

Über die Binnenstruktur, Materialeigenschaften und Energieaspekte der Elemente bzw. Relationen werden keine Aussagen getroffen. Diese Abstraktion ist kennzeichnend für eine *kyberne-*

tische (auf die Struktur, Funktion, Kontrolle und Steuerung eines informationsverarbeitenden Systems gerichtete) Betrachtungsweise eines Forschungsgegenstands und gerade in der Psychologie von großer Bedeutung, da die neuronalen bzw. biochemischen Entsprechungen zu den kognitiven Prozessen auch heute noch weitgehend unbekannt sind.

Abb. 2.3 verdeutlicht schließlich noch ein weiteres kybernetisches Merkmal des Verarbeitungsansatzes, die ganzheitliche Betrachtungsweise. Nicht isolierte Einzelelemente (S-R-Schema, Behaviorismus) bilden grundlegende Einheiten, aus denen das Gesamtgeschehen zusammengesetzt wird, sondern das Gesamtsystem mit seinen Elementen, Relationen und gegenseitigen Wechselwirkungen repräsentiert den eigentlichen Analysegegenstand. Diese Position entspricht (vgl. Abschnitt 1.3.3) der gestaltpsychologischen Überzeugung, daß das Ganze mehr ist als die Summe seiner Einzelteile. Dörner bringt den Vergleich zwischen dem behavioristischen, gestaltpsychologischen und informationsverarbeitungstheoretischen (in seinen Worten kybernetischen) Ansatz auf den Punkt, wenn er formuliert:

»Die Kybernetik verbindet die methodischen Charakteristika der atomistischen Richtungen, nämlich die Forderung nach Präzision und exakten, möglichst mathematisch formulierten Theorien, mit der Betonung der Ganzheitlichkeit psychischen Geschehens. Sie vermeidet die Zersplitterung in Einzelaspekte, die die atomistischen Richtungen kennzeichnet, wie andererseits auch die Unschärfe und Verschwommenheit ganzheitlicher Theorien. Eine kybernetische Psychologie ist einerseits naturwissenschaftlich-kausal, andererseits aber antimechanistisch, wenn man unter einem Mechanismus ein Gebilde versteht, welches – bewußtlos und automatenhaft – ein Spielball der jeweiligen Umwelt ist. Die Kybernetik betont Aspekte der Selbststeuerung und der relativen Autonomie von Systemen, und sie betont Aspekte der Veränderbarkeit.« (1977, S. 255)

Das in *Abb. 2.3* präsentierte Verarbeitungsmodell ist natürlich noch nicht geeignet, kognitive Strukturen und Prozesse in befriedigender Weise zu beschreiben und zu erklären. Dazu bedarf es weiterer Differenzierungen, vor allem in bezug auf das Element *Gedächtnisstrukturen.* Bei der Entwicklung des Rahmenmodells im nächsten Abschnitt unternehmen wir die notwendigen Differenzierungsschritte. An dieser Stelle muß noch auf ein weiteres wesentliches Merkmal des informationsverarbeitungstheoretischen Ansatzes eingegangen werden. Auch dieses Merkmal ist repräsentativ für die kybernetische Betrachtungsweise und kann als *Prinzip der kompensierenden (negativen) Rückkopplung* bezeichnet werden. Greifen wir zur Illustration dieses Prinzips auf

das in Kapitel 1.2.1 gegebene Beispiel zum »Zahlenreihen fortsetzen« zurück. Anfangs besteht eine Diskrepanz zwischen Aus-
gangs- und Zielzustand, also ein Problem. Zur Überwindung
(Kompensation) dieser Diskrepanz werden im Sinne einer zielorientierten Neuverknüpfung der beteiligten Informationen Operationen vollzogen, etwa die Differenzbildung. Infolge dieser
Maßnahme engt sich der verbleibende Suchraum stark ein, denn
es muß nur noch zwischen den beiden Möglichkeiten -2 und 14
entschieden werden. Die Ist-Soll-Diskrepanz ist jetzt also kleiner,
aber noch immer vorhanden. Zur Kompensation dieser Restdis-
krepanz ist eine weitere Operation zu vollziehen, nämlich das
Vorzeichen der Differenz zu beachten. Jetzt erbringt der Ist-Soll-
Vergleich eine Übereinstimmung und signalisiert damit die Zielerreichung. Miller et al. (1956) haben die sogenannte TOTE-
Einheit entwickelt (vgl. *Abb. 2.4*), die dieses Prinzip der kompensierenden Rückkopplung formalisiert.

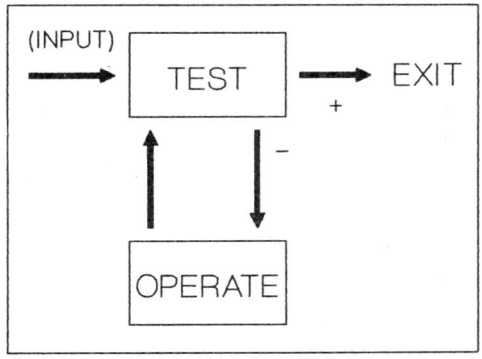

Abb. 2.4: TOTE-Einheit nach Miller, Galanter & Pribram (1956): Ein-
laufende Information wird auf eine Ist-Soll-Abweichung überprüft
(TEST). Liegt eine Abweichung vor (−), so greift das System ein (OPER-
ATE) und versucht, die Abweichung auszugleichen. Nach dem Eingriff
wird wieder auf eine Abweichung überprüft (TEST) usw., bis Ist- und
Sollzustand identisch sind. In diesem Fall (+) wird die TEST-OPERATE-
Schleife beendet (EXIT).

Das Element TEST ist die Vergleichsinstanz, in die Informationen zum Ist- und Sollzustand einlaufen. Fällt dieser Vergleich
negativ aus (Diskrepanz), müssen Maßnahmen zur Kompensation getroffen werden (Element OPERATE). Die Konsequenz

dieser Maßnahme für den Istzustand wird rückgemeldet (Element TEST), ein neuer Vergleich angestellt usw., bis ein positiver Vergleich (Übereinstimmung) resultiert. Die Übereinstimmung kann also aus einer Veränderung des Istzustandes in Richtung Sollzustand resultieren, aber auch aus einer Revision des Sollzustandes, wenn dessen Unerreichbarkeit erkannt bzw. vermutet wird. In diesem Fall ist der Problemlösevorgang beendet, und die Information fließt weiter zur Ausgabeeinheit (EXIT). Das Vergleichselement kontrolliert und steuert somit den Verarbeitungsprozeß. In allen differenzierten Verarbeitungsmodellen spielen – wie wir noch sehen werden – solche TOTE-Einheiten eine zentrale Rolle. Kybernetische Modelle verstehen menschliche Aktivität als durch die Diskrepanz von selbstgewählten Zielen und Status quo bedingt und nicht als Reaktion, die, einmal durch einen Auslöser hervorgerufen, ohne weitere Steuerung und Beeinflussungsmöglichkeit quasi automatisch abläuft (Letzteres wäre die behavioristische Position). Die Diagnose der Ist-Soll-Diskrepanz übernimmt während des gesamten Prozesses die steuernde Funktion. Dadurch wird ein solches System extrem flexibel und adaptationsfähig.

Zusammenfassend können wir festhalten, daß im Rahmen der Kognitiven Psychologie das menschliche Individuum als ein *offenes, kybernetisches System* betrachtet wird und daß das Auffinden von Gesetzmäßigkeiten innerhalb dieses Systems den Forschungsgegenstand repräsentiert.

2.3 MEKIV: ein Rahmen*m*odell zur *e*lementaren und *k*omplexen menschlichen *I*nformations*v*erarbeitung

Mit den bisher vermittelten Informationen zur Geschichte und den wissenschaftlichen Begriffen der Denk- und Kognitionspsychologie sollte es möglich sein, ein erstes Verständnis für einen allgemeinen, modellhaften Rahmen zur elementaren und komplexen menschlichen Informationsverarbeitung zu erwerben. Diese Rahmenvorstellung – in *Abb. 2.5* in der bekannten Blockschaltbilddarstellungsweise veranschaulicht – soll uns im gesamten weiteren Text helfen, die zu berichtenden Fragestellungen, empirischen Befunde und theoretischen Ansätze einzuordnen und zu integrieren. Der wissenschaftliche Gültigkeitsanspruch des

Modells bedarf weiterer Überprüfungen. Sicherlich steht derzeit neben dem didaktischen der heuristische Wert im Vordergrund, da man das Rahmenmodell gleichzeitig als Forschungsprogramm verstehen kann.

Zunächst beschäftigen wir uns mit den Elementen des Systems, in unserem Fall also primär mit jenen Gedächtnisstrukturen, die an kognitiven Abläufen beteiligt sind, um uns danach den Relationen zwischen diesen Elementen zuzuwenden, also den Fluß der Informationen durch die Gedächtnisstrukturen zu explorieren.

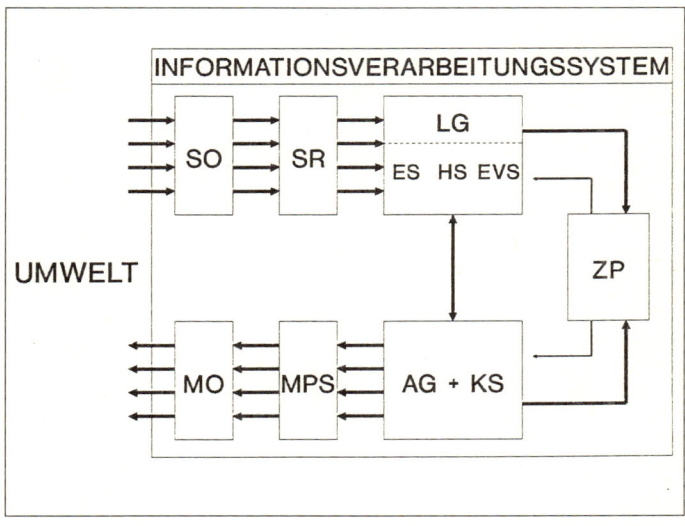

Abb. 2.5: Die Blockschaltbilddarstellung von MEKIV: Die Kästchen repräsentieren die Verarbeitungselemente, die (fett gezeichneten) Pfeile den Informationsfluß zwischen den Elementen. Normale Pfeile stehen für Steuer- und Kontrollbefehle vom ZP.

SO	= Sinnesorgane		ZP	= Zentraler Prozessor
SR	= Sensorisches Register		AG	= Arbeitsgedächtnis
LG	= Langzeitgedächtnis		KS	= Kurzzeitspeicher
ES	= Epistemische Struktur		MPS	= Motorisches Programmsystem
HS	= Heuristische Struktur		MO	= Motorik
EVS	= Evaluative Struktur			

2.3.1 Modellstrukturen

Im Vergleich zu *Abb. 2.3* sticht sofort der höhere Differenzierungsgrad ins Auge: Gemäß der jeweiligen Zielsetzung wird ein angemessener Abstraktionsgrad der Darstellung gewählt. War es dort das Anliegen, ein allgemeines Verständnis für das Konzept der Informationsverarbeitung zu schaffen, so gilt es jetzt, einen Einblick in den innerhalb dieses Konzepts erworbenen Kenntnisstand zu gewinnen. Am Rande sei noch bemerkt, daß man anhand der *Abb. 2.5* den Unterschied zur Position des frühen Behaviorismus besonders deutlich erkennen kann: Die Pfeile, die in das Verarbeitungssystem führen, entsprechen S (dem Reizmuster), jene, die das System verlassen, entsprechen R (dem Reaktionsmuster). Das vermittelnde System dazwischen, im Behaviorismus als Untersuchungsgegenstand abgelehnt (black box), wird zum zentralen Betrachtungsgegenstand und erreicht bereits nach drei Jahrzehnten einen beachtlichen Differenzierungsgrad.

Die Randelemente des Verarbeitungssystems sind die *Sinnesorgane* (SO) bzw. die *Motorik* (MO). Mit ihrer Hilfe steht das Individuum im Informationsaustausch mit der Umwelt. In den Sinnesorganen werden die physikalischen Umweltreize in eine neuronale Erregungsform umgewandelt, die der weiteren Verarbeitung im Organismus angemessen ist. Der umgekehrte Vorgang läuft im motorischen System ab. Hier werden die Resultate der internen Verarbeitungsprozesse in sichtbares (wahrnehmbares) Verhalten umgesetzt und sind dadurch z. B. für andere Individuen zugänglich. Die beiden Randelemente besitzen somit weniger (keine) Speicher-, sondern vielmehr *Umwandlungsfunktion* und ermöglichen die *Kommunikation* mit der Umwelt; sie repräsentieren – mit einem Begriff aus der Computertechnologie – die *Schnittstellen* zwischen Verarbeitungssystem und Umwelt.

Die weiteren (internen) Systemelemente sind durch ihre Speicherfunktionen gekennzeichnet. So wird im *Sensorischen Register* (SR) das Produkt des Umwandlungsvorgangs in den Sinnesorganen – also die interne, organismusadäquate Abbildung der Umwelt – für sehr kurze Zeit gespeichert. Die Speicherdauer variiert von Sinneskanal zu Sinneskanal. Im visuellen Kanal liegt sie bei ca. 0,25 Sekunden (vgl. Sperling 1960), im akustischen Kanal bei bis zu drei Sekunden. Auch der Umfang dieser sehr kurzfristigen Speicherstrukturen variiert von Kanal zu Kanal beträchtlich. Während man im visuellen Bereich davon ausgeht, daß alle eintreffenden Reize kurzfristig behalten werden (unbegrenzte Kapazität), ist das sensorische Register im akustischen Bereich sehr kapazitätsbegrenzt: Crowder (1982) beschreibt Experimente, die auf einen Speicherumfang von einem Wort oder einer Zahl (allgemein einer Informationseinheit) hinweisen. Eine gemeinsame Eigenschaft dieser sehr kurzfristigen, sinneskanalspezifischen Speicherstrukturen ist die *Qualität* ihrer Informationen: Sie besitzen noch *keine Bedeutung,* bilden aber die Grundlage für den Prozeß der Bedeutungszuordnung. Neisser (1967) hat für Informationen, die sich im visuellen sensorischen Register befinden, den Begriff »icon« geprägt und folglich das entsprechende Register *ikonisches Gedächtnis* genannt. Entsprechende Namen wurden auf dieser Verarbeitungsebene für die anderen Sinneskanäle vorgeschlagen, z. B. »echo« und *Echogedächtnis* für den akustischen Kanal. Wenn wir im weiteren Verlauf des Textes von Icon sprechen, dann bezeichnet dieser Begriff immer die beschriebene *Qualität* der Information (die Ebene der Verarbeitung), unabhängig vom jeweiligen Sinneskanal.

Wie aus der sehr begrenzten Speicherdauer erkennbar, unterliegen Icone einem rapiden Zerfallsprozeß, stehen also dem Verarbeitungssystem in dieser Verarbeitungsform nicht sehr lange zur Verfügung. Erst wenn Informationen Bedeutung besitzen – man spricht dann von »Perzepten« –, sind sie länger verfügbar. Im *Langzeitgedächtnis* (LG) befindliche Informationen stehen prinzipiell unbefristet lange zum Wiederabruf und damit zur Weiterverarbeitung zur Verfügung. Dieses Systemelement ist darüber hinaus durch einen quasi unbegrenzten Speicherumfang gekennzeichnet.

Vor allem die letztgenannte Systemeigenschaft scheint in krassem Gegensatz zu unseren Alltagserfahrungen zu stehen. Jeder hat schon oft erlebt, daß ihm der Name eines guten Bekannten oder die eigene Telefonnummer nicht mehr einfällt (vgl. auch Kapitel 1.1). Es gibt jedoch gute Gründe, diese Phänomene nicht durch Vergessen (im Langzeitgedächtnis), sondern durch das *situationsbedingte Fehlen von Abrufhinweisen* zu erklären. Dafür spricht etwa, daß uns der Name des Bekannten später wieder einfällt (diese Information befand sich also noch im LG, war aber nicht verfügbar oder abrufbar). Auch die Erinnerbarkeit früher Kindheitserlebnisse unter Hypnose spricht für die unbegrenzte Speicherdauer von Informationen im LG. Vergessen entspricht also nicht einem Informationsverlust durch Löschen (so wie man im Computer Speicherinformationen löschen kann) oder Ausradieren, sondern einer *Abruf-* oder *Erinnerungsblockade.*

Aus *Abb. 2.5* geht hervor, daß dieses Systemelement (LG) eine Binnenstruktur aufweist, also ein Teilsystem innerhalb des Gesamtsystems darstellt. So unterscheidet man zwischen unterschiedlichen Informationsarten, die gespeichert sind, z. B. dem *Faktenwissen* (epistemische Struktur: ES) und dem *Veränderungswissen* (heuristische Struktur: HS). An dieser Stelle wollen wir auf diese Differenzierungsebenen jedoch noch nicht eingehen, um den Überblick nicht zu gefährden. Spätestens bei der Analyse von Problemlöseprozessen ist dieser Differenzierungsgrad notwendig bzw. diese Abstraktionsebene dem Phänomen angemessen.

Eine Konsequenz aus dem unbegrenzten Speicherumfang und der unbegrenzten Speicherdauer des LG ist bei kurzem Nachdenken unmittelbar abzuleiten: Wir können nicht gleichzeitig an alle Informationen (Wissensbestände) denken, die wir im Laufe des Lebens angesammelt haben; nur ein kleiner Ausschnitt daraus ist uns zu je einem Zeitpunkt bewußt. Denken wir jetzt an Problemlösen (d. h. erinnern wir uns daran, was wir bisher über Problemlösen in diesem Buch gelesen haben), so können wir nicht gleichzeitig an den vergangenen Urlaub denken. Zwar kann man zwischen diesen beiden langfristigen Wissensbeständen relativ leicht und schnell hin und her wechseln, in der Regel verdrängen sie sich aber gegenseitig aus dem momentanen Bewußtsein. Die Elemente, welche den momentan bewußten Informationsausschnitt repräsentieren, sind das *Arbeitsgedächtnis* (AG) und der *Kurzzeitspeicher* (KS).

Im AG und KS können Informationen mittelfristig behalten werden. Die Mehrzahl diesbezüglicher Untersuchungen legt eine Behaltensdauer von 15 bis 30 Sekunden nahe. Auch der Umfang ist begrenzt. Man geht davon aus, daß – wie in Kapitel 1.1 schon erwähnt – sechs bis neun Informationseinheiten (Wörter, Zahlen, Symbole) die Kapazität auslasten. Die begriffliche Unterscheidung zwischen AG und KS interessiert an dieser Stelle noch nicht.

Der Motorik (MO) als kommunikativem Randelement ist ein *motorischer Programmspeicher* (MPS) vorgeschaltet, in welchem eine Vielzahl angeborener und erworbener Bewegungsmuster (wie Sprache, Mimik, Gestik usw.) und -abläufe enthalten ist. Sie beziehen sich auf die Feinmotorik ebenso wie auf die Grobmotorik. Der Aufruf eines solchen Programms bewirkt die Steuerung der Motorik in der durch das Programm festgelegten Weise. Die Speicherdauer und der Speicherumfang sind prinzipiell unbegrenzt. Allerdings hängt die Dauer stark vom Übungszustand ab. Hochgeübte (automatisierte) Programme bleiben länger – in voller Präzision – verfügbar als wenig geübte motorische Abläufe.

Die Darstellung von MPS und MO vermittelt nur ein grobes Bild von der Vielfalt und Differenziertheit motorischer Abläufe.

Da dieser Systemteil aber nicht im Mittelpunkt unseres Interesses steht, mag dieser Überblick genügen.

Als letztes Systemelement verbleibt der *zentrale Prozessor* (ZP). Von der strukturellen Seite aus betrachtet handelt es sich dabei um ein Speichersystem mit den Merkmalen des LG. Die Inhalte beziehen sich auf Strategien zur Bewältigung unterschiedlichster Probleme, die an das Individuum herangetragen werden. Neben diesen strukturellen Merkmalen besitzt der ZP – im Gegensatz zu den anderen genannten Elementen – jedoch auch Prozeßmerkmale, auf die im nächsten Abschnitt eingegangen wird.

2.3.2 Modellprozesse

In welcher Weise stehen nun diese Systemelemente miteinander in Beziehung? *Abb.2.5* gibt auch Auskunft zu dieser Frage.

Die Sinnesorgane nehmen die Informationen aus der Umwelt auf und wandeln sie in eine organismusadäquate neuronale Erregungsform um. Diese bedeutungsfreien Informationen, Icone genannt, werden in den sensorischen Registern sehr kurzfristig zum Zweck der Weiterverarbeitung gespeichert und fließen vollständig in das Langzeitgedächtnis. Hier findet über Wiedererkennungsprozesse die Bedeutungsanreicherung statt. Aus den Iconen werden dadurch Perzepte (oder Begriffe). Dieser Ablauf bis zur Perzeptbildung findet ohne bewußte Kontrolle statt. Man nennt diesen Vorgang von daher *automatisiert*. Sehen wir beispielsweise aus dem Fenster und erkennen ein im Sandkasten spielendes Kind, so repräsentieren die beschriebenen Verarbeitungsschritte bis zur Perzeptbildung diesen Vorgang, der unter dem Begriff der *Wahrnehmung* geläufiger ist. Insgesamt haben wir jedoch mehr wahrgenommen als das Kind im Sandkasten, z. B. auch die im Sandkasten verstreuten Spielsachen oder die auf einer benachbarten Bank sitzenden erwachsenen Personen. All diese Informationen sind im genannten Sinne auch verarbeitet worden, aber nur ein Teil davon kann bewußt werden, da das AG und der KS nur eine begrenzte Kapazität besitzen. Haben wir das spielende Kind erkannt, dann sind diese Informationen aus dem LG in das AG und das KS geflossen, somit bewußt geworden und stehen zur Weiterverarbeitung zur Verfügung.

Wie wir bereits wissen, kann die Weiterverarbeitung darin bestehen, einen bestimmten Sachverhalt (Informationen) mittel- oder langfristig zu behalten. Den Versuch des mittelfristigen

Behaltens haben wir – in einer extremen Form – in Kapitel 1.1 kennengelernt: Nach intensivem Training konnte ein Student über 80 Zahlen wiedergeben. Im »Normalfall« sind es der Kapazität des KS entsprechend etwa sieben Zahlen, die wiedergegeben werden können. Etwa diese Informationsmenge bleibt also – ohne weiteres Zutun – für ca. 15 bis 30 Sekunden verfügbar. Möchte man sie über eine längere Spanne – etwa 60 Sekunden – präsent halten, so geschieht dieses über *stille Wiederholung:* Die betroffene Person sagt sich still die zu behaltende Information immer wieder vor und schleust sozusagen die Information immer wieder neu in den KS ein. Es resultiert die gewünschte verlängerte Behaltensdauer aufgrund des zusätzlichen, bewußt vollzogenen Prozesses des stillen Wiederholens, der auch *oberflächliches Memorieren* genannt wird. Eine zweite Form der Nutzung des Kurzzeitspeichers beschränkt sich nicht auf das oberflächliche Memorieren, sondern nimmt zum Zweck der Verlängerung der Behaltensdauer und Erhöhung des Behaltensumfangs Bezug auf die Wissensbestände des LG.

Die eingangs zitierte Untersuchung von Chase & Ericsson (1982) zur Gedächtnisspanne (Kapitel 1.1) illustriert diese Art des Memorierens. Wir erinnern uns, daß die Behaltensleistung einer

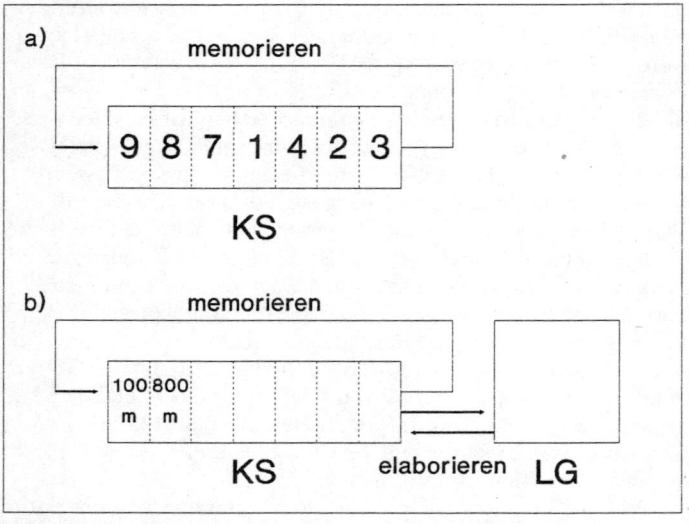

Abb. 2.6: Das a) oberflächliche und b) elaborierte Memorieren im Kurzzeitspeicher bzw. Kurzzeitspeicher und Langzeitspeicher.

studentischen Vp von anfangs sieben Zahlen nach intensivem Training auf schließlich 82 Zahlen stieg. Diese Leistungssteigerung gelang, weil der Proband zunehmendes Geschick darin entwickelte, die Zahlen zu gruppieren. Er war begeisterter Leichtathlet und verfügte über beträchtliches Wissen über Rekordzeiten in den verschiedenen Laufdisziplinen von Frauen und Männern. Die Zahlenfolge 9 8 7 kann von ihm zu einer Informationseinheit zusammengefaßt werden, da er diese Folge – unter Rückgriff auf das LG – als Weltrekordzeit für die 100-Meter-Strecke (bei Männern) erkennt und dieses Ereignis anstelle der drei Einzelzahlen speichert. Der zunehmende Trainingseffekt läßt sich folglich als fortschreitende Fähigkeit dieser Art von Gruppierungsleistungen erklären, die zu einer besseren (anderen) Nutzung der Kapazität des KS führt, da die Teilinformationen zu Klassen zusammengefaßt und nur diese Klassen gespeichert werden.

Während somit beim oberflächlichen Memorieren die zu behaltenden Informationen nicht verändert werden, findet bei dieser zweiten Memorierungsart, die *elaboratives Memorieren* genannt wird, genau diese Veränderung der KS-Inhalte statt. Bei der Reproduktion wird z. B. »Rekord über 100 Meter« abgerufen und unter Bezug auf die im LG verfügbaren Informationen in 9 8 7 umgesetzt, dann »800 Meter« abgerufen und in 1 4 2 3 5 umgesetzt usw. Bei einer durchschnittlichen Ziffernanzahl von vier pro Klasse und dem Behalten von sieben Klassen steigert sich der Behaltensumfang damit bereits von 7 auf 28 Zahlen. *Abb. 2.6* skizziert die beiden Memorierungsvorgänge.

Erkennbar handelt es sich bei der beobachteten Behaltenssteigerung nicht um eine Erweiterung der Behaltenskapazität des KS (oder um eine Vergrößerung der Gedächtnisspanne), sondern um eine *ökonomische Nutzung* der vorhandenen Kapazität aufgrund *intensiver Vorverarbeitung* der zu behaltenden Informationen unter Rückgriff auf im LG gespeicherte Wissensbestände. Diese Konzeptualisierung der Memorierungsvorgänge geht auf Vorstellungen von Atkinson & Shiffrin (1968) sowie Überlegungen von Craik und Lockhart (1972) zurück.

Damit sind auch schon langfristige Behaltensvorgänge berührt. Erneut sind prinzipiell zwei Möglichkeiten zu unterscheiden, die mit den Memorierungsvorgängen in Verbindung stehen. Je länger Informationen im Kurzzeitgedächtnis verweilen (z. B. durch oberflächliches Memorieren), desto größer ist die Wahrscheinlichkeit ihres Transfers (Übertragung) in das Langzeitgedächtnis und damit die Möglichkeit, sie nach längeren Zeiträumen wieder abrufen zu können. Dieses Vorgehen bezeichnet man umgangssprachlich auch als Auswendiglernen.

Beim elaborativen Memorieren dagegen besteht die Möglichkeit der direkten Anbindung neuer Informationen an bereits bestehende Wissensbestände. Hat man beispielsweise schon einiges über den Behaviorismus gelernt, so kann der Name »Watson« in dieses Wissen integriert werden und steht nicht als isolierte Information relativ beziehungslos im LG (Lernen mit Verständnis). Der Vorteil besteht einmal im schnelleren Behalten und zum anderen in der leichteren Abrufbarkeit, da mehr Hinweisreize zur Verfügung stehen. So genügt bereits der Anhaltspunkt »S-R-Schema«, um den Namen zu finden, während im Fall des Auswendiglernens sehr spezielle Hinweisreize (aus der Lernsituation) zur Verfügung stehen müssen, um an die gleiche Information zu gelangen.

Schon das Speichern von Informationen kann – wie an diesen überblickhaften Darstellungen erkennbar – bereits ein recht differenzierter Vorgang sein. Eine weitere Steigerung in Differenziertheit und Komplexität erfahren die Verarbeitungsvorgänge beim *Problemlösen*. Wieder sind es nur die bewußten, also in den mittelfristigen Speichermedien (AG und KS) befindlichen Informationen, die zur gezielten Weiterverarbeitung zur Verfügung stehen. Im Beispiel des »Zahlenreihenfortsetzens« (vgl. Kapitel 1.2.1) erfolgt anfänglich – wie bei anderen Problemen auch – die Instruktion zum Problem und damit die Zielsetzung, die im AG und KS (über SO-SR-LG) gespeichert wird. Aus der heuristischen Struktur (HS, Veränderungswissen) muß nun ein sogenannter *Operator* abgerufen werden, der es erlaubt, die Zahlen sinnvoll miteinander in eine neue Beziehung zu setzen und sich dem Ziel dadurch anzunähern. Die *Subtraktion* ist im Beispielsfall ein solcher Operator, der aus der heuristischen Struktur des LG abgerufen und auf die im AG befindlichen Informationen angewendet wird. Im Sinne der TOTE-Einheit folgt auf diese Operationsphase eine Überprüfung der Zielnähe. Bei weiterhin vorhandener Ist-Soll-Diskrepanz, ermittelt im AG, steht die nächste Operationsphase (Suche eines Operators im LG, Anwendung des Operators im AG) an usw., bis das Problem gelöst ist.

Ohne weiter ins Detail zu gehen – denn das ist der eigentliche Gegenstand des dritten Kapitels –, zeigt sich schon an diesem Beispiel der intensive Informationsaustausch zwischen den mittel- und langfristigen Speichermedien beim Problemlösen. Aber welche Instanz regelt eigentlich diesen Informationsfluß? *Abb. 2.5* läßt erkennen, daß die Kontrolle und Steuerung des Informationsflusses zum Zweck der gezielten (bewußten) Verarbeitung vom zentralen Prozessor ausgeht. Die dünn gezogenen Pfeile stehen für solche Kontroll- und Steuerungsprozesse des ZP. Entsprechend steht der Pfeil vom ZP zum AG beispielsweise für die Überprüfung des Erfolgs durch die Anwendung des Operators »subtrahiere«, wodurch innerhalb des AG entsprechende Vergleichsprozesse ausgelöst werden. Infolge des Vergleichsergebnisses (z. B. einer verringerten, aber noch immer vorhandenen Ist-Soll-Diskrepanz) initiiert der ZP im LG (speziell in der HS) die Suche nach weiteren tauglichen Operatoren (dünn gezogener Pfeil zum LG) usw. Der Informationsfluß zwischen den Systemelementen findet also nur im automatisierten Fall (bis zur vollzogenen Perzeptbildung) ohne Kontrolle und Steuerung durch den ZP statt. Die weiteren bewußten Verarbeitungsschritte dagegen bedürfen dieser Kontrolle und Steuerung. Welche Entscheidung (Steuerbefehl) im Anschluß an einen Kontrollprozeß vom ZP getroffen wird, hängt von den strategischen Wissensbeständen ab, die ihrerseits im ZP gespeichert sind. Bei sonst vergleichbaren Bedingungen wird beispielsweise ein hochgeübter Schachspieler nach Überprüfung der eigenen Figurensicherheit zu einem anderen Zug (Entscheidung, Steuerbefehl) kommen als ein ungeübter Spieler. Der ZP vereinigt – in quasi paradoxer Weise – Struktur- und Prozeßcharakter in einem Systemelement. Wie wir noch sehen werden, ist der ZP nicht zuletzt wegen dieser uneindeutigen Merkmalskonstellation Gegenstand intensiver Überlegungen und Diskussionen. Das Forschungsdefizit in diesem Bereich ist sicherlich am größten.

2.3.3 Ergänzende und zusammenfassende Aspekte

MEKIV ist eine Rahmenvorstellung, die dazu dient, den Ansatz der Kognitionspsychologie im allgemeinen und den der Informationsverarbeitungstheorie im speziellen zu verdeutlichen, den derzeitigen Kenntnisstand integrativ darzustellen und den Forschungsrahmen abzustecken. Sie darf nicht als empirisch überprüftes und belegtes Gesamtmodell kognitiven Geschehens mißverstanden werden. Im weiteren Verlauf der Ausführungen sind zusätzliche Differenzierungen und Ergänzungen vorzunehmen.

MEKIV umfaßt in seinem Anspruch die Beschreibung und Erklärung elementarer und komplexer kognitiver Prozesse. Unter elementaren Prozessen können wir auf diesem Hintergrund jene (automatisierten) Abläufe verstehen, die sich bis zur *Perzeptbil-*

dung vollziehen. Daß diesen Prozessen durchaus das Etikett *kognitiv* zusteht, ergibt sich aus dem notwendigen Bezug zum im LG gespeicherten Wissen (zum Zweck der Bedeutungsanreicherung der Icone im Zuge der Wiedererkennung). Diesen Bezug zum intern repräsentierten Wissen hatten wir in Kapitel 2.2 als definierende Größe für den Begriff kognitiv (Kognition) herausgestellt. Wie wir erkennen konnten, werden die für *Behaltensleistungen* notwendigen Prozesse bereits vielschichtiger (komplexer). Hier tritt eine Interaktion zwischen KS und LG hinzu, d. h., aufbauend auf den elementaren Prozessen kommt es zu einer Weiterverarbeitung. Den gleichen Prinzipien folgend handelt es sich beim *Problemlösen* um den kognitiven Prozeß mit höchster Komplexität. Hier werden zusätzliche Wissensbestände (HS, EVS) und Speichermedien (AG) erforderlich, und die Steuerung und Kontrolle durch den ZP (im Sinne der kompensierenden Rückkopplung) gewinnen einen zentralen Stellenwert.

Die Anzahl der Pfeile von Element zu Element symbolisiert den Umfang der gleichzeitig fließenden Informationen. Man kann (vgl. *Abb. 2.5*) erkennen, daß zwischen den zentralen Verarbeitungselementen (LG und AG bzw. KS) vergleichsweise wenige Informationen (pro Zeiteinheit) fließen, während im Bereich der Randelemente der Informationsfluß eine wesentlich höhere Dichte aufweist. Kontrollierte (zielgerichtete) komplexe Informationsverarbeitung ist relativ zeitintensiv und läuft in der Regel *sequentiell* ab (die verschiedenen Verarbeitungsschritte folgen aufeinander), während sich automatisierte Informationsverarbeitung sehr schnell und in der Regel *parallel* (verschiedene Verarbeitungsschritte laufen gleichzeitig ab) vollzieht.

Wir hatten in Kapitel 1.2.1 jene geistigen Vorgänge festgelegt, die zum Gegenstandsbereich des Denkens und Problemlösens zählen. Die Kriterien lauteten:

a) zielgerichtet,
b) nicht *allein* auf das Entdecken und Erkennen von Reizen beschränkt,
c) nicht *allein* auf das Speichern oder Abrufen von Fakten im bzw. aus dem Gedächtnis beschränkt und
d) erfordert das Verarbeiten von Fakten.

Auf dem Hintergrund von MEKIV sind nicht nur diese Kriterien für Denk- und Problemlöseprozesse erfüllt und aufeinander bezogen, sondern Wahrnehmungs-, Lern-, Gedächtnis-, Denk- und Problemlöseprozesse sind zusätzlich in ihrem Zusammenspiel erkennbar sowie in ihrer Relation zu den Systemelementen festgelegt.

3 Forschungsschwerpunkte, theoretische Positionen und Ergebnisse

Nach den einführenden begrifflichen und geschichtlichen Erörterungen wenden wir uns nun den eigentlichen Inhalten der Denk- und Problemlösepsychologie zu. Wir beginnen mit der Darstellung der Modelle und Ergebnisse der traditionellen Aufmerksamkeitsforschung. Bei der Besprechung der jüngsten Forschungstrends (Kapitel 4) kommen wir noch einmal auf dieses Thema zurück. Es schließt sich das zentrale Kapitel zum Problemlösen an. Zu diesem Zweck wird zunächst MEKIV differenziert, um auf dieser Grundlage die Bedingungen und Strategien des Problemlösens ebenso kennenlernen zu können wie einige spezielle Problemlöseprozesse (Urteilen, kreatives Problemlösen) und auch das komplexe Problemlösen.

3.1 Aufmerksamkeit

Es kann zu Recht die Frage gestellt werden, weshalb man sich in einem Buch zur Denk- und Problemlösepsychologie mit dem Thema *Aufmerksamkeit* beschäftigt. Eigentlich sind es – wie bei der Erörterung von MEKIV betont – nur die bewußten, also im AG befindlichen Informationen, die beim Problemlösen durch die zielorientierte (Neu-)Verknüpfung von unmittelbarem Belang sind. Andererseits muß es uns auch interessieren, wie die relevanten (und irrelevanten) Informationen in das AG gelangen. Welche Strukturen und Prozesse sind an diesem Informationsfluß beteiligt, und welche Funktion hat in diesem Zusammenhang die Aufmerksamkeit?

3.1.1 Aufmerksamkeit als Informationsselektion

Inspiziert man MEKIV (*Abb. 2.5*) bezüglich der gestellten Fragen, so scheint die Antwort eindeutig zu sein: Über die Sinnesorgane erreichen alle aus der Umwelt eintreffenden Reize die

sensorischen Register und werden dort in einer organismusad-
äquaten Repräsentationsform (Icone) für sehr kurze Zeit gespeichert. Dieser Zeitraum wird zur Perzeptbildung genutzt, ein Vorgang, der vereinfacht als ein vollständiger Vergleichsprozeß mit
den Inhalten des LG verstanden werden kann und in Wiedererkennung und damit Bedeutungsanreicherung resultiert. Erst an
diese komplette Analyse der Umweltreize schließt sich ein *Selektionsvorgang* an, der in Form des Transfers eines Teils der analysierten Informationen in das AG zur bewußten internen Repräsentation führt und der aufgrund der begrenzten Kapazität des
AG unumgänglich ist. Die *Fokussierung der Aufmerksamkeit* auf
diese Informationen wird für den Selektions- bzw. Transfervor-
gang verantwortlich gemacht.

Diese Sichtweise ist relativ neu und durchaus nicht unumstrit-
ten. Deshalb sehen wir uns in den nächsten Abschnitten die
bedeutsamsten Vorläufermodelle und die jeweils stützenden bzw.
konfligierenden empirischen Befunde im Überblick an.

3.1.1.1 Reizselektion

Eine der Fragen, die die Erforschung der Selektionsfunktion der
Aufmerksamkeit stimulierte, bezog sich auf die menschliche Fähigkeit, einem Zwiegespräch inmitten eines Gewirrs von Stimmen
folgen zu können (Cocktailparty-Phänomen), also einerseits gezielt
Informationen aufzunehmen und zu verarbeiten, andererseits ir-
relevante Informationen auszublenden. Auf diesem Hintergrund
überrascht es auch nicht, daß das auch heute noch dominierende
Forschungsparadigma des *dichotischen Hörens* (dichotic listening)
sehr eng an diesem Phänomen orientiert ist. Die Vpn erhalten in
Anlehnung an das Stimmengewirr auf der Party über Stereokopf-
hörer unterschiedliche Mitteilungen auf dem rechten bzw. linken
Ohr und sollen nur eine der beiden Nachrichten verfolgen, jetzt in
Anlehnung an das Zwiegespräch. Um sicher zu sein, daß diese
Instruktion befolgt wird (d. h. die korrekte Information beachtet
wird), läßt man die Vpn die gewünschte Mitteilung *laut nachsprechen* (»shadowing«-Prozedur): Sobald die zu beachtende Infor-
mation z. B. im rechten Ohr aufgenommen ist, muß sie wiederholt
werden. Ein längerer Satz wird somit mit kurzer Verzögerung
Wort für Wort wiederholt und nicht etwa nach einer längeren
Pause im Zusammenhang wiedergegeben.

Cherry (1953) berichtete die ersten Ergebnisse aus solchen
Untersuchungen. Seine Vpn hatten nur wenig Schwierigkeiten mit
der »shadowing«-Prozedur (so wie die meisten Menschen auch
wenig Schwierigkeiten haben, in einer größeren Gesprächsrunde

einem Zwiegespräch zu folgen), d. h., sie machten wenig Fehler beim Nachsprechen des zu beachtenden Kanals. Bezüglich der Informationen auf dem *nichtbeachteten* Kanal dominierte das Ergebnis, daß sich die Vpn nicht an diese erinnern konnten. Allenfalls fielen ihnen auf Befragen inhaltsfreie Merkmale ein wie etwa eine weibliche im Unterschied zu einer männlichen Stimme oder eine menschliche Stimme im Unterschied zu einem technischen Geräusch. Selbst an die Informationen im *beachteten* Kanal gab es nur ein bruchstückhaftes Erinnerungsvermögen im Anschluß an die »shadowing«-Aufgabe.

In einer Reihe weiterer Untersuchungen stand vor allem das Erinnerungsvermögen bezüglich der nichtbeachteten Nachricht im Mittelpunkt des Interesses. Schon Cherry (1953) hatte beobachtet, daß der Wechsel des Themas im nichtbeachteten Kanal ebensowenig bemerkt wurde wie der Wechsel zu einer anderen Sprache. Besonders deutlich demonstrierte Moray (1959) die scheinbar fehlende Verarbeitung der Informationen des nichtbeachteten Kanals: Ein Wort, welches insgesamt 35mal dargeboten wurde, konnte von den Vpn nicht reproduziert werden. Diese Ergebnisse veranlaßten Broadbent (1958), eine *Filtertheorie* der auditiven Wahrnehmung zu postulieren. Sie beinhaltet, daß das menschliche Individuum in der Lage ist, *auf der Basis physikalischer Merkmale* den auditiven Wahrnehmungsapparat auf eine ausgewählte Nachrichtenquelle einzustellen und andere einlaufende Informationen zu negieren. Dieser Auswahlvorgang wird einem sogenannten *selektiven Filter* zugeschrieben. Die ausgewählte Information wird in einen *Kanal mit begrenzter Kapazität* (etwa vergleichbar mit dem später eingeführten Kurzzeitspeicher KS; vgl. auch *Abb. 2.1*) zur weiteren Verarbeitung weitergeleitet. Alle zusätzlich einlaufenden Informationen können dagegen nicht einer weitergehenden Verarbeitung zugeführt werden. Der Vorgang der Auswahl einer Nachrichtenquelle wird gleichgesetzt mit der Zuwendung von Aufmerksamkeit auf diese Information.

Aus den Ausführungen wird klar, daß der Selektionsvorgang in diesem Modell sehr früh stattfindet. Die intern repräsentierte Information befindet sich in dem Verarbeitungszustand eines Icons. Man bezeichnet deshalb dieses Modell auch als *Reizselektionsmodell (early selection model)*. *Abb. 3.1 a* veranschaulicht die Modellvorstellungen von Broadbent und macht gleichzeitig den Unterschied zu den entsprechenden Verarbeitungsschritten im MEKIV-Modell (vgl. *Abb. 2.5*) deutlich.

Die eindeutige Konsequenz aus dem Filtermodell ist, daß nur mit Aufmerksamkeit belegte Information verarbeitet und damit

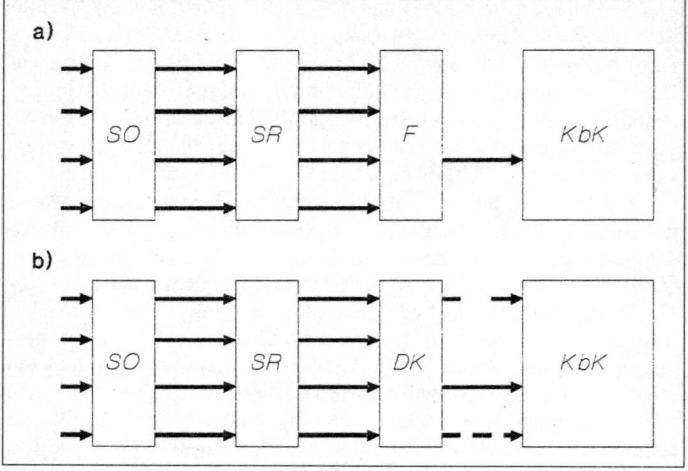

Abb. 3.1: Das a) Filtermodell von Broadbent (1958) und b) Dämpfungs-modell von Treisman (1960, 1964a, 1964b): Die Pfeile symbolisieren den Informationsfluß von einer Verarbeitungsstruktur zur nächsten. Die Abkürzungen bedeuten: SO = Sinnesorgane, SR = sensorisches Register, F = Filter, DK = Dämpfungskomponente, KbK = Kanal mit begrenzter Kapazität.

verhaltenswirksam werden kann. Doch schon bald wurden erste Zweifel an dieser Position wach. Bleiben wir zunächst bei der Cocktailparty: Es ist nicht nur erstaunlich, daß wir in einem Gewirr von Stimmen eine Unterhaltung führen können; noch erstaunlicher ist das Phänomen, daß wir – obwohl wir die anderen Gespräche nicht verfolgen – bemerken, wenn in der Nachbarschaft der eigene Name fällt. Moray (1959) fand in der bereits zitierten Untersuchung einen vergleichbaren Tatbestand: Wenngleich ein 35mal wiederholtes Wort von keiner Vp reproduziert werden konnte, so bemerkten doch alle Vpn den eigenen Namen auf dem nichtbeachteten Kanal.

Dieser mit dem Filtermodell unverträgliche empirische Befund fand in einer Reihe weiterer Untersuchungen zusätzliche Bestätigung. Treisman (1960) verwendete ebenfalls das Paradigma des dichotischen Hörens in Kombination mit der »shadowing«-Prozedur. Zunächst kehrte sie die Fragestellung um und untersuchte, ob das Beachten von nur einem Kanal auch dann möglich ist, wenn die physikalischen Reizmerkmale der beiden Mitteilungen sich nicht unterscheiden, wenn also beide Tonbandspuren von der gleichen Person besprochen wurden. Sie fand, daß es auch unter dieser Bedingung gelang, nur einen Kanal zu beachten und folgerte, daß die Selektion in diesem Fall durch inhaltliche Merkmale der Texte gesteuert sein muß, ein Vorgang, der die semantische Anreicherung (*Perzeptbildung*) der Informationen auch des nichtbeachteten Kanals – zumindest bis zu einem gewissen Grad – voraussetzt.

In einem weiteren Experiment bestätigte sich ihre diesbezügliche Vermutung. Wieder erhielten die Vpn zwei unterschiedliche Texte auf dem rechten und linken Ohr (gesprochen von der gleichen Person): der rechte zu beachtende Kanal enthielt einen sinnvollen Text, der linke eine Reihe unzusammenhängender Wörter. Allerdings wechselten die Texte – für die Vpn überraschend – nach einer bestimmten Zeit den Kanal. Das bedeutet konkret, daß z. B. nach einigen Minuten der auf dem rechten Ohr präsentierte und nachgesprochene Text plötzlich auf dem linken Ohr fortgeführt wurde und umgekehrt. Fast ausnahmslos sprachen die Vpn für eine kurze Zeit den Text des eigentlich nicht zu beachtenden Kanals nach.

Die interessantesten Ergebnisse aus den Studien von Treisman (1964a, 1964b) bezogen sich auf eine experimentelle Variante, in welcher auf beide Ohren der *gleiche Text* (mit gleicher Stimme) gesprochen wurde. Bei *zeitsynchroner* Präsentation der beiden identischen Texte bemerkten die Vpn diesen Sachverhalt sofort (interpretiert als Stereoeffekt). Bei *zeitverzögerter* Präsentation des unbeachteten Texts (bis zu 4,5 Sekunden Nachlauf) wurde die Textidentität ebenfalls erkannt. Treisman interpretiert diesen Befund als Ausdruck der Speicherung des beachteten Texts im KS – etwa für diesen Zeitraum – und der dadurch gegebenen Vergleichsmöglichkeit mit dem unbeachteten Text. Was passiert schließlich, wenn der Text im nichtbeachteten Kanal dem im beachteten Kanal *zeitlich vorauseilt*? Hier fand Treisman, daß die Textidentität nur dann bemerkt wurde, wenn der zeitliche Abstand nicht mehr als 1,4 Sekunden betrug. Auch für diesen Effekt lieferte sie eine gedächtnispsychologische Erklärung: Das auditive sensorische Register speichert Icone bis zu etwa 1,5 Sekunden, so daß bis zu diesem Zeitraum eine nachfolgende Information mit der nichtbeachteten, aber gespeicherten Information verglichen werden kann.

All diese und viele weitere Befunde veranlaßten Treisman, das sogenannte Dämpfungsmodell (attenuation model) vorzuschlagen. Wie aus *Abb. 3.1 b* hervorgeht, unterscheidet es sich vom

Broadbent-Modell im wesentlichen im Filter, der durch eine *Dämpfungskomponente* ersetzt wird. In dieser Komponente werden die einlaufenden Informationen drei verschiedenen Analyseschritten unterzogen, die ohne Aufmerksamkeitszuwendung ablaufen (Neisser (1967) nennt diesen Vorgang später präattentive Verarbeitung): Im ersten Schritt werden die akustischen Signale auf physikalische Merkmale untersucht (z. B. Klang und Lautstärke). Danach erfolgt eine Entscheidung darüber, ob linguistische Information vorliegt. Trifft dieses zu, so wird sie zu Silben und Wörtern zusammengefaßt. Im letzten Schritt werden die Wörter erkannt und somit mit Bedeutung versehen. Nach Treisman werden nicht alle einlaufenden Informationen der kompletten Analyse in der Dämpfungskomponente unterzogen. Der Grad der Analyse ergibt sich vielmehr aus der Schwierigkeit, konkurrierende Nachrichten auseinanderhalten zu können. Werden Texte auf beiden Ohren von der gleichen Stimme gesprochen, so reicht die physikalische Analyse nicht aus, sie zu separieren. Vielmehr muß der zweite und eventuell der dritte Analyseschritt nachfolgen. In diesen Fällen wird auch ein Teil der nichtbeachteten Informationen in den Kanal mit begrenzter Kapazität transferiert und dadurch teilweise reproduzierbar.

Eine neuere Untersuchung von Cherry & Kruger (1983) soll diese Modellogik abschließend nochmals verdeutlichen. Die Autoren untersuchten die Fähigkeit zum selektiven Hören bei lernbehinderten Kindern zwischen sieben und neun Jahren. Die Aufgabenstellung bestand darin, auf Gegenstände zu zeigen, die im beachteten Kanal genannt wurden. Die Frage lautete, inwiefern Lernbehinderte – im Vergleich zu nichtbehinderten gleichaltrigen Kindern – in der Lage sind, die Informationen auf dem nicht zu beachtenden Kanal tatsächlich zu negieren, also auszublenden und somit keiner Interferenz zu unterliegen. Diese somit als Distraktoren gedachten Informationen bestanden einmal in weißem Rauschen (einem unspezifischen, rauschenden Geräusch), zum zweiten in einem rückwärts gesprochenen Text (linguistisch, aber nicht semantisch) und in einem zusammenhängenden Text (linguistisch und semantisch). Im Sinne von Treisman wird mit diesen drei Distraktoren ein zunehmendes Ausmaß an präattentiver Analyse erforderlich, wenn die beiden Kanäle auseinander gehalten werden sollen. Man beachte am Rande, daß nach dem Filtermodell nicht von Distraktoren gesprochen werden dürfte, da nichtbeachtete Informationen nicht verhaltenswirksam werden können.

Generell lassen sich nichtbehinderte Kinder weniger durch den

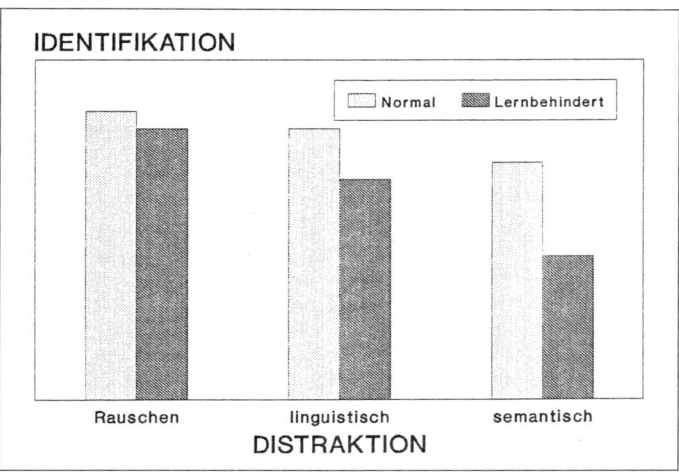

Abb. 3.2: Die Identifikationsleistung von zwei Vpn-Gruppen unter der Bedingung dichotischen Hörens mit unterschiedlich bedeutungshaltigen Distraktoren auf dem nichtbeachteten Kanal.

nichtbeachteten Kanal stören als die Lernbehinderten, wie man aus *Abb. 3.2* entnehmen kann. Letztere reagieren besonders auf den semantischen Distraktor mit erheblichen Leistungseinbußen, also mit Fehlern oder Auslassungen. Cherry und Kruger interpretieren diese Befunde als Hinweis dafür, daß lernbehinderte Kinder sich offensichtlich weniger gegen die konkurrierenden, unerwünschten Informationen im nichtbeachteten Kanal »zur Wehr setzen« können.

3.1.1.2 Reaktionsselektion

Im MEKIV-Ansatz wird eine noch extremere Sichtweise bezüglich der Verarbeitung nichtbeachteter Informationen eingenommen. Die frühen Vorläufermodelle dazu stammen von Deutsch & Deutsch (1963) und Norman (1968). Hier wie dort wird die extreme Gegenposition zur Broadbentschen Auffassung vertreten: Auch die nichtbeachteten Informationen werden vollständig verarbeitet. Mehr noch: Erst nach der vollständigen semantischen Anreicherung aller auf die Sinnesorgane eintreffenden Reize erfolgt auf dem Weg des Transfers in das Arbeitsgedächtnis durch Aufmerksamkeitszuwendung die Selektion der weiter zu verarbeitenden Informationen. Aufgrund dieses relativ späten Auswahlvorgangs spricht man von *late selection models* oder – weil mit der Aktualisierung von Begriffen häufig auch Reaktionen, Handlungstendenzen bzw. Verhaltensweisen assoziiert sind – von *Reaktionsauswahlmodellen*. Verbunden mit dieser Sichtweise ist auch der zweite wesentliche Unterschied, nämlich die Perzeptbildung im LG *vor der intentionalen* Weiterverarbeitung im AG. Im Unterschied zum Modell von Broadbent – und auch dem von Atkinson & Shiffrin (1968) – fließen die Informationen von den sensorischen Registern direkt in das LG und erst von dort aus in das AG.

An dieser Stelle wird es notwendig, das Konzept des Langzeitgedächtnisses zu differenzieren. Auf der ersten Ebene unterscheidet man in der Regel zwischen *Fakten-* und *Veränderungswissen*. Wir wollen hier nur auf das Faktenwissen eingehen; das Veränderungswissen wird spezifischer Gegenstand der Erörterungen zum Problemlösen sein. Innerhalb des Faktenwissens unterscheidet man weiter zwischen einem *episodischen* und einem *semantischen* Gedächtnis. Tulving (1972), auf den diese Unterscheidung zurückgeht, definiert in folgender Weise: .

»Das episodische Gedächtnis enthält und speichert Informationen über zeitlich datierte Episoden oder Ereignisse und raum-zeitliche Relationen zwischen diesen Ereignissen . . .« (S. 385, übersetzt vom Verfasser)
»Das semantische Gedächtnis ist ein Gedächtnis für die Sprachbenutzung. Es ist ein mentaler Thesaurus, also das organisierte Wissen einer Person über Wörter und andere verbale Symbole, über ihre Bedeutung und Bezugsbegriffe, über die Relationen zwischen ihnen und über Regeln, Formeln und Algorithmen zum Zweck der Manipulation dieser Symbole, Konzepte und Relationen.« (S. 386, übersetzt vom Verfasser)

Ganz im Sinne ihrer Benennung unterscheiden sich die beiden Gedächtnissysteme also in der Hauptsache darin, daß Erfahrungen einmal in ihrem raum-zeitlichen Kontext (als Episoden) und einmal in ihrem Bedeutungszusammenhang (semantisch) gespeichert werden, wobei im letzteren Fall die beiden Dimensionen Raum und Zeit keine Rolle spielen. Wie aus *Abb. 3.3* hervorgeht, kann man sich das Behalten von Informationen als einen zweigleisigen Vorgang vorstellen, der immer beide Systeme betrifft, die ihrerseits wiederum miteinander in Verbindung stehen.

Ein Beispiel mag den Sachverhalt noch weiter verdeutlichen. Das Abitur ist ein Ereignis, welches sicherlich lange als Episode (ein Vorgang mit zeitlicher Erstreckung und räumlichen Merkmalen) gespeichert ist. Die episodische Speicherungsform enthält

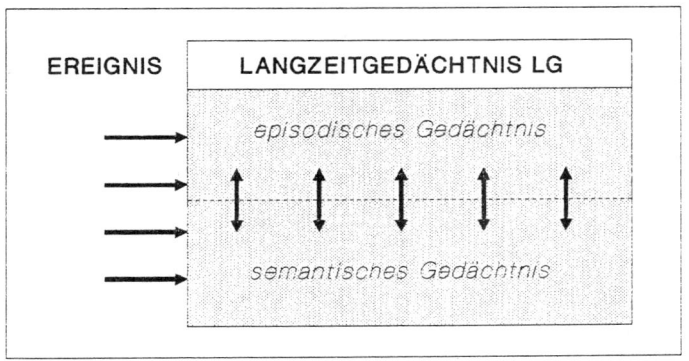

Abb. 3.3: Episodisches und semantisches Gedächtnis als Teilsysteme des Langzeitgedächtnisses.

dadurch eine stark selbstbezogene Komponente, die auch emotionale Anteile umfaßt. Auf der anderen Seite ist der Begriff Abitur bedeutungsmäßig intern repräsentiert. Es handelt sich um einen Abschluß einer weiterführenden Schulausbildung, der die Möglichkeit des Besuchs einer Hochschule eröffnet; verschiedene Schwerpunktsetzungen ermöglichen Zugänge zu unterschiedlichen Berufsfeldern usw. Mit zunehmendem zeitlichen Abstand vom konkreten Ereignis selbst tritt die gespeicherte Episode in den Hintergrund und die semantische Komponente dominiert. Wenn z. B. ein Student diesen Begriff fünf Jahre nach dem eigenen Abitur liest, so wird ihm in der Regel die Bedeutung und nicht das persönliche Erlebnis bewußt.

Im Zusammenhang mit den Überlegungen zur Aufmerksamkeit ist für uns zunächst die semantische Komponente von Bedeutung. Verschiedene Vorstellungen zur Modellierung des Aufbaus des semantischen Gedächtnisses sind zwischenzeitlich entwickelt worden. Wir konzentrieren uns auf die sogenannten *Netzwerkmodelle* (z. B. von Collins & Quillian 1972; Collins & Loftus 1975). Sie haben ihre Namen daher, daß man – wie bei einem Netz – zwischen *Knoten* und *Fäden* unterscheidet, wobei die Knoten den Begriffen und die Fäden den Beziehungen (Relationen) zwischen den Begriffen entsprechen. *Abb. 3.4* zeigt das klassische Beispiel eines Ausschnittes aus dem semantischen Gedächtnis in Netzwerkform.

Sie macht zweierlei deutlich: erstens ist das Wissen *hierarchisch* geordnet, d. h., es steht auf der Dimension konkret – abstrakt

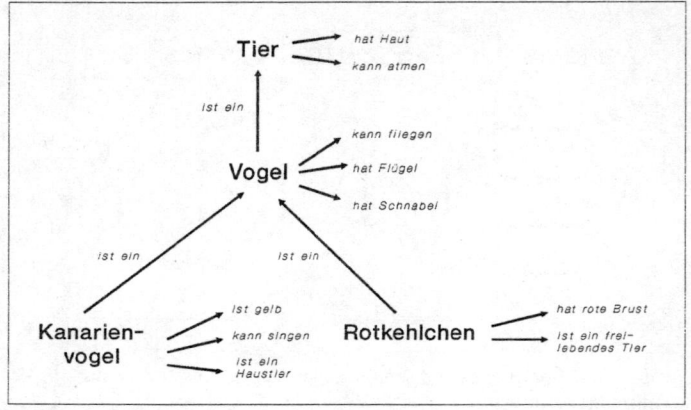

Abb. 3.4: Die hierarchische Netzwerkstruktur des semantischen Gedächtnisses nach Collins & Quillian (1969, 1972). Die Begriffe bilden die Knoten, die Beziehungen zwischen den Begriffen die Fäden des Netzes.

miteinander in Beziehung, und zweitens gibt es *zwei Arten* von Relationen. Neben der bereits genannten *Abstraktheitsrelation* (ein Rotkehlchen *ist ein* Vogel) findet man die *Merkmals-* oder *Teil-Ganzes-Relation* (ein Rotkehlchen *hat eine* rote Brust).

Soweit eine knappe Skizze zur Strukturseite der Netzwerkmodelle zum semantischen Gedächtnis. Die Prozesse, die darin ablaufen, werden zum großen Teil auf ein sogenanntes *Aktivationsausbreitungsprinzip* zurückgeführt. Dieses können wir nun anhand der Reaktionsauswahlmodelle zur Aufmerksamkeit erläutern und kehren damit – nach dem kleinen Abstecher in die Modellbildung zum LG – wieder zur Frage der Informationsselektion zurück.

Fließen die Informationen aus den sensorischen Registern in das LG, so werden dort vor allem im semantischen Gedächtnis zugehörige Begriffe in Form eines Wiedererkennungsprozesses aktiviert, d. h., das Aktivationsniveau wird durch diesen Prozeß der Bedeutungszuordnung erhöht. Mit der Aktivierung eines Begriffes – z. B. Rotkehlchen – werden über die Fäden auch seine Merkmale und Bezugsbegriffe (hat rote Brust, Vogel, Kanarienvogel) mitaktiviert. Je länger die einlaufenden Informationen diese Aktivierung fortsetzen, um so höher das Aktivationsniveau und um so weitreichender die Ausbreitung auf assoziierte Begriffe. Es wird bereits an dieser Stelle erkennbar, daß der Grad an

Aktivierung die Wahrscheinlichkeit des Transfers in das AG mitbestimmt. Hochaktivierte Perzepte ziehen quasi die Aufmerksamkeit auf sich und führen dadurch zur bewußten Weiterverarbeitung. Ein lautes Geräusch, etwa verursacht durch eine zuschlagende Türe, führt zu einer intensiven Aktivierung der Lärm- bzw. Geräuschbedeutungen, zieht dadurch Aufmerksamkeit auf sich, gelangt in das AG und erfährt durch die Einbeziehung weiterer Informationen eine bewußte Interpretation.

Im Modell von Norman (1968) ist eine weitere Aktivierungsquelle vorgesehen, der sogenannte *Pertinenzmechanismus*. Die Überlegungen hinter diesem Konzept besagen, daß unsere gesamten gespeicherten Erfahrungen im Gedächtnis einen relativ geringen Aktivierungsgrad aufweisen. Erst durch Wahrnehmungsund/oder Gedächtnisprozesse kommt es zu einer Erhöhung. Nun besitzen aber nicht alle Fakten für die jeweilige Person die gleiche Ausgangsaktivation. Je nach Wichtigkeit ist der Grad an *Voraktivierung* unterschiedlich. So ist z. B. der eigene Name von großer Bedeutung und besitzt somit einen höheren Grad an Voraktivation als z. B. der Name einer beliebigen Stadt in Belgien. Alle gespeicherten Informationen mit *hohem Selbstbezug* besitzen diesen erhöhten Grad an Voraktivation. Die gesamte Klasse solcher selbstbezogener Informationen ist zwar einem gewissen Wandel unterworfen (z. B. durch aktuelle, bedeutsame Episoden), hat aber doch einen großen Kern, der immer gleich bleibt und überdauernd diese Voraktivierung besitzt (deshalb Pertinenzmechanismus, PM). Erfährt nun ein Begriff aus beiden Quellen (Wahrnehmungsapparat und PM) Aktivierung, so führt dieses über das *Summationsprinzip* zu einem besonders hohen Aktivationsniveau mit der Folge, daß die Aufmerksamkeit auf ihn gelenkt wird (Transfer ins AG); dadurch erreicht er dann das Bewußtsein. Das bereits bemühte Beispiel und der zugehörige empirische Befund, daß der eigene Name als nichtbeachtete Information dennoch häufig bewußt wahrgenommen wird – im Gegensatz zu anderen, weniger Selbstbezug aufweisenden Informationen –, veranschaulicht diese Modellvorstellung treffend. In *Abb. 3.5* werden diese Überlegungen noch einmal zusammengefaßt.

Neben dieser eher *passiv* zu nennenden Form der Aufmerksamkeitssteuerung kann man die Selektionsfunktion der Aufmerksamkeit auch *aktiv* lenken. Erwartet man beispielsweise Besuch, von dem man weiß, daß er mit einem gelben Pkw ankommt, so ist das Erkennen dieses Fahrzeuges aktiv eingestellt, das Ereignis »gelbes Auto« hat eine hohe Voraktivation, und das Wahrnehmen führt sehr schnell zu einem bewußten Erkennen. In

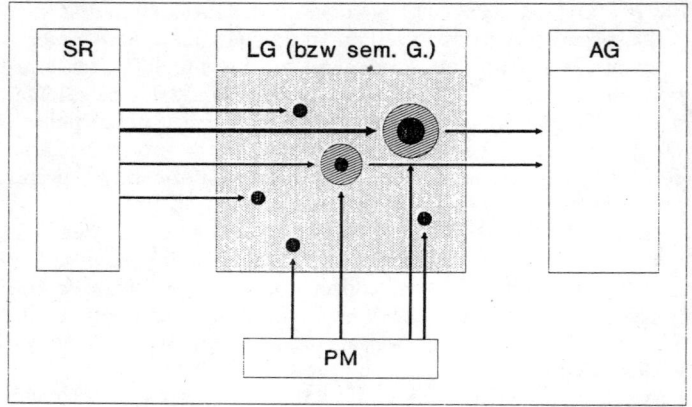

Abb. 3.5: Der Vorgang der Aktivationssummation durch Wahrnehmungsprozesse (sensorisches Register, SR) und Pertinenzmechanismus (PM) im Langzeitgedächtnis (LG) im Zuge der Perzeptbildung. Angedeutet ist der Grad an Aktivierung und Aktivierungsausbreitung sowie der daraus resultierende Auswahlvorgang.

einem anderen Kontext hätten wir bei sonst vergleichbaren Bedingungen dieses bewußte Erkennen möglicherweise nicht erfahren. In welchem extremen Ausmaß bewußtes Wahrnehmen durch bewußte und nichtbewußte Erwartungen geleitet ist, werden wir im letzten Kapitel des Buches näher beleuchten.

Gibt es außer den bereits genannten experimentellen Ergebnissen weitere Befunde, die für die Beibehaltung dieser extremen Position bezüglich der Verarbeitung nichtbeachteter Informationen sprechen? Stellvertretend für eine ganze Reihe solcher Untersuchungen wollen wir uns zunächst ein einschlägiges Experiment von MacKay (1973) ansehen. Dem in diesem Forschungsbereich dominierenden Untersuchungsparadigma folgend gab es eine beachtete und eine nichtbeachtete akustische Informationsquelle. Der beachtete Kanal enthielt eine Reihe *mehrdeutiger Sätze*. Verantwortlich dafür waren Wörter, die man *Homonyme* nennt. Dabei handelt es sich um gleichlautende Wörter von unterschiedlicher Bedeutung (z. B. Bauer für Landwirt und Vogelkäfig). »Sie warfen heute Steine auf die Bank!« ist ein Beispiel für einen solchen mehrdeutigen Satz, mit dem Homonym »Bank«. Je nachdem, welche Bedeutung (Geldinstitut oder Sitzgelegenheit) gerade der Zuhörer generiert, findet der Satz eine unterschiedliche Interpretation. Was ist eigentlich verantwortlich dafür, welche der Bedeutungsalternativen von der jeweiligen Person generiert wird? Wenn wir eine Antwort auf diese Frage finden wollen, so müssen wir sie zweifellos in dem beschriebenen Prozeß der Perzeptbildung (bzw. Bedeutungsanreicherung) suchen. Unstrittig spielt die Häufigkeit des Gebrauchs der Bedeutungsalternativen eine wesentliche Rolle. Landwirt als Bedeutung von Bauer wird den meisten geläufiger sein als Vogelkäfig. Bei Besitzern von Vögeln mag das aber völlig anders aussehen. Außerdem kommt der Gesamtkontext, in welchem sich eine Person befindet, als Einflußgröße für die Bedeutungsstiftung in Frage. Befindet sich jemand im Park, so ist »Sitzgelegenheit« die wesentlich wahrscheinlichere Bedeutung für Bank als »Geldinstitut« – immer einen uneindeutigen Satz vorausgesetzt. Das Umgekehrte trifft wahrscheinlich zu, wenn jemand gerade mit langwierigen und bedeutsamen finanziellen Transaktionen beschäftigt ist.

Was würden wir also erwarten, wenn wir die Vpn im Anschluß an das Experiment nach der Bedeutung der gehörten Sätze fragen würden? Die beste Vorhersage bestünde in einer Verteilung zwischen den beiden Alternativen, wie sie der objektiven Verwendungshäufigkeit in der Sprache entspricht. MacKay gestaltet die Frage dadurch wesentlich interessanter, daß er auf dem nichtbeachteten Kanal zeitsynchron mit der Präsentation des Homonyms (Bank) der Hälfte der Vpn die eine Bedeutung (Geldinstitut) und dem anderen Teil die zweite Bedeutung (Sitzgelegenheit) darbot.

Die Ergebnisse sind eindeutig: Die Interpretation der mehrdeutigen Sätze folgte immer der im nichtbeachteten Kanal vorgegebenen Bedeutung. Andererseits konnten sich die Vpn aber nicht an die Inhalte des nichtbeachteten Kanals erinnern. Folglich ist auch die Interpretation von MacKay klar: Die nichtbeachtete Information wird komplett und tief verarbeitet. Dieser Vorgang führt zu einer zusätzlichen Aktivation der jeweiligen Bedeutungsalternative des Homonyms, die zu einer eindeutigen Interpretation verhilft. Im Zusammenhang mit *Abb. 3.5* kann man sich diesen Vorgang recht anschaulich vor Augen führen.

Wie so häufig in der psychologischen Grundlagenforschung blieb dieser Befund von MacKay aber nicht unwidersprochen. Newstead & Dennis (1979) berichteten, daß es ihnen in eigenen Replikationsstudien nicht gelungen war, die von MacKay berichteten Effekte zu finden, wenn zwei Kritikpunkte an der von MacKay gewählten experimentellen Vorgehensweise ausgeschaltet wurden. Dabei handelt es sich einerseits um die Pausen zwischen den Sätzen im beachteten und andererseits um die isolierte Darbietung der Bedeutungsalternativen im nichtbeachteten Kanal. Nach Newstead und Dennis bieten diese Bedingungen den Vpn die Möglichkeit, die Aufmerksamkeit einmal auf den beachteten und einmal auf den nichtbeachteten Kanal zu richten, ohne daß die Leistung beim lauten Nachsprechen beeinträchtigt wird. Folglich könne man die Interpretation der kompletten und tiefen Verarbeitung der nichtbeachteten Informationen nicht aufrechterhalten, denn es gab aufgrund der Möglichkeit zum *Aufmerksamkeitswechsel* vielleicht gar keine nichtbeachtete Information.

In einer neueren, ähnlich angelegten Studie von Eich (1984), in welcher die aufgezeigten Mängel in der Untersuchungsplanung vermieden werden, steht die kritische Frage erneut auf dem Prüfstein. Im Rahmen des »shawoding«-Paradigmas mußten die Vpn einen Prosatext nachsprechen, während auf dem nichtbeachteten Kanal eine Liste von Wortpaaren mehrfach präsentiert wurde. Beide Nachrichten wurden von der gleichen Stimme gesprochen. Pausen gab es weder auf dem beachteten noch auf dem nichtbeachteten Kanal.

Interessant sind insbesondere die verwendeten Wortpaare. Anders als bei MacKay spielen *Homophone* eine wesentliche Rolle. Ein Wortpaar lautet beispielsweise taxi – fare. Das Homophon »fare« hat im Englischen zwei Schreibweisen und – damit verknüpft – auch zwei Bedeutungen, nämlich neben fare (Fahrpreis) auch noch fair (Jahrmarkt). Homophone klingen also gleich (sie werden gleich ausgesprochen), haben aber unterschiedliche Schreibweisen und Bedeutungen. Durch das erste Wort des Wortpaares wird die Interpretation und Schreibweise des Homophons voreingestellt, d. h., diese Bedeutung wird aktiviert, ein Vorgang, den man im Englischen *priming* nennt. Im gegebenen Beispiel aktiviert Taxi die Bedeutung Fahrpreis (fare). Zu beachten ist, daß die jeweils aktivierte Bedeutung die weniger geläufige, also seltenere Interpretation des Homophons darstellt (im Mittel etwa 25% Erstnennungen). Es sei daran erinnert, daß im Gegensatz zur Untersuchung von MacKay nicht nur die zu aktivierende Wortbedeutung, sondern auch das Homophon selber auf dem nichtbeachteten Kanal präsentiert wurde.

Im Sinne einer Kontrolle der erwarteten experimentellen Effekte bearbeitete eine zweite Vpn-Gruppe die beschriebene Aufgabenstellung mit dem Unterschied, daß der eigentlich zu beachtende Kanal »still« war und das Behalten der Wortpaare des eigentlich nicht zu beachtenden Kanals instruiert wurde. Die

Voraktivierung erfolgt in diesem Fall somit durch bewußte Verarbeitung der Wortpaare.

Die Ergebnisse sind in *Abb. 3.6* zusammengefaßt. *Abb. 3.6 a* illustriert die Befunde zu einem unmittelbar im Anschluß an die Untersuchung durchgeführten Wiedererkennungstest zu den Homophonen. Die den Vpn vorgelesene Wortliste enthielt alte und neue Homophone, d. h., ein Teil der Wörter war durch das »priming« bekannt, die andere Hälfte unbekannt. Die Ergebnisse zeigen, daß »unbewußtes priming« dazu führt, daß alte und neue Homophone gleich häufig als alt wiedererkannt wurden, also keine Möglichkeit zur Diskrimination zwischen den beiden Wortgruppen bestand. Dagegen erkannte die Kontrollgruppe (bewußtes priming) die alten Homophone fast zu 90 Prozent und wies die neuen fast zu 100 Prozent korrekt zurück, was bedeutet, daß nur 4 Prozent fälschlicherweise als alt bezeichnet wurden. Die Interpretation erscheint auf den ersten Blick eindeutig: Im Einklang mit anderen Befunden (Cherry 1953; Broadbent 1958) können nichtbeachtete Informationen auch nicht verarbeitet und somit auch nicht behalten werden.

Das Bild ändert sich jedoch, wenn man sich die Ergebnisse zu einer zweiten Aufgabenstellung ansieht, in welcher die Vpn im Anschluß an den Wiedererkennenstest die Homophone *buchstabieren* mußten. Wieder enthielt die Liste alte und neue Homophone, allerdings natürlich andere als beim Wiedererkennenstest. Jetzt zeigte sich auch in der Gruppe mit »unbewußtem priming« für die alten Homophone ein deutlicher Effekt in Richtung der weniger geläufigen Schreibweise. Dagegen wurden die neuen Homophone nur im Rahmen des erwarteten Prozentsatzes im Sinne der selteneren Bedeutung buchstabiert, und zwar übereinstimmend in beiden Untersuchungsgruppen (vgl. *Abb. 3.6 b*). Man sieht anhand der Abbildung aber auch, daß der Effekt bei »bewußtem priming« deutlicher ausfiel als bei »unbewußtem priming«.

Diese und die anderen berichteten Ergebnisse stützen die Auffassung von einer semantischen Verarbeitung aller eintreffenden Informationen, wie sie in den Reaktionsselektionsmodellen postuliert wird. Sie machen aber auch deutlich, daß mit einer bewußten und unbewußten Verarbeitung von Informationen spezifische Konsequenzen für darauf aufbauende kognitive Prozesse verknüpft sind. Der intentionale Abruf unbewußt verarbeiteter Informationen aus dem Langzeitgedächtnis scheint nicht möglich zu sein (vgl. z. B. die Wiedererkennungsleistungen im Experiment von Eich) und ihr Einfluß auf sich zeitlich anschließende

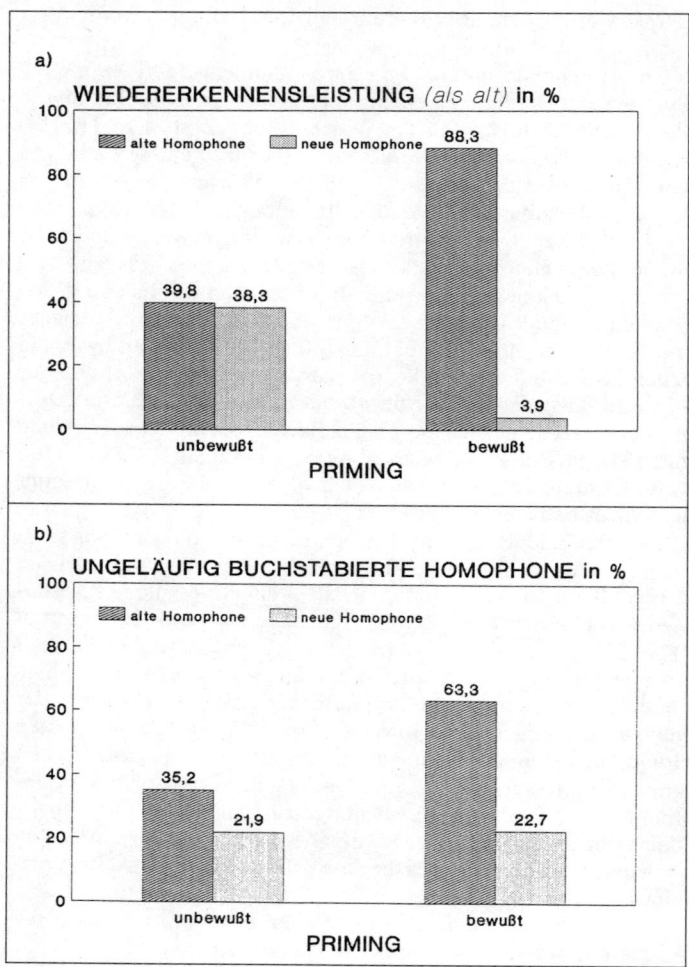

Abb. 3.6: Die Leistungen beim Wiedererkennen und Buchstabieren alter und neuer Homophone im Vergleich zwischen bewußtem und unbewußtem »priming« (Eich 1984).

kognitive Vorgänge geringer ausgeprägt zu sein als der bewußt verarbeiteter Informationen (vgl. z. B. die Buchstabiertendenz im Experiment von Eich). Wenn wir im vierten Kapitel die Bewußtseinspsychologie betrachten, kommen wir auf diese Überlegungen zurück.

3.1.2 Aufmerksamkeit als mentale Kapazität

Neben der Selektionsfunktion fand auch der Kapazitätsaspekt der Aufmerksamkeit großes Interesse. Schon Moray (1967) hatte vorgeschlagen, Aufmerksamkeit als eine Verarbeitungskapazität zu verstehen, die bei den meisten kognitiven Abläufen benötigt wird, aber nur in beschränktem Umfang zur Verfügung steht. Er nimmt an, daß diese *Verarbeitungsressourcen*

a) nach Bedarf flexibel eingesetzt werden können,

b) allgemeiner Art sind, also nicht jeweils spezifisch auf unterschiedliche kognitive Prozesse abgestimmt sind und

c) sogar zur gleichzeitigen Bearbeitung mehrerer Aufgabenstellungen herangezogen werden können.

Ein Beispiel mag diese Vorstellungen veranschaulichen. Johnston & Heinz (1978) instruierten ihre Vpn, einen Kanal durch lautes Nachsprechen zu beachten (dichotisches Hören). Die Informationen auf dem nichtbeachteten Kanal variierten hinsichtlich physikalischer und semantischer Merkmale im Vergleich zu jenen auf dem beachteten Kanal. So konnte es die gleiche oder eine andere Stimme sein, die den Text sprach, und die kontextuelle Einbettung konnte auf beiden Kanälen gleich oder verschieden sein. Im Sinne der drei Analyseschritte in der Dämpfungskomponente von Treisman (1960) ist die einfachste Bedingung die mit den unterschiedlichen physikalischen Merkmalen, da nur der erste Analyseschritt zur Entflechtung notwendig wird, gefolgt von der Bedingung mit gleichen physikalischen Merkmalen, aber unterschiedlichen Kontexten (Analyse bis zum zweiten Schritt) bis hin zur schwierigsten Bedingung mit gleichen physikalischen und semantischen Merkmalen (tiefe semantische Analyse im dritten Schritt). Zusätzlich sollten die Vpn Veränderungen in der Helligkeit einer Lampe durch Tastendruck registrieren. Gemessen wurde die Reaktionszeit vom Zeitpunkt der Helligkeitsveränderung bis zum Tastendruck.

Die Ergebnisse belegen, daß sich mit zunehmender Schwierigkeit der »shadowing«-Aufgabe die Reaktionszeiten verlängern. Im Rahmen der Kapazitätstheorien würde man argumentieren, daß hier mehrere Aufgaben gleichzeitig zu bearbeiten sind (Mehrfachaufgabenparadigma), die allesamt Ressourcen benötigen.

73

Sind die Aufgaben einfach, so laufen sie, ohne sich zu stören, parallel ab, da die verfügbare Aufmerksamkeitskapazität ausreicht. Übersteigen sie die Ressourcen, so kommt es zu Leistungseinbußen. Im Experiment von Johnston & Heinz wurde ganz in diesem Sinne mit zunehmender Schwierigkeit mehr Kapazität für die »shadowing«-Aufgabe benötigt, die dann andererseits für die Bewältigung der Entdeckungsaufgabe fehlte.

Die elaborierteste Version der Aufmerksamkeitskapazitätstheorie legte Kahneman (1973) vor. Neben dem bereits bekannten Postulat eines begrenzten Vorrats an unspezifischer Kapazität entwickelt er eine *Verteilungsinstanz* (allocation policy). Wie der Name schon nahelegt, handelt es sich dabei um den Prozeß der Kontrolle und flexiblen Verteilung der verfügbaren Ressourcen. Vier Größen nehmen auf diesen Kontroll- und Verteilungsprozeß direkten Einfluß: a) die subjektiv empfundene Anstrengung, die die Bearbeitung der vorliegenden Aufgabe mit sich bringt, b) die noch vorhandene Kapazität, c) überdauernde Dispositionen und d) momentane Ziele.

Für die Johnston & Heinz-Studie ergäbe sich nach diesem Modell folgender Aufmerksamkeitskontroll- und -verteilungsvorgang: die Hauptaufgabe besteht im lauten Nachsprechen einer Nachricht, die Nebenaufgabe in der Helligkeitsveränderungsentdeckung. Mit dem Nachsprechen entsteht ein subjektiver Eindruck der kapazitären Anforderung, die diese Aufgabe mit sich bringt. Dieses Ausmaß an Kapazität wird zugeteilt. Das gleiche gilt für die Nebenaufgabe. Kommt es zu Schwierigkeiten, weil die Gesamtkapazität nicht ausreicht (z. B. in der Bedingung fehlender physikalischer Merkmalsunterschiede und gleichen semantischen Kontexts), so wird auf die momentanen Ziele rekurriert, die in diesem Fall besagen, daß es eine Haupt- und eine Nebenaufgabe gibt. Folglich bleibt es bei der vollständigen Kapazitätszuweisung für die Hauptaufgabe und der Zuweisung der defizitären Restkapazität für die Nebenaufgabe. Eine Instruktion zur Gleichbehandlung der beiden Teilaufgaben hätte zu einem veränderten Verteilungsvorgang führen müssen, da die momentanen Ziele andere gewesen wären.

Versucht man, Kahnemans Vorstellungen im MEKIV-Modell zu plazieren, so bekommt man sehr große Schwierigkeiten mit dem Konzept der begrenzten Aufmerksamkeitskapazität. Welcher Art ist diese mentale Kapazität? Ist sie mit der eher passiven Form der Speicherkapazität des KS oder der aktiven Form der Verarbeitungskapazität des AG gleichzusetzen? Weniger Schwierigkeiten bereitet dagegen das Konzept der Verteilungsinstanz.

Der zentrale Prozessor wäre jenes Modellkonzept im MEKIV, welches die Kontroll- und Steuerprozesse zur Verteilung der Verarbeitungskapazität des AG zu übernehmen hat. In der zusammenfassenden Diskussion zur Aufmerksamkeit in Kapitel 3.1.4 kommen wir noch einmal auf diese Fragen zurück.

3.1.3 Kontrollierte und automatisierte Prozesse

Wir haben bisher wiederholt von bewußten und unbewußten kognitiven Prozessen gesprochen. Das Paradigma des dichotischen Hörens veranschaulicht diese Unterscheidung trefflich: Bewußte Verarbeitung von Information liegt im beachteten, unbewußte Verarbeitung im nichtbeachteten Kanal vor. Beide Vorgänge laufen nebeneinander ab; sie beeinflussen sich dabei zwar gegenseitig, stören sich aber nicht.

Neuere Bemühungen in der Aufmerksamkeitsforschung beschäftigen sich ausführlich mit dieser Unterscheidung. Die Begriffe »bewußt« bzw. »unbewußt« werden durch die Begriffe *kontrolliert* bzw. *automatisiert* ersetzt. Beginnen wir mit einer weiteren Veranschaulichung des Phänomens durch den sogenannten *Stroop-Effekt*. In seiner ursprünglichen Demonstration ließ Stroop (1935) seine Vpn Farben benennen. Diese an sich triviale Aufgabe wurde dadurch erschwert, daß es keine Farbkleckse, sondern in unterschiedlicher Farbe geschriebene Begriffe waren. Wenn sich jetzt der eine oder andere Leser fragt, was daran schwer sein soll, hat er sicherlich recht. Erst die Tatsache, daß Stroop für die Begriffe Farbnamen verwendete, brachte für die Vpn Schwierigkeiten mit sich. So sagen viele Vpn für den in grüner Farbe gedruckten Farbnamen »rot« nicht grün – wie es die Instruktion verlangt, sondern rot. Sie lesen also den Begriff, anstatt die Druckfarbe zu nennen. Solche Schwierigkeiten machten sich vor allem dann bemerkbar, wenn nacheinander eine Vielzahl solcher Farbnamen möglichst schnell hinsichtlich ihrer Druckfarbe benannt werden sollten.

Man bezeichnet diesen Effekt als Interferenzphänomen, da sich zwei Abläufe gegenseitig stören. Einerseits ist die Druckfarbe zu nennen (ein beabsichtigter, kontrollierter Vorgang), andererseits drängt sich der gedruckte Farbbegriff in seiner Bedeutung förmlich auf (ein unbeabsichtigter, automatisierter Vorgang). Worauf bezieht sich dieser automatisierte Vorgang? Nach den Reaktionsselektionsmodellen lesen wir die Farbwörter und reichern sie mit Bedeutung an. Dadurch entsteht eine Reaktionsbereitschaft für die jeweilige Farbbedeutung. Dieser Vorgang ist so stark eingeübt, daß wir ihn nicht unterdrücken können, er läuft unbeabsichtigt – also automatisiert – ab. Besteht hier aber nicht ein eklatanter Widerspruch zu der eingangs betonten Feststellung, daß sich automatisierte und kontrollierte Prozesse nicht gegenseitig stören? Zweifellos liegt hier eine gegenseitige Störung vor, aber sie entsteht auf einer viel späteren Verarbeitungsebene, nämlich auf der der Reaktion. Das *Ergebnis* der parallel ablaufenden Vorgänge, also das laute Benennen der Farbe, interferiert, nicht dagegen die beiden Verarbeitungsprozesse selbst. Deutlich werden diese Überlegungen anhand des in *Abb. 3.7* gegebenen Beispiels.

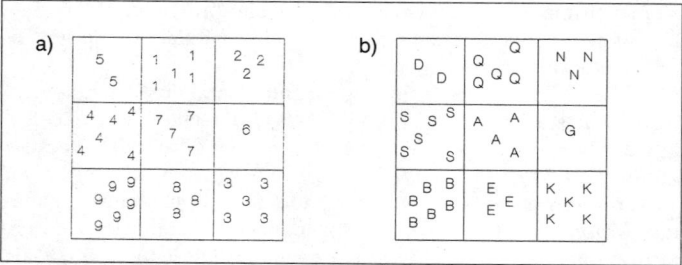

Abb. 3.7: Veranschaulichung des Stroop-Effekts mit Hilfe einer veränderten Problemstellung. Teilabbildung a) stellt die Interferenzsituation dar, während diese bei b) ausbleibt. Es ist möglichst schnell die Anzahl der Zeichen pro Kästchen zu nennen (modifiziert nach Howard 1983).

In *Abb. 3.7 a* findet man ein dem Strooptest entsprechendes Beispiel (Howard 1983). Das möglichst schnelle Nennen der Anzahl der Zeichen pro Kästchen interferiert mit der Bedeutung der Zeichen, den Zahlenwerten, da zwei Zahlen zur Auswahl stehen. Die eine Zahl wird bewußt durch das Abzählen generiert, die zweite Zahl entsteht durch den automatisierten Prozeß des Lesens. Bei der Bearbeitung des Beispiels aus *Abb. 3.7 b* laufen die gleichen automatisierten und kontrollierten Prozesse ab, aber bei der Umsetzung der Verarbeitungsprozesse in wahrnehmbares Verhalten kommt es zu keiner Interferenz der jeweils ausgelösten Reaktionstendenzen, da nur in einem Fall eine Zahl entstanden ist.

Eine spektakuläre Studie von Spelke et al. (1976, vgl. auch Hirst et al. 1980) soll zur weiteren Illustration und Klärung beitragen. Die Autoren trainierten zwei Studenten (Diane und John), *gleichzeitig* einen sinnvollen Text zu lesen und ein Diktat zu schreiben (zusammenhanglose Wörter). Jeder dieser beiden kognitiven Abläufe benötigt für sich genommen volle Aufmerksamkeit bzw. einen Großteil der Verarbeitungskapazität. Versucht jemand, diese Vorgänge simultan auszuführen, so wird er/sie schnell erleben, daß sie sich in einem erheblichen Ausmaß gegenseitig stören. Im Vergleich zur Einzeltätigkeit (Lesen und Schreiben gesondert) werden beim gleichzeitigen Ausführen die Leistungsparameter beider Tätigkeiten gemindert. Dazu zählen die Lesegeschwindigkeit und das Textverständnis einerseits und das Wiedererkennen der diktierten Wörter und das Schriftbild andererseits.

Tab. 3.1: Die Leistungssteigerung für simultanes Lesen und Schreiben für zwei Probanden, illustriert anhand der Indizes für die Sitzungsperiode 1−5 und 56−61; im Vergleich dazu die entsprechenden Vortestergebnisse für getrenntes Lesen und Schreiben (nach Spelke et al. 1976)

VP	Leistungs-art	Leistungsindex	Vortest[a]	Sitzung 1−5[b]	Sitzung 56−61[b]
Diane	Lesen	Lesegeschwindigkeit[c]	351	260	380
		Textverständnis[d]	90	83,4	98
	Schreiben	Wiedererkennen:			
		– Treffer[e]	77,5	72	91
		– falscher Alarm[f]	5	23	23
John	Lesen	Lesegeschwindigkeit[c]	483	320	490
		Textverständnis[d]	73	75	88
	Schreiben	Wiedererkennen:			
		– Treffer[e]	87,5	61	86
		– falscher Alarm[f]	2,5	2	12

a: Lesen und Schreiben einzeln
b: Lesen und Schreiben simultan
c: Wörter pro Minute
d: Prozentsatz korrekt beantworteter Verständnisfragen zu dem gelesenen Text
e: Prozentsatz korrekt wiedererkannter Wörter aus den geschriebenen Wortlisten
f: Prozentsatz fälschlich wiedererkannter Wörter aus den geschriebenen Wortlisten

Nicht anders erging es den beiden Vpn. Wie aus *Tab. 3.1* hervorgeht, kam es in den genannten Leistungsparametern anfangs zum Teil zu erheblichen Minderleistungen (Spalte »Vortest« im Vergleich zu Spalte »Sitzung 1−5«). Vor allem die Lesegeschwindigkeit nahm stark ab, und die Wiedererkennensleistung der diktierten Wörter sank deutlich (Treffer = korrekt wiedererkannt, falscher Alarm = Verwechslung).

Für einen Zeitraum von 17 Wochen übten sich Diane und John täglich eine Stunde lang in dieser Doppeltätigkeit. Am Ende der zwölften Woche hatte sich das Leistungsbild bereits entscheidend geändert (vgl. Spalte »Sitzung 56−61« in *Tab. 3.1*): In beiden Tätigkeitsbereichen hatten die Studenten das anfängliche Niveau der Einzelleistungen erreicht bzw. sogar übertroffen. Allein die Verwechslungsrate für das Wiedererkennen der diktierten Wörter war noch erhöht. Aber auch dieses Restdefizit verschwand mit weiterer Übung. Mehr noch: Am Ende des Trainings waren die Vpn sogar in der Lage, anstelle der diktierten Wörter deren Überbegriffe zu notieren, also z. B. »Pflanze« anstelle des diktierten Wortes »Baum«.

Was bedeuten diese erstaunlichen Ergebnisse für unsere Diskussion über kontrollierte und automatisierte kognitive Prozesse? Beginnen wir mit einem Interpretationsversuch. Wie schon ausgeführt handelt es sich beim Lesen und Schreiben um komplexe kognitive Abläufe, die trotz des hohen Übungsgrades einen großen Anteil der verfügbaren Verarbeitungskapazität in Anspruch nehmen; *intentionale (kontrollierte), kapazitätskonsumierende Prozesse* sind somit in einem bedeutsamen Ausmaß daran beteiligt. Da jeweils eine der beiden Leistungen dadurch die Kapazitätsreserven weitgehend aufbraucht, kommt es im Falle der Doppeltätigkeit zu Leistungseinbußen aufgrund von *Kapazitätsdefiziten*. Die mit zunehmender Übung beobachteten Verbesserungen lassen sich nun dadurch erklären, daß ein beachtlicher Teil der zunächst kontrolliert ablaufenden Teilprozesse automatisiert, also auch ohne Intention vollzogen wird. Dadurch werden zuvor gebundene Kapazitäten freigesetzt und führen in der Folge zu Leistungsverbesserungen. Dieser Automatisierungsprozeß hält mit fortdauerndem Training an. Er führt schließlich auf diese Weise zu dem beschriebenen Leistungsbild. Zusammenfassend kann man formulieren, daß die verblüffenden Leistungen auf eine *Erhöhung des Anteils nichtkapazitätsgebundener automatisierter Prozesse* zurückzuführen sind, erzielt durch *intensive Übung*.

Die in den bisherigen Ausführungen referierten Beispiele, Ergebnisse und Überlegungen sind in mehreren, einander ähnlichen Modellvorstellungen systematisiert (z. B. Posner & Snyder 1975; Schneider & Shiffrin 1977; Shiffrin & Schneider 1977). Danach sind zwei Verarbeitungsmodi zu unterscheiden: nämlich der kontrollierte (bewußte) und der automatisierte Modus.

Hauptunterscheidungsmerkmal ist die Absicht oder Intention. Automatisierte Prozesse *laufen ohne Intention ab*. Auslöser sind vielmehr interne oder externe Reize, die auf den sensorischen Apparat des Individuums treffen. Während somit im automatisierten Modus die Kontrolle der Verarbeitungsprozesse in der Umwelt liegt, befindet sich diese Kontrolle bei intentionaler Verarbeitung im Individuum selbst. Aus dieser Formulierung wird auch ersichtlich, daß die beiden Begriffe »kontrolliert« und »automatisiert« nicht unmißverständlich sind und besser durch »intern versus extern kontrolliert« ersetzt werden sollten.

Ein zweites unterscheidendes Merkmal betrifft das Ausmaß, in welchem die beiden Verarbeitungsmodi dem Bewußtsein zugänglich sind. Automatisierte Prozesse lassen sich – im Gegensatz zu kontrollierten Prozessen – *nicht bewußt machen*. Der uns bereits vertraute Vorgang der Perzeptbildung (als vollautomatisierter Ablauf) stellt ein gutes Beispiel für diesen Sachverhalt dar. Zwar nehmen wir beispielsweise ein gelbes Auto auf der Straße wahr, aber wie wir zu diesem Wahrnehmungseindruck kommen, entzieht sich dem Bewußtsein. Mehr noch: Selbst wenn wir versuchen, diesen Vorgang bewußt zu machen, gelingt dieses nicht.

Das dritte Unterscheidungsmerkmal bezieht sich auf die Beteiligung der Aufmerksamkeit an den beiden Verarbeitungsmodi. Nach den Vorstellungen der obengenannten Autoren benötigen automatisierte Prozesse *keine Aufmerksamkeitskapazität*. Sie laufen ab, ohne kontrollierte Prozesse, die sehr wohl Kapazität benötigen, zu stören. Die Untersuchung von Spelke et al. (1976) mit Diana und John illustriert diesen Sachverhalt treffend. Lesen und Schreiben sind komplexe kognitive Abläufe, die auch automatisierte Teilprozesse beinhalten. Der verbleibende Anteil kontrollierter Prozesse konsumiert Kapazität. Offensichtlich ist dieser verbleibende Anteil so hoch, daß simultanes Lesen und Schreiben nicht reibungslos möglich ist: die verfügbare Kapazität reicht nicht aus. Durch intensives Üben jedoch wird ein weiterer Anteil der kontrollierten Prozesse automatisiert und dadurch kapazitätsunabhängig. Simultanes Lesen und Schreiben ist erst dann möglich, wenn der verbleibende Anteil kontrollierter Prozesse der verfügbaren Kapazität entspricht.

3.1.4 Aufmerksamkeit im MEKIV

Erneut war im letzten Abschnitt von Aufmerksamkeitskapazität die Rede, obwohl wir die Schwierigkeiten erkannt hatten, die mit diesem Begriff verbunden sind. Die Frage, was wir unter Aufmerksamkeit im weiteren Verlauf des Textes verstehen wollen, soll in diesem zusammenfassenden Abschnitt anhand des MEKIV präzisiert werden.

Im Zusammenhang mit Kahnemans Vorstellungen zu einer Verteilungsinstanz der Aufmerksamkeitskapazität hatten wir angedeutet, daß Aufmerksamkeit im Rahmen von MEKIV keine Kapazität ist, sondern einen *Kontroll- und Steuerungsvorgang* darstellt. Im Sinne einer Definition wären diese Überlegungen dahingehend zu präzisieren, daß *unter Aufmerksamkeit jene Steuerungs- und Kontrollprozesse verstanden werden, die die Art und das Ausmaß der Nutzung der verfügbaren Verarbeitungskapazität der mittelfristigen Speichermedien regeln.* Sie werden vom zentralen Prozessor initiiert und zählen somit zu seinem Aufgabenbereich. Aufmerksamkeit ist nach diesem Verständnis ein Prozeß und keine Struktur (Kapazitätsaspekt). Dennoch kommt der strukturelle Aspekt über die mittelfristigen Speichermedien zum Tragen. Gesteuert und kontrolliert wird nicht etwa eine gesonderte Aufmerksamkeitskapazität, sondern gesteuert und kontrolliert werden die eher passive Kapazität des Kurzzeitspeichers und die eher aktive Kapazität des Arbeitsgedächtnisses. Diese beiden mittelfristigen Speicher- und Gedächtnisformen bilden die verfügbare *Verarbeitungskapazität.*

Was ist nun im einzelnen unter der Art und dem Ausmaß der Nutzung zu verstehen? Die Art der Nutzung der Verarbeitungskapazität bezieht sich auf die *Qualität* der notwendigen kognitiven Abläufe. Werden Informationen aus dem Langzeitgedächtnis abgerufen, so benötigt dieser Vorgang Verarbeitungskapazität. Wird ein schwieriges Problem bearbeitet, so benötigt dieser Vorgang ebenfalls Verarbeitungskapazität. Auch beim Versuch, Informationen zu behalten, wird Kapazität benötigt, und selbst der angestrengte Versuch, ein sich in weiter Ferne befindendes Objekt zu erkennen, rekurriert auf diese Ressourcen. Mit geläufigen Worten ausgedrückt: Die Aufmerksamkeit steuert qualitativ verschiedenartige kognitive Abläufe.

Das Ausmaß der Nutzung bezieht sich auf die *Intensität* der benötigten kognitiven Prozesse. Es ist möglich, angestrengt zu versuchen, ein weit entferntes Objekt zu erkennen, es kann aber ebenso beiläufig geschehen. Im ersten Fall ist das Ausmaß der erforderlichen Verarbeitungskapazität groß, im zweiten Fall eher gering. Man kann sich sehr engagiert um die Lösung eines Problems bemühen (hohe Intensität) oder eher lustlos (niedrige Intensität). Man kann sich große Mühe geben, eine Telefonnummer zu behalten, oder sich weniger Mühe damit machen. Die verfügbare Verarbeitungskapazität kann also in geringem, mittlerem oder auch vollem Umfang durch einen oder mehrere kognitive Abläufe gebunden sein. Im alltäglichen Sprachgebrauch würden wir von einer geringen bzw. hohen Aufmerksamkeit sprechen.

Der Bezug der gegebenen Definition zum Kapazitätsmodell der Aufmerksamkeit von Kahneman ist somit offensichtlich. Die Verteilungsinstanz ist Hauptbestandteil der Definition, während der Kapazitätsaspekt den mittelfristigen Speichermedien zugeordnet wird. Wie aber ist der Bezug zu den kontrollierten und automatisierten Prozessen zu verstehen? Auch die Antwort auf diese Frage ist nicht schwierig. Kontrollierte Prozesse bedürfen der Aufmerksamkeit, sie benötigen die Steuerung und Kontrolle der Verarbeitungskapazität hinsichtlich Art und Ausmaß. Dagegen benötigen automatisierte Prozesse keine Aufmerksamkeit. Sie laufen ohne Steuerung und Kontrolle ab (unbewußt) und binden keine Verarbeitungskapazität. Wird ein vormals kontrollierter kognitiver Prozeß durch intensives Training automatisiert, so *wechseln die Ablaufsteuerung und Ablaufkontrolle* vom zentralen Prozessor zu einem reliablen externen (internen) Reiz (Reizmuster), die Verarbeitungskapazität bleibt unberührt. Anhand dieser Überlegungen ist auch besonders deutlich zu erkennen, daß das simultane Ablaufen eines automatisierten und kontrollierten Prozesses störungsfrei erfolgen kann: erstens gibt es keine Kapazitätskonflikte, und zweitens interferieren auch nicht die Steuerungs- und Kontrollprozesse.

Ein letztes Wort zur Selektionsfunktion der Aufmerksamkeit. Nach MEKIV verarbeiten unsere Sinnesorgane und das Langzeitgedächtnis in voll automatisierter Weise alle auftreffenden Informationen zu Perzepten. In Abhängigkeit von dem Ausmaß an Voraktivation kann es – zusammen mit der Aktivation durch die Perzeptbildung – zu einem direkten Perzepttransfer aus dem Langzeitgedächtnis in das Arbeitsgedächtnis kommen. Aufmerksamkeitsprozesse und Verarbeitungskapazität der mittelfristigen Speichermedien spielen dabei keine Rolle. Erst wenn wir uns *aktiv* um das gezielte (intentionale) Aufnehmen von Informationen aus der Umwelt bemühen, erst wenn wir bewußt nach Informationen im Gedächtnis suchen usw., kommt Informationsselektion durch Aufmerksamkeit zustande. Auch an diesen Beispielen zeigt sich der reibungslose simultane Ablauf kontrollierter und automatisierter kognitiver Prozesse. Unser Wahrnehmungsapparat hält aufgrund automatisierter Verarbeitung der Umweltreize permanent das aktuellste Informationsangebot bereit: Durch intentionale Steuerungs- und Kontrollprozesse wird aus diesem Überangebot gezielt ausgewählt. Beispielsweise sind *schnelle Aufmerksamkeitswechsel* nur auf dem Hintergrund dieses interferenzfreien, parallelen Operierens beider Verarbeitungsmodi möglich. Schon Logan (1979) kam bei der Definition automatisierter Prozesse zu einer Auffassung von Aufmerksamkeit, die der hier unterbreiteten Konzeptualisierung durchaus entspricht und ergänzend aufgeführt wird:

»Aufmerksamkeit bezieht sich auf einen zentralen Prozeß, der die Leistung in Aufgabensituationen koordiniert und kontrolliert. Leistung wird dann als automatisiert aufgefaßt, wenn sie ohne Aufmerksamkeitskontrolle koordiniert wird. Die Entwicklung von Automatisierung durch Übung bezieht sich auf den Transfer der Kontrolle der Aufmerksamkeit auf reliable Charakteristika der Leistungssituation.« (1979, S. 189; übersetzt vom Verfasser)

Allerdings fehlt bei Logan noch die Diskussion der Kapazitätsproblematik sowie eine Einbindung in ein Gesamtverarbeitungsmodell, so wie es hier mit MEKIV geschehen ist.

3.2 Problemlösen

Wenn wir uns nun dem Problemlösen zuwenden, so stehen die intentionalen Prozesse zweifellos im Vordergrund. Allerdings werden wir uns immer wieder daran erinnern müssen, daß auch an intentionalen Problemlöseprozessen eine Vielzahl nicht bewußter Vorgänge beteiligt sind bzw. sogar deren Grundlage darstellen.

Im ersten Kapitel sind allgemeine definitorische Bestandteile von Denk- und Problemlöseprozessen herausgearbeitet worden: sie sind zielgerichtet, nicht allein auf das Entdecken und Erkennen von Reizen beschränkt, nicht allein auf das Speichern und Abrufen von Informationen im bzw. aus dem Gedächtnis ausgerichtet, und sie erfordern das In-Beziehung-Setzen von Informationen. Demnach stellt Problemlösen das Verarbeiten von Informationen im Sinne ihrer zielbezogenen (Neu-)Verknüpfung dar. Dabei gilt, daß die zu verarbeitenden Informationen intern (im Arbeitsgedächtnis) repräsentiert sind, gleichgültig, ob sie über den Wahrnehmungsvorgang aufgenommen oder über den Erinnerungsprozeß abgerufen werden. Die Intentionalität und Zielgerichtetheit ergibt sich daraus, daß der anfängliche Problemstand (Ausgangszustand, Istzustand) in einen Lösungszustand (Zielzustand, Sollzustand) umgewandelt werden muß. Die Notwendigkeit zur (Neu-)Verknüpfung resultiert aus der zu überwindenden Barriere, die sich zwischen Ist- und Sollzustand befindet und die es verhindert, daß die Überführung durch den alleinigen Abruf von Faktenwissen aus dem Langzeitgedächtnis gelingt. Im letzteren Fall liegt eine Aufgabe, nicht aber ein Problem vor.

Im zweiten Kapitel wurde mit MEKIV eine informationsverarbeitungstheoretische Rahmenvorstellung zu elementaren und komplexen kognitiven Strukturen und Prozessen entwickelt (vgl. *Abb. 2.5*). Der dort unterbreitete und in Kapitel 3.1 verfeinerte Differenzierungsstand entspricht den bisher analysierten Wahrnehmungs-, Aufmerksamkeits- und Gedächtnisprozessen. Zum Zweck der Beschreibung und Erklärung des darauf aufbauenden Problemlösens bedarf es – wie in Abschnitt 2.3.1 angekündigt – zusätzlicher Modelldifferenzierungen, vor allem in den Bereichen der mittel- und langfristigen Speichermedien.

Im folgenden Abschnitt wird diese Weiterentwicklung anhand der bereits bekannten Beispiele – Verschiebeproblem, »Zahlenreihen fortsetzen« usw. – erläutert und auf Problemklassifikationen und Barrieretypen bezogen. In den weiteren Abschnitten beschäftigen wir uns auf dieser Grundlage mit Fixations- und Einstellungsbildungen beim Problemlösen, mit Problemlösestrategien, mit Urteilsprozessen und kreativem Problemlösen als Spezialfälle des allgemeinen Problemlösevorgangs sowie mit komplexem Problemlösen und dem Zusammenhang zwischen Problemlösen und Intelligenz.

3.2.1 Problemlösen im MEKIV

Bisher standen die Wissensbestände der epistemischen Struktur (ES), also das Faktenwissen, im Fokus der Überlegungen. Diese Substruktur des Langzeitgedächtnisses (LG) weist zwei Repräsentationsformate auf: das semantische und das episodische Gedächtnis (vgl. *Abb. 3.3*). Nun haben wir uns soeben in Erinnerung gerufen, daß Probleme nicht allein durch den Abruf von Faktenwissen aus der ES gelöst werden können, sondern daß es dazu der (Neu-)Verknüpfung von Informationen bedarf. Zum Zweck der Stiftung dieser neuen Beziehungen wird zusätzliches Wissen benötigt, das sogenannte *Veränderungswissen aus der heuristischen Struktur* (HS, vgl. *Abb. 2.5*), einer weiteren Substruktur des LG (die Unterscheidung zwischen ES und HS geht auf Dörner (1979) zurück). Bestandteile des Wissens aus der HS werden auch *Ope-*

ratoren genannt. Bei der Fortsetzung einer Zahlrenreihe gilt es beispielsweise herauszufinden, welche Verknüpfungsregeln (Beziehungen, Relationen) die Abfolge der Zahlen bestimmen (vgl. Kapitel 1.2.1). Wie dort illustriert, führt die Differenzbildung in Richtung Zielzustand. Sie wäre somit ein Beispiel für einen in diesem Falle erfolgreichen Operator.

Ein anderes Beispiel, ebenfalls aus Intelligenztests, lautet: Finde das Gemeinsame an »Auto« und »Flugzeug«! Diese Gruppe von Problemstellungen, genannt »Gemeinsamkeiten finden«, verlangt nach der Analyse der Merkmale der genannten und in der ES gespeicherten Begriffe. Zunächst müssen die Begriffe mit ihren Merkmalen ins AG transferiert und danach analysiert werden:

»Auto«: vier Räder, Motor, Sitzgelegenheit, transportiert Personen und Objekte, bewegt sich auf der Straße usw.

»Flugzeug«: Tragflächen, Motor(en), Sitzgelegenheit, transportiert Personen und Objekte, bewegt sich in der Luft usw.

Den verwendeten Operator könnte man *»transferiere und analysiere* die Merkmale« nennen. Danach erfolgt der Vergleich der Merkmale (*vergleiche* die Merkmale): Welche sind gemeinsam, und welche sind unterschiedlich? Der Problemlöseprozeß schließt mit der Abstraktion aus den (gemeinsamen) Merkmalen: Beides sind Transportmittel, beides sind Fahrzeuge (*abstrahiere*).

Wie aus *Abb. 2.5* hervorgeht, gibt es im MEKIV mit der *evaluativen Struktur* (EVS) eine dritte problemlöserelevante Subkomponente des LG. Sie enthält das *Bewertungswissen*. Bestandteile dieses Bewertungswissens werden *Evaluatoren* genannt. Das oben aufgegriffene Beispiel zum Fortsetzen von Zahlenreihen kann auch hier zur Veranschaulichung dienen. Nach der Anwendung der Operatoren (1. subtrahiere die Zahlen der Reihe voneinander, und 2. vergleiche die bzw. abstrahiere aus den Resultaten) verbleiben als Lösungsmöglichkeiten die Zahlen -2 und 14. Ist damit die Lösung des Problems erreicht? Dieser erforderliche Bewertungsvorgang schließt sich folglich an den Einsatz der Operatoren an. Er vergleicht den (neuen) Istzustand mit dem (alten) Zielzustand, ermittelt somit eine *Ist-Soll-Diskrepanz* bzw. den Zielabstand. Im vorliegenden Fall ergibt sich aus diesem Vergleich zwar eine Verringerung des Zielabstandes, aber noch keine Zielerreichung, denn einerseits ist durch den Einsatz der Operatoren die Anzahl an Lösungsalternativen von unendlich auf 2 reduziert worden, andererseits verlangt die Problemstellung eine eindeutige Lösung. Die anstehende Entscheidung kann nun lauten: a) verwerfe die bisher benutzten Operatoren und suche nach neuen, b) behalte die bisherigen Operatoren bei und suche nach weiteren und c) lege das Problem zur Seite. Offensichtlich spielen in diesem Bewertungs- und Entscheidungsprozeß nicht nur *kognitive Abstandsanalysen* eine Rolle, sondern es nehmen auch motivationale und Persönlichkeitsvariablen wie Anspruchsniveau, Leistungsmotivation, Frustrationstoleranz usw. Einfluß. Im vierten Kapitel werden wir auf diese Schnittstelle zwischen Kognition, Motivation und Persönlichkeit zurückkommen.

Insbesondere bei komplexeren Problemstellungen kommt diesen Bewertungsvorgängen erhebliche Bedeutung zu. Man denke etwa an einen Schachspieler, der einen geplanten Zug bewerten kann

»auf dem Hintergrund a) des Figurengewinns, b) der Verbesserung der eigenen Angriffsposition, c) der Stabilisierung der eigenen Verteidigungsposition . . . Er kann also unterschiedliche Bewertungsmaßstäbe heranziehen, d. h. unterschiedliche Evaluatoren aus der EVS abrufen. Ersichtlich determiniert die Auswahl von Evaluatoren die Bildung von Zwischenzielen . . .« (Hussy 1984, S. 189)

In diesem Sinne dienen Evaluatoren nicht allein der Ermittlung der Ist-Soll-Diskrepanz, sondern determinieren, wenn es die Problemstellung erlaubt bzw. verlangt, auch die Auswahl und den Wechsel von Teil- und Zwischenzielen.

HS und EVS sind also Teilstrukturen des LG, die Wissensbestände unterschiedlicher Funktionalität für den Problemlösevorgang bereitstellen. Für die Verknüpfung und Bewertung der Informationen aus der Umwelt und/oder der ES mittels der Operatoren und Evaluatoren aus der HS und EVS stehen die Verarbeitungskapazitäten des Arbeitsgedächtnisses (AG) und des Kurzzeitspeichers (KS) zur Verfügung. Wir hatten gelernt (vgl. Kapitel 2.3.1), daß diese mittelfristigen Speichermedien Informationen in begrenztem Umfang (ca. 6 bis 9 Informationseinheiten) und für eine begrenzte Zeit (für 15 bis 30 Sekunden) vor dem Vergessen bewahren können. Die begriffliche Unterscheidung zwischen AG und KS, die dort zwar getroffen, nicht jedoch erläutert wurde, ist Gegenstand der folgenden Überlegungen.

Schon 1968 schlugen Atkinson und Shiffrin ein Gedächtnismodell vor, welches einen Kurzzeitspeicher (short-term store) enthielt, der dem KS im MEKIV entspricht. Wesentlichstes Merkmal ist die Registerstruktur, die in *Abb. 2.6* veranschaulicht ist. Die Anzahl r der Register entspricht dem *begrenzten Speicherumfang*. Jedes Register kann eine Informationseinheit aufnehmen, zwischen 6 und 9 Register stehen zur Verfügung. Jede neu eintreffende Informationseinheit verdrängt die Informationen der bereits belegten Register in die noch offenen Register. Sind alle Register besetzt (d. h. ist der verfügbare Umfang ausgeschöpft) und treffen weitere Informationen im KS ein, so bewirkt die Verschiebung den Verlust jener Informationen, die sich im letzten Register befinden, die also am ältesten sind.

Vergessen findet aber auch dann statt, wenn keine weiteren neuen Informationen aufgenommen werden, nämlich aufgrund der *begrenzten Behaltensdauer*. Wie in Kapitel 2.3.2 beschrieben kann durch oberflächliches Memorieren dieser Vergessensprozeß vermieden werden. Das (stille) Wiederholen bewirkt, daß die ältesten Informationen zu den jüngsten werden. Andauerndes Memorieren führt also zu einer Verlängerung der Verweildauer der Informationen im KS. Sollen Informationen aus dem KS abgerufen werden, so entspricht dieser Vorgang einem Absuchen der Register entlang der Zeitdimension, also von den jüngsten bis zu den ältesten Informationen.

Insgesamt handelt es sich beim KS um eine starre Speicherstruktur, die in unflexibler Form eine begrenzte Anzahl an Informationen für eine begrenzte Zeit zur Verfügung hält. Die Rigidität ergibt sich vornehmlich aus der strikten Anlehnung an die Zeitachse sowohl hinsichtlich der Aufnahme als auch der Abgabe von Informationen. Die Funktion des KS beschränkt sich von daher auf das *reine Verfügbarhalten von Informationen* und läßt keine weitergehende Verarbeitung zu. Die dafür erforderliche Flexibilität wird dem AG zugeschrieben. Hier ist es möglich, die vorhandenen Informationen miteinander in Beziehung zu setzen, durch neue aus der ES zu ergänzen, Bewertungen vorzunehmen usw. Das uns bereits bekannte elaborative Memorieren (vgl. Kapitel 2.3.2) ist ein Beispiel für diese Form des Behaltens, bei welcher zusätzliche Verarbeitungsschritte eingesetzt werden. Die Studie von Chase & Ericsson (1982, vgl. Kapitel 1.1 und 2.3.2) illustriert auch das Zusammenspiel von KS und AG. Im AG werden die Gruppierungen der Zahlen vorgenommen, die Bezüge zum Wissen über Leichtathletik hergestellt und damit eine starke Komprimierung der Zahlenreihe erreicht. Im KS werden die Abrufhinweise (z. B. 100-Meter-Weltrekord) für diese komprimierten Informationseinheiten gespeichert. Die Reproduktion der Zahlen erfolgt wieder im AG durch ihre Rekonstruktion aus den vorgenommenen und namentlich gespeicherten Gruppierungen.

Ein weiteres Beispiel für das Ineinandergreifen der beiden mittelfristigen Speichermedien bilden die uns ebenfalls bestens bekannten Probleme zum »Zahlenreihen fortsetzen«. Die Anwendung des Operators »subtrahiere« erfolgt im AG. Die Resultate dieses Verarbeitungsvorganges können zum Zweck der Weiterverarbeitung im KS zwischengespeichert werden, z. B. um den systematischen Vorzeichenwechsel von Zahl zu Zahl erkennen zu können usw.

Schließlich unterstreicht ein Experiment von Baddeley & Hitch (1974) diese Interpretation des Zusammenwirkens der beiden mittelfristigen Speichermedien. Ihre Vpn hatten gleichzeitig zwei Probleme zu bewältigen *(Mehrfachaufgabe):* erstens galt es, eine Liste sinnfreier Silben zu behalten (KS), und zweitens lagen gleichzeitig Problemstellungen zum schlußfolgernden Denken vor (AG), die zu lösen waren. Diese hatte folgendes Aussehen: Zunächst lasen die Vpn einen Satz (beispielsweise »A ist B nicht vorangestellt«) und sollten diesen danach mit einer Abbildung (beispielsweise »B A«) vergleichen, d. h. auf Korrektheit beurteilen. Die Autoren variierten sowohl die Kapazitätsbelastung des KS (von null bis sechs sinnfreie Silben) als auch die des AG (leichte bis schwere Problemstellungen). *Abb. 3.8* verdeutlicht die Ergebnisse.

Unabhängig von der Problemschwierigkeit erkennt man die volle Funktionsfähigkeit des AG bei einer Belastung der Kapazi-

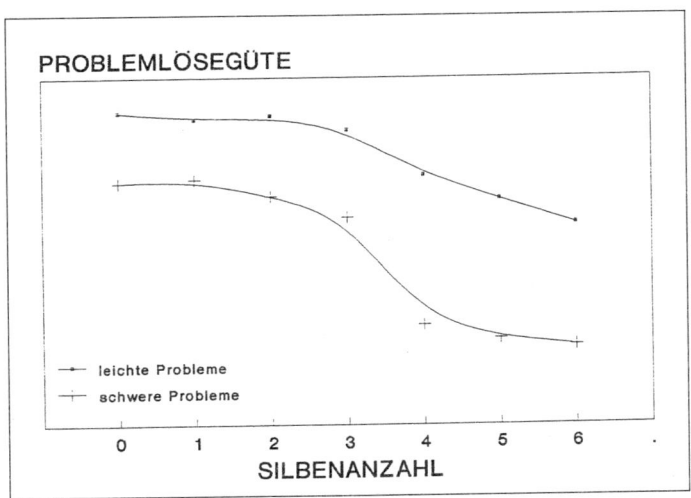

Abb. 3.8: Die Leistungen beim Lösen von Problemen zum schlußfolgernden Denken in Abhängigkeit von der Problemschwierigkeit und von der Anzahl zu behaltender sinnfreier Silben (Baddeley & Hitch 1974).

tät des KS bis zu drei Silben. Schöpft man die Kapazität des KS stärker aus, so steigt die Fehlerzahl insbesondere bei den schwierigen Problemen deutlich, d. h., die Problemlösegüte sinkt. Bemerkenswert ist allerdings, daß es nicht zu einem vollständigen Leistungszusammenbruch kommt. Einerseits zeigen diese Ergebnisse, daß der KS im Sinne eines *Zwischenspeichers* für das AG Bedeutung besitzt, andererseits belegen sie aber auch die Existenz zweier unterschiedlicher mittelfristiger Speichermedien.

Damit sind die *strukturellen* Modellkomponenten im Hinblick auf die Beschreibung des Problemlösevorgangs skizziert. Unser Augenmerk muß sich nun auf die *Prozesse* richten, die beim Problemlösen ablaufen. Das *Struktur- und Prozeßmodell komplexer menschlicher Informationsverarbeitung* (SPIV-Modell; Hussy 1983) dient dabei als Leitfaden. Es ist in vereinfachter Form in *Abb. 3.9* dargestellt und beginnt mit den problemlösebezogenen Verarbeitungsvorgängen im AG und KS, beschäftigt sich also nicht mehr mit den Vorgängen der Perzeptbildung und Perzeptauswahl.

Zunächst fällt auf, daß der Gesamtprozeß in vier Phasen unterteilt ist. Phase 1 modelliert alle Vorgänge, die an der *Problemdefinition* und *Zielkriterienerstellung* beteiligt sind. Die *Operatorsuche* und *-anwendung* bilden die zweite Phase. Entsprechend ist für die *Evaluatorsuche* und *-anwendung* die Phase 3 vorgesehen. Die Phase der *Output-Steuerung* schließlich beschreibt die Vorgänge, die sich an die Lösungsversuche anschließen. Weiterhin ist bemerkenswert, daß sich die Unterschiede in diesen vier Phasen ausschließlich auf die Steuerungs- und Kontrollprozesse beziehen, also die grundlegenden strukturellen Komponenten invariant bleiben. Natürlich ändern sich deren Inhalte, nicht jedoch die prinzipielle Systemstruktur. Die vier Phasen repräsentieren somit *unterschiedliche Systemzustände*. Schließlich ist noch vorauszuschicken, daß diese Systemzustände aus zwei Perspektiven beschrieben werden: dabei handelt es sich einmal um den Gesichtspunkt der *Steuerungs- und Kontrollbefehle* des zentralen Prozessors (ZP), erkennbar an den dünn gedruckten Pfeilen, und zum anderen um den Aspekt des dadurch ausgelösten *Informationsflusses* (fette Pfeile). Anhand der Problemstellung zum »Zahlenreihen fortsetzen« wollen wir uns nunmehr die vier Phasen etwas näher betrachten.

Gehen wir davon aus, daß die Problemstellung durch Instruktion erfolgt, und setzen wir voraus, daß sich die relevante Information im AG befindet, Perzeptbildung und -auswahl somit abgeschlossen sind. Der Vorgang der Zielkriterienerstellung bezieht

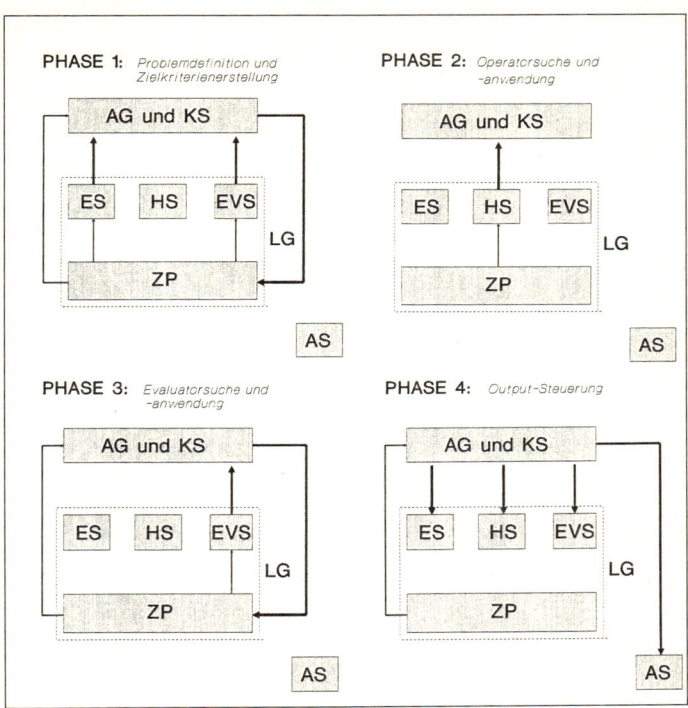

PHASE 1: *Problemdefinition und Zielkriterienerstellung*

PHASE 2: *Operatorsuche und -anwendung*

PHASE 3: *Evaluatorsuche und -anwendung*

PHASE 4: *Output-Steuerung*

Abb. 3.9: Die vier Phasen des Problemlöseprozesses nach dem SPIV-Modell (vereinfacht nach Hussy 1983). Die fetten Pfeile kennzeichnen den Informationsfluß, die dünnen Pfeile die Steuerungs- und Kontrollbefehle des zentralen Prozessors (ZP).

sich auf die Analyse der in der Instruktion gestellten Anforderungen: Es ist eine Zahl zu finden, die eine Reihe von Zahlen korrekt fortsetzt. Korrekt bedeutet, daß es in der Zahlenreihe Regelhaftigkeiten geben muß, die die zu findende Zahl eindeutig festlegen. Das eigentliche Ziel besteht somit in der Auffindung dieser Regelhaftigkeiten. Der Vorgang der Problemdefinition zielt darauf ab festzustellen, ob man die Lösung spontan liefern kann, z. B. durch Abruf der Lösungszahl in jenem Fall, in dem man die Problemstellung kennt und sich an die konkrete Lösung erinnert. Der ZP steuert in diesem Fall den entsprechenden Suchbefehl an die ES, aufgrund dessen der relevante Anteil der

Wissensbasis durchsucht und die gefundenen Informationen in das AG transferiert werden. Gleichzeitig ist die Frage zu beantworten, ob diese Informationen das gestellte Problem lösen. Wieder steuert der ZP diesen Bewertungsprozeß, indem zunächst adäquate Evaluatoren in der EVS zu suchen, in das Ausgabesystem (AS) zu transferieren und dort auch anzuwenden sind. Das Ergebnis wird an den ZP zurückgemeldet, ein Vorgang, welcher der Kontrolle der zuvor gesteuerten Prozesse dient. Ist man tatsächlich bereits mit der Problemstellung vertraut und kann sich auch an die Lösungszahl erinnern, ist also das Bewertungsergebnis positiv, so liegt kein Problem, sondern eine Aufgabe vor. Im anderen Fall (negatives Bewertungsergebnis) ist ein Problem gegeben. Dieser Systemzustand ist durch vorhandenes Problemverständnis, Klarheit bezüglich der Ziele und Fehlen einer Lösung gekennzeichnet.

Die Phasen 2 und 3 dienen der Lösungsfindung bzw. der Überwindung der Barriere zwischen Ausgangs- und Zielzustand. Liegt eine Aufgabe vor, werden sie übersprungen. Die Suche nach der Lösung beginnt mit der Neuverknüpfung der im Arbeitsgedächtnis befindlichen Informationen. Dazu steuert der ZP die Suche nach problemangemessenen Operatoren aus der HS (Phase 2). Dieser Suchvorgang ist nicht planlos, sondern *an den Inhalten des AG orientiert*. Im gewählten Beispiel legen die Probleminhalte (Zahlen) die Suche nach mathematischen Operatoren (addiere, subtrahiere usw.) nahe. Der gefundene Operator bewirkt dann die erforderliche Neuverknüpfung der Inhalte des AG, ein Vorgang, den wir uns wiederholt im Detail angesehen haben und der deshalb nicht noch einmal darzustellen ist. Auch das in dieser Phase besonders relevante Zusammenwirken von AG und KS bedarf keiner weiteren Vertiefung.

Die dritte Phase erfaßt den Bewertungsvorgang, den wir ebenfalls schon im einzelnen betrachtet haben. Zur Steuerung der Suche und Anwendung von Evaluatoren aus der EVS, die analog zu Phase 2 verläuft, kommt die Kontrolle des Bewertungsergebnisses hinzu, ebenfalls initiiert vom ZP. In Abhängigkeit von den rückgemeldeten Informationen erfolgen weitere Steuerungs- und Kontrollmaßnahmen durch den ZP. So kann ein zweites Mal Phase 2 zu durchlaufen sein, wenn – wie gezeigt – die Differenzbildung nicht ausreicht, um die gesuchte Zahl eindeutig festzulegen und somit das Ziel zu erreichen. Es ist aber auch möglich, zur ersten Phase zurückzuspringen, etwa dann, wenn Zweifel am Problemverständnis und den festgelegten Zielen aufgekommen sind. Bei dieser Gelegenheit ist es durchaus möglich, daß auch die ES erneut abgefragt wird.

Sehr deutlich tritt hier das Prinzip der kompensierenden Rückkopplungsschleifen im Sinne der TOTE-Einheit hervor (vgl. *Abb. 2.4* und Kapitel 2.2), von welchem festgestellt wurde, daß es repräsentativ für die kybernetische Betrachtungsweise des menschlichen kognitiven Apparates ist, und welches dem menschlichen Denken die enorme Flexibilität und Adaptationsfähigkeit verleiht.

Ist das Bewertungsergebnis positiv, ist mit anderen Worten die ursprüngliche Ist-Soll-Diskrepanz beseitigt und damit die Barriere überwunden und das Ziel erreicht, so tritt der Gesamtprozeß in das Stadium der (offenen) Reaktion auf die Instruktion (Phase 4: Output-Steuerung). Das *Ausgabesystem* (AS; im MEKIV sind dieses die Komponenten MPS und MO, vgl. *Abb. 2.5*) generiert – gesteuert durch den ZP – das Antwortverhalten zu den im AG und KS ermittelten Ergebnissen, z. B. die laute Mitteilung der ermittelten Zahl.

Kognitionspsychologisch interessanter ist der zweite mit dieser Phase verbundene Prozeß, nämlich der der *Rückspeicherung von Wissen in die Subsysteme des LG*. Im Zuge des Problemlösevorgangs werden durch die Neuverknüpfung der Informationen neue Wissensbestände geschaffen, die vor allem im Erfolgsfall in Form von Fakten-, Veränderungs- und Bewertungswissen in die zugehörigen Gedächtnissysteme rückgespeichert und damit auch für die Zukunft verfügbar werden. Im nachfolgenden Abschnitt (Kapitel 3.2.2) ist dieser Aspekt von besonderem Stellenwert und erhält gerade auch in bezug auf mögliche negative Konsequenzen spezifische Aufmerksamkeit.

Damit ist die Darstellung des Problemlösevorgangs aus der Perspektive des MEKIV abgeschlossen. Interessant ist noch ein Rückgriff auf die in Kapitel 3.1.4 erarbeitete Aufmerksamkeitsdefinition. Der solchermaßen modellierte Problemlöseprozeß veranschaulicht in klarer Weise die Auffassung von Aufmerksamkeit als einem Steuerungs- und Kontrollprozeß. Der ZP steuert und kontrolliert zum Zweck des Problemlösens die Art und das Ausmaß der Nutzung der verfügbaren Verarbeitungskapazität der mittelfristigen Speichermedien, sei es bei der Suche nach Faktenwissen in der ES, sei es bei der Anwendung von Operatoren aus der HS oder sei es auch bei der Kontrolle des Bewertungsergebnisses infolge der Suche und Anwendung von Evaluatoren aus der EVS. Der ZP ist somit jene Instanz, die – neben anderen Funktionen – das Konzept der Aufmerksamkeit in dem so definierten Sinne umfaßt.

Ein Experiment von Bellezza & Walker (1974) soll abschließend die flexibilitätsstiftende Wirkung der Steuerungs- und Kontrollprozesse auf die beiden mittelfristigen Speichermedien belegen. Ihre Vpn hatten die Aufgabe, Wortlisten zu behalten. Insgesamt wurden fünf Listen präsentiert, jeweils im Anschluß an die Vorgabe einer Liste mußten sie möglichst viele Worte der jeweiligen Liste frei reproduzieren. Pro korrekt behaltenem Wort wurde als Bewertung der Behaltensleistung ein Punkt vergeben. Die Hälfte der Vpn erhielt zu dieser Standardinstruktion eine Zusatzinstruktion, wonach im Anschluß an die Bearbeitung der fünf Teillisten die Wiedergabe aller noch behaltenen Wörter gefordert wird und dabei pro korrektem Wort zehn Punkte zu erzielen sind.

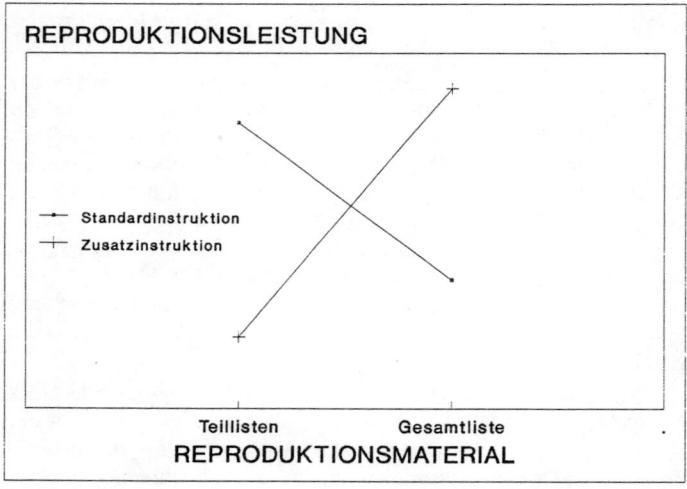

Abb. 3.10: Die Leistung bei der freien Reproduktion von Wortlisten in Abhängigkeit von der Art der Instruktion und der geforderten Wortliste (Bellezza & Walker 1974).

Ein Blick auf *Abb. 3.10* zeigt, daß die Instruktionsvarianten von entscheidender Bedeutung für die beiden Arten der geforderten Behaltensleistungen waren. Die Gruppe mit der Standardinstruktion zeigte bezüglich der Teillisten die bessere Leistung, war jedoch im Hinblick auf die Reproduktion der Gesamtlisten, welche für sie überraschend kam, der Gruppe mit der Zusatzinstruktion deutlich unterlegen.

Die Ergebnisinterpretation fällt nicht mehr schwer. Die Standardgruppe optimiert den Behaltensprozeß instruktionsgemäß durch Steuerung und Kontrolle des oberflächlichen Memorierens der Teillisten im KS. Die Zusatzgruppe dagegen optimiert den Behaltensprozeß für die Gesamtliste (attraktiver durch die hohe Punktzahl) durch elaboratives Memorieren der Teillisten im AG, welches das längerfristige Behalten fördert. Daß diese Gruppe andererseits Einbußen in der Behaltensleistung bezüglich der Teillisten aufwies, ist mit der begrenzten Verarbeitungskapazität erklärbar. Das Steuern des elaborativen Memorierens nimmt so viel Verarbeitungskapazität in Anspruch, daß für den notwendigen, gleichzeitig ablaufenden Optimierungsvorgang des oberflächlichen Memorierens im KS zu wenig Restkapazität verfügbar ist, um eine der Standardgruppe vergleichbare Effizienz aufzuweisen.

Bevor wir uns im Anschluß an diese eher theoretischen Bemühungen im weiteren Verlauf mit konkreten Forschungsergebnissen der Problemlösepsychologie befassen, wollen wir uns noch kurz mit verschiedenen *Barrieretypen* beschäftigten, die in Phase 1 definiert und in Phase 2 und 3 überwunden werden müssen.

Beginnen wir mit der bereits besprochenen Untersuchung von Süllwold (1988), in welcher Verschiebeprobleme zu bearbeiten waren (vgl. Kapitel 1.1 und *Abb. 1.3*). Durch schrittweises Verschieben der Scheiben ist der Ausgangs- in den Zielzustand zu überführen. Die Barriere, auf die der Problemlöser in diesem Fall trifft, nennt man mit Dörner (1979) *Interpolationsbarriere*. Die notwendigen Operationen zur Überwindung sind bekannt (Scheiben schrittweise verschieben), nicht aber die Abfolge dieser mindestens 10 Operationen. Ein anderes Beispiel für diesen Barrieretyp bilden die *Anagrammprobleme*. Hier gilt es, eine zufällig erscheinende Abfolge von Buchstaben so umzustellen, daß sich ein sinnvoller Begriff ergibt. Ein Beispiel:
gegeben IRET – gesucht TIER.

Probleme mit einer *Synthesebarriere* liegen im Gegensatz dazu dann vor, wenn die auszuführenden Operationen unbekannt sind. Einmal mehr dienen die Probleme zum »Zahlenreihen fortsetzen« als Veranschaulichung: Zwar sind Ausgangs- und Zielzustand bekannt (finde die Zahl, die die gegebene Zahlenreihe korrekt fortsetzt), aber welche Operationen zu diesem Zweck durchzuführen sind (subtrahiere, vergleiche usw.), muß erst herausgefunden werden.

Schließlich spricht man von einer *dialektischen Barriere* dann, wenn einerseits die Operatoren unbekannt sind, andererseits aber auch Unklarheit über den Ausgangs- und/oder den Zielzustand besteht. Dieser Art von Problemen werden wir uns im Kapitel 3.4 zuwenden. »Verbessere die Lebensqualität deiner Familie!« wäre eine Problemstellung mit diesem Barrieretyp. Es besteht relative Unklarheit über den Ausgangs- und Zielzustand, denn wie ist die derzeitige bzw. zukünftige (verbesserte) Qualität zu bestimmen? Zusätzlich ist auch der Weg zu der verbesserten Lebensqualität unbekannt. In *Tab. 3.2* sind die definierenden Merkmale dieser drei Barrierearten zusammengestellt.

Tab. 3.2: Beschreibung der Barrieretypen (nach Dörner 1979)

Barrieretyp	Ausgangs-zustand	Ziel-zustand	Operatoren	Problemart
Interpola-tionsbarriere	bekannt	bekannt	bekannt	geschlossen
Synthese-barriere	bekannt	bekannt	unbekannt	geschlossen
Dialektische Barriere	unbekannt	unbekannt	unbekannt	offen

3.2.2 Fixations- und Kontexteffekte

Wenn wir im letzten Kapitel ein allgemeingültiges Problemlöse-modell besprochen haben, so ist damit gesagt, daß es Gesetzmä-ßigkeiten oder Regelhaftigkeit im menschlichen Problemlösepro-zeß gibt, die für alle Individuen gelten. Natürlich gibt es aber auch individuelle und situative Bedingungen, die Einfluß nehmen kön-nen und zu unterschiedlichem Problemlöseverhalten zwischen verschiedenen Individuen führen. Wie das Streßexperiment von Süllwold (1988) gezeigt hat, kann es sogar zu unterschiedlichem Verhalten beim gleichen Individuum kommen, je nachdem, wie belastend die Situation erlebt wird. Im nächsten Abschnitt wollen wir weitere Einflußgrößen betrachten, die das Lösungsverhalten und das Lösungsergebnis mitbedingen. Gemeint sind damit Ef-fekte, die auf Fixationen, Einstellungen und den Kontext zurück-gehen.

Fixationen sind Festlegungen in dem prinzipiell als sehr flexibel beschriebenen Lösungsvorgang, die sich auf das Faktenwissen und das Veränderungswissen – und damit auf die ES und HS – beziehen. Genauer formuliert handelt es sich bei Fixierungen im Faktenwissen um die *verringerte Verfügbarkeit von einem* (einigen) *Merkmal*(en) *eines Begriffs aus der ES:* Das Merkmal ist zusammen mit dem Begriff abgespeichert, aber aufgrund der situativen Bedingungen nicht abrufbar. Das klassische Experiment von Birch & Rabinowitch (1951) zur *funktionalen Gebundenheit* illustriert den Sachverhalt.

Die Autoren verwenden als Problemstellung die Seilaufgabe von Maier (1931). Von der Decke hängen zwei Seile, die miteinander zu verknoten sind. Die Barriere besteht darin, daß sie zu weit auseinander hängen, um gleichzeitig gefaßt werden zu können (Synthesebarriere). Die Lösung verlangt das Beschweren eines Seilendes mit einem Gegenstand, so daß dieses Seil zum Schwingen gebracht werden kann. Faßt man nun ein Seilende mit der einen Hand, so ist es möglich, das schwingende Seil mit der anderen Hand zu fangen und die Seilenden zu verknoten. Drei Gruppen von Vpn nahmen an dem Experiment teil. Die erste Gruppe bastelte vor der Bearbeitung des Seilproblems einen Stromkreis unter Verwendung eines Schalters (Schaltergruppe). Die Relaisgruppe hatte die gleiche Aufgabe, montierte aber anstelle des Schalters ein etwa gleich großes Relais. Die Kontrollgruppe schließlich hatte keine vorangestellte Bastelaufgabe und begann sofort mit der Seilaufgabe. Als Beschwerungsgegenstand standen im Experimentierraum der Schalter und das Relais zur Verfügung. Die überraschenden Ergebnisse sind aus *Tab. 3.3* zu entnehmen.

Tab. 3.3: Häufigkeit der Wahl des Schalters bzw. des Relais als Beschwerungsgegenstand in der Seilaufgabe (Birch & Rabinowitch 1951)

Gruppe	Vpn-Zahl	Schalter	Relais
Schalter-Gruppe	9	2	7
Relais-Gruppe	10	10	0
Kontrollgruppe	6	3	3

Die Autoren fragten sich, welcher der beiden Gegenstände wohl ausgewählt würde. Die Kontrollgruppe zeigt das Verhalten, das man ohne weiteres Nachdenken erwartet: Schalter und Relais werden gleich häufig verwendet. Sie besitzen offensichtlich keine speziellen Merkmale, die sie als Beschwerungsgegenstand geeigneter erscheinen lassen (z. B. leichter am Seil zu befestigen usw.).

Dieses Bild ändert sich jedoch, wenn man die beiden Experimentalgruppen betrachtet. Sieben (von neun) Vpn aus der Schaltergruppe wählten das Relais und zehn (von zehn) Vpn aus der Relaisgruppe verwendeten den Schalter.

Wie ist dieses Ergebnismuster zu interpretieren? Hat das Relais durch die Einführung des Schalters in den Stromkreis solche spezifischen Eigenschaften erworben, die zu seiner Präferenz in der Schaltergruppe geführt haben und umgekehrt? Die Interpretation der Autoren betonte die Bedeutung der funktionalen Gebundenheit. Sie besagt, daß durch die Vorabbeschäftigung der Schalter bzw. das Relais so stark aus der Perspektive ihrer Funktion (Bestandteil eines Stromkreises) gesehen werden, daß sie für andere Zwecke nicht mehr verwendet werden können. Aus der Sicht des MEKIV kann man noch präziser sein: Die Verwendung des Schalters bzw. des Relais beim Bauen des Stromkreises führt zur Aktivierung ihrer diesbezüglichen (funktionsrelevanten) Merkmale. Die weiteren Merkmale der beiden Objekte (z. B. das eigentlich problemrelevante Merkmal »ist schwer«) erfahren diese Aktivierung nicht in der gleichen Weise, treten damit in den Hintergrund und sind folglich im weiteren Verlauf des Experiments nur schwer verfügbar. Bei der funktionalen Gebundenheit liegt also eine Fixierung eines Objekts (bzw. seiner begrifflichen internen Repräsentation in der ES) auf sein wesentlichstes bzw. funktionales Merkmal vor.

Eine Möglichkeit der Überprüfung dieser Interpretation bietet eine leichte Modifikation der Versuchsanordnung (Hussy 1984, S. 149). Hussy stellte im Versuchsraum jeweils der Hälfte der Vpn der drei Gruppen bei der Bearbeitung der Seilaufgabe nur den Schalter bzw. nur das Relais zur Verfügung und registrierte die Lösungszeiten. Die Ergebnisse sind in *Abb. 3.11* dargestellt.

Sie stehen mit der gegebenen Interpretation in vollem Einklang. Wieder zeigt die Kontrollgruppe ein Ergebnis, das die Gleichwertigkeit der beiden Objekte im Sinne eines Beschwerungsgegenstandes dokumentiert. Dagegen spricht die drei- bis viermal längere Lösungszeit des jeweils funktional gebundenen Objekts bei den beiden Experimentalgruppen für eine deutliche Steigerung der Problemschwierigkeit durch die Blockierung der nicht funktionsrelevanten Merkmale. Der Operator »setze Seil in Schwingung« wird nicht gefunden, da das AG keine Gewichtsinformationen enthält.

In einem Anschlußexperiment überprüfte Hussy (1991a) den Zeitaspekt dieser Art der Merkmalsfixierung. In dieser Untersuchung erfolgte die Bearbeitung der Seilaufgabe erst eine Woche

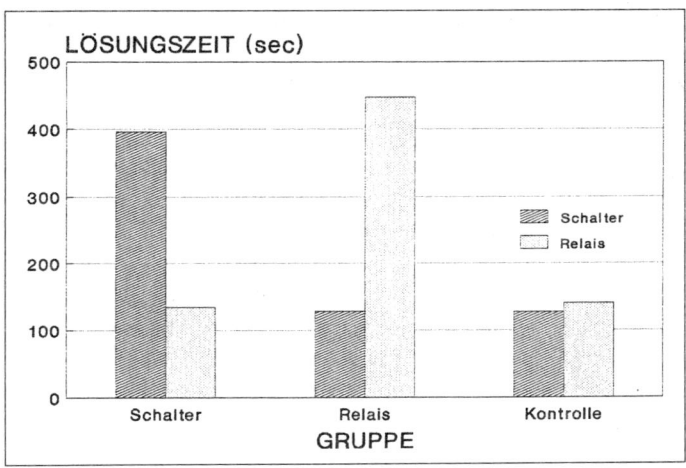

Abb. 3.11: Die benötigte Zeit zur Lösung des Seilproblems in den drei Versuchsgruppen und in Abhängigkeit von dem im Raum vorhandenen Objekt (Schalter oder Relais, nach Hussy 1984, S. 149).

nach der Beschäftigung mit dem Stromkreis. Unter dieser Bedingung unterschieden sich weder die beiden Experimentalgruppen noch die Kontrollgruppe voneinander. Die Fixierung aufgrund der Aktivation des funktionalen Merkmals war verschwunden.

Von der eben erläuterten Merkmalsfixierung ist die *Verknüpfungsfixierung* strikt zu unterscheiden. Sie betrifft – wie eingangs schon erwähnt – das Veränderungswissen und somit die HS. In diesem Fall handelt es sich um eine *verringerte Verfügbarkeit von Veränderungswissen,* also von vorhandenen Operatoren und Operatorkombinationen der HS, aufgrund der situativen Bedingungen. Wieder veranschaulichen wir uns diesen Sachverhalt anhand eines klassisch zu nennenden Experimentes, nämlich des Wasserumschüttversuchs von Luchins & Luchins (1950).

Aus *Tab. 3.4* geht der Versuchsablauf hervor. Die Vpn stehen vor dem Problem, gedanklich eine geforderte Flüssigkeitsmenge herzustellen. Sie haben dazu drei Gefäße mit definierten Kapazitäten zur Verfügung und können durch Umschütten versuchen, das Ziel zu erreichen (Interpolationsbarriere). Zunächst wird diese Instruktion anhand der ersten Problemstellung erläutert. Der Vl erklärt, daß man in diesem Fall zunächst das Gefäß B gedanklich füllt, danach einmal Gefäß A aus B füllt (Rest in B ist

Pro- blem	Phase	Kapazität von Gefäß			Gefor- derte Menge	Lösungsmuster
		A	B	C		
1	Übung	21	127	3	100	B−A−2C
2	Erwerb	14	163	25	99	B−A−2C
3		18	43	10	5	B−A−2C
4		9	42	6	21	B−A−2C
5		20	59	4	31	B−A−2C
6	Test	23	49	3	20	B−A−2C u. A−C
7		15	39	3	18	B−A−2C u. A+C
8		28	76	3	25	A−C

106), weiterhin einmal Gefäß C aus B füllt (Rest in B ist 103) und schließlich Gefäß C ausschüttet und noch einmal aus B füllt, wodurch die gewünschte Menge (Rest in B ist 100) hergestellt ist. Das Lösungsmuster kann man in diesem Fall mit B-A-2C angeben. Danach muß die Vp weitere derartige Probleme lösen (Erwerbsphase). *Tab. 3.4* macht klar, daß diese vier folgenden Probleme alle nach dem gleichen Muster zu lösen sind. In der abschließenden Testphase sind drei weitere Probleme zu bearbeiten, allerdings gibt es in den Problemen 6 und 7 neben der bereits bekannten und geübten Lösung eine zweite, einfachere Lösungsmöglichkeits (A-C bzw. A+C). Die achte Problemstellung allerdings hat nur noch die einfache Lösung.

Nun mögen sich einige Leser fragen, wo hier eigentlich der Witz liegt. Schließlich erkennt man diese einfachen Lösungen in den Testitems auf den ersten Blick. Die Ergebnisse sprechen jedoch eine andere Sprache. Die Items 6 und 7 lösen die Vpn relativ schnell, jedoch nahezu ausschließlich nach dem komplexen Muster. Problemstellung 8 ist für die meisten Vpn (ca. 90 Prozent) nicht lösbar.

Erneut stellt sich die Frage, wie man dieses erstaunliche Ergebnis, das immer wieder gefunden wurde, erklären kann. Verständlich erscheint, daß die Items 6 und 7 nicht nach dem einfachen Muster bearbeitet werden, denn sie sind auch nach dem bewährten Vorgehen lösbar. Gemäß der Phase der Output-Steuerung (Phase 4 in *Abb. 3.9*) erfolgt eine Rückspeicherung des im Lösungsprozeß generierten Wissens in die Substrukturen des LG.

In den Worten von Dörner (1979) speichern die Vpn in der Erwerbsphase ein komplettes, erfolgreiches *Handlungsprogramm* in der ES ab. Tritt eine vergleichbare Situation auf (z. B. Item 6), so wird dieses Programm bereits in der Phase der Zielkriterienerstellung und Problemdefinition abgerufen und eingesetzt, so daß erst gar kein Problem entsteht, sondern die Situation im Sinne einer Aufgabe abgearbeitet wird.

Was aber bereitet die spezifischen Schwierigkeiten in Item 8? Hier liegt für die Vpn zweifellos ein Problem vor, denn das bisher bewährte Handlungsprogramm ist nicht mehr zielführend, und es müssen neue Operatoren bzw. Operatorkombinationen gefunden bzw. die Informationen im AG in neuer Weise verknüpft werden. Der Begriff der Verknüpfungsfixierung steht nun für den Sachverhalt, daß die Neuverknüpfung in dieser Situation sehr große Schwierigkeiten macht. Man sagt auch, daß der Lösungsvorgang auf das bewährte Handlungsprogramm *eingestellt* ist (Einstellungsbildung oder problem solving set).

Was aber genau ist eingestellt, worauf bezieht sich im einzelnen die Verknüpfungsfixierung? Es liegt doch auf der Hand, daß man nach neuen Möglichkeiten sucht, wenn das konkrete Muster B-A-2C keine Lösung erlaubt! Das Phänomen der Verknüpfungsfixierung bezieht sich darauf, daß die weitere Lösungssuche auf *abstrakte Merkmale* des erfolgreichen konkreten Handlungsprogramms beschränkt ist. Das bedeutet im vorliegenden Fall, daß nach dem Scheitern des Musters B-A-2C nun nach anderen Vierschrittlösungen gesucht wird (B-C-A-A), weil das konkrete Handlungsprogramm, welches sich im AG befindet, eine Vierschrittlösung repräsentiert. Oder man sucht nur nach Lösungen, die mit dem Gefäß B beginnen. Ein anderes abstraktes Merkmal des konkreten Lösungsmusters wäre, daß nur Subtraktionen vorgenommen werden usw.

Zusammenfassend bedeuten diese Überlegungen, daß die *flexible Verknüpfung der Informationen im AG* durch Operatoren aus der HS in der Phase der Operatorsuche und -anwendung, wie sie beim Lösen von Problemen erforderlich ist, durch konkrete, häufig und erfolgreich benutzte Handlungsprogramme aus der ES verhindert oder doch zumindest eingeschränkt werden kann. Dieses als Verknüpfungsfixierung bezeichnete Phänomen folgt aus den abstrakten Merkmalen des konkreten Handlungsprogramms, welches sich ebenfalls im AG befindet und die weitere Suche und Anwendung von Operatoren – gesteuert durch den ZP – beeinflußt.

Die besprochenen Fixierungsphänomene, die zu Beeinträchtigungen des Problemlöseprozesses führen, beziehen sich auf die verminderte Verfügbar- und Verwendbarkeit von Fakten- und Veränderungswissen durch situative Faktoren und ihre Konsequenzen. Wissen kann aber auch ohne zusätzliche situative Komponenten auf das Problemlösen Einfluß nehmen. Allein dadurch, daß es in geordneter Form intern repräsentiert ist und demgemäß aus dem LG abgerufen und im AG in dieser Form rekonstruiert wird, determiniert es menschliches Denken und Problemlösen. Anhand eines Experiments von Jülisch & Krause (1976) zum Kannibalen-und-Missionaren-Problem wollen wir uns zu dieser Frage mehr Klarheit verschaffen.

Das Problem besteht darin, daß sich fünf Kannibalen und fünf Missionare am linken Ufer eines Flusses treffen und an das andere Ufer gelangen wollen. Dazu steht ihnen ein Boot zur Verfügung, welches höchstens drei Personen transportieren kann. Erschwert wird das Problem durch die sogenannte Kannibalenbedingung: Die Kannibalen dürfen weder an einem der Ufer noch im Boot in der Überzahl sein, da sie ansonsten die Missionare auffressen würden. Gesucht ist der Weg, mit möglichst wenig Bootsfahrten alle Personen lebend an das rechte Ufer zu bringen.

Abb. 3.12 zeigt den objektiven Problemraum. Er enthält alle möglichen Schritte – die optimalen Lösungswege ebenso wie die Irrwege. Ein optimaler Weg führt vom Ausgangszustand (Start) in direkter Linie zum Zielzustand (Ziel). Dabei bedeuten die Notationen folgendes: $z5,5,1$ entspricht dem Zustand z (5 Missionare, 5 Kannibalen, Boot links), also in diesem Fall dem Ausgangszustand. Der Zwischenzustand $z4,4,1$ ist die Folge eines Irrweges, denn von hier aus gibt es nur den Rückweg. Die zwischen den verschiedenen Zuständen eingefügten Zahlen repräsentieren die gewählten Operationen, also die jeweils zusammengestellte Bootsbesatzung (M, K).

Das Problem wird von drei Versuchspersonengruppen bearbeitet. Sie unterscheiden sich ausschließlich in der Art der Instruktion. Die Gruppe mit der *i*nhaltlichen *I*nstruktion (iI) arbeitet nach den bisher vorgelegten Informationen. Die beiden anderen Gruppen werden inhaltsfrei instruiert. In der *m*engentheoretischen *I*nstruktion (mI) ist z. B. nicht von Kannibalen und Missionaren, sondern von einer Menge gelber und roter Chips die Rede. Die Kannibalenbedingung wird ersetzt durch eine Regel, nach welcher die Teilmenge der roten Chips weder in Feld 1 (linkes Ufer) noch in Feld 2 (rechtes Ufer) noch im Transferfeld (Boot) kleiner sein darf als die Teilmenge der gelben Chips usw. Es gilt, die Gesamtmenge mit möglichst wenigen Transferopera-

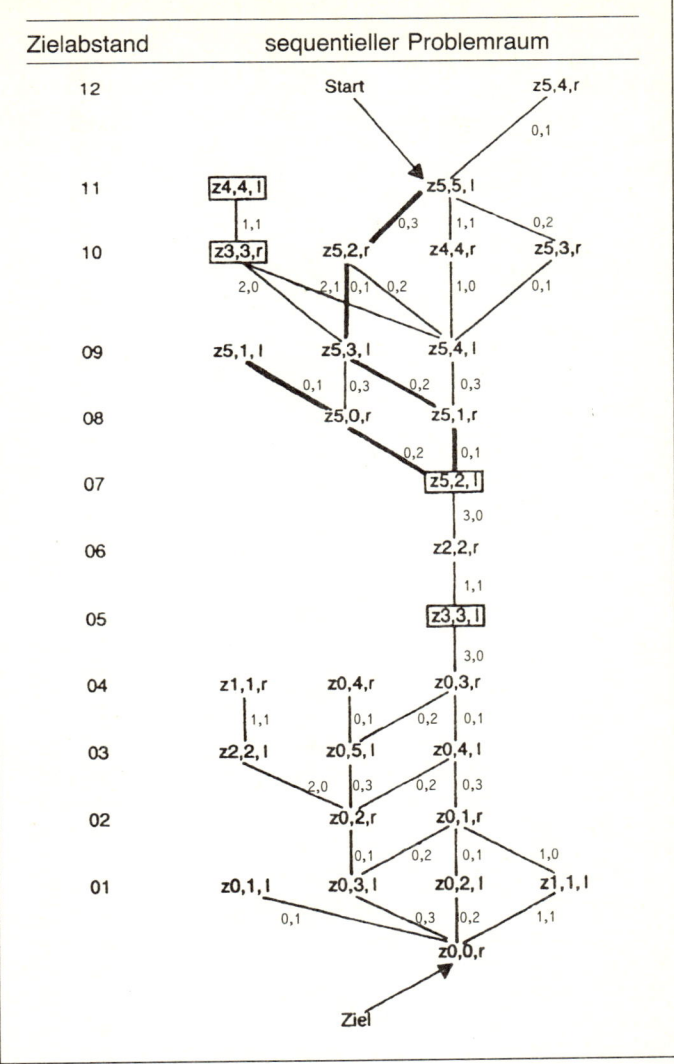

Abb. 3.12: Der objektive Problemraum des Kannibalen-und-Missionaren-Problems, mit der Hervorhebung von vier Zuständen, die Irrwege bzw. korrekte Zwischenziele markieren (Rahmen), und eines konkreten Irrweges (fetter Pfad), modifiziert nach Jülisch & Krause (1976).

tionen unter Beachtung der Teilmengenregeln von Feld 1 nach Feld 2 zu bewegen. An der objektiven Problemstruktur (am objektiven Problemraum) ändert sich durch diese inhaltsfreie, mengentheoretische Anweisung nichts. Eine ebenfalls inhaltsfreie, jedoch vektoralgebraische Instruktion (vI) erhält die dritte Gruppe. Alle Gruppen bearbeiteten das Problem sechsmal in Folge. Registriert wird die Anzahl jener Schritte, die über die Mindestzahl von 11 Schritten hinausgeht.

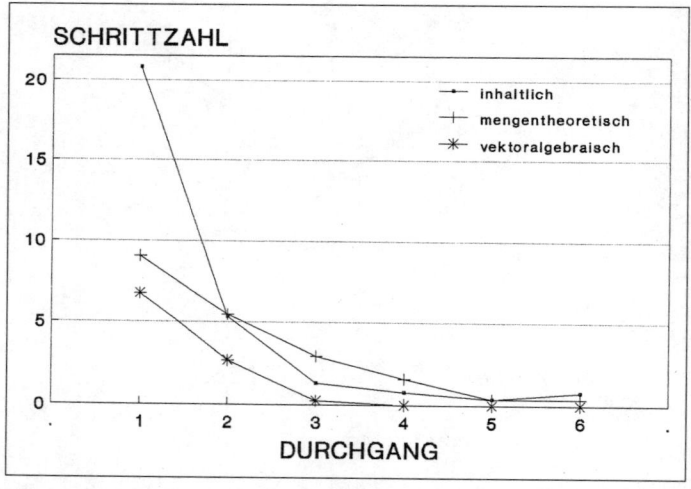

Abb. 3.13: Durchschnittliche Schrittzahl (über die minimale Anzahl von 11 hinaus) bis zur Lösung des Kannibalen-und-Missionaren-Problems für die sechs Durchgänge, in Abhängigkeit von der Instruktionsart (nach Jülisch & Krause 1976).

Die Ergebnisse sind in *Abb. 3.13* zusammengefaßt. Man erkennt unmittelbar die Leistungsvorteile der beiden Gruppen mit den inhaltsfreien Instruktionsformen im ersten Durchgang. Die inhaltlich angewiesenen Vpn benötigen erheblich mehr Schritte bis zur Zielerreichung, beschreiten also mehr Irrwege auf dem Weg zum Ziel. Schon im Durchgang 2 verschwinden die Unterschiede weitgehend. Vor allem die iI-Gruppe verbessert sich stark und erreicht das Leistungsniveau der mI-Gruppe. Die Vorteile der vI-Gruppe sind noch erkennbar, aber unerheblich. Ab dem vierten Durchgang operiert diese Gruppe fehlerfrei, aber auch die beiden anderen Gruppen haben keine nennenswerten Schwierigkeiten mehr.

Auf der beschriebenen Analyseebene ist nur erkennbar, daß das durch die Instruktion aktualisierte Wissen um Missionare und Kannibalen das Erkennen des optimalen Lösungsweges behindert. Wie im Falle der Verknüpfungsfixierung befindet sich dieses Wissen im AG und nimmt Einfluß auf die Art der Neuverknüpfung der problemrelevanten Informationen. So erscheint es möglich, daß das Wissen um »schwache Missionare« dazu führt, diese möglichst nicht zu trennen. Der in *Abb. 3.12* fett gedruckte Weg wäre ein Beispiel für das daraus folgende Vorgehen, das in einer Sackgasse mündet und somit zusätzliche Schritte notwendig macht. Ein anderer Indikator für diese These wäre es, wenn der Zustand z5,2,1 (in der Abbildung umrandet) nicht als ein notwendiges Zwischenziel erkannt wird, von dem aus durch die Trennung der Missionare (Bootsbesatzung 3,0) das Endziel erreichbar ist, sondern auf einen der vorausgegangenen Zustände zurückgespielt wird (z5,0,r bei 0,2 oder z5,1,r bei 0,1), eben weil man die Missionare nicht trennen will.

Tab. 3.5: Anspielhäufigkeiten von jeweils zwei Zuständen, die einerseits Irrwege, andererseits korrekte Zwischenziele darstellen, in Abhängigkeit von der Instruktionsart (nach Jülisch & Krause 1976)

Instruktionsart	Irrweg		Zwischenziel	
	z4,4,1	z3,3,r	z5,2,1	z3,3,1
inhaltlich	24	64	50	25
mengentheoretisch	9	24	30	26
vektoralgebraisch	8	21	20	15

Jülisch und Krause analysierten solche Interpretationsmöglichkeiten dadurch, daß sie die Anspielhäufigkeiten von Irrwegen (z4,4,1 und z3,3,r) und notwendigen Zwischenzielen (z5,2,1 und z3,3,1) auszählten. Die Ergebnisse faßt *Tab. 3.5* zusammen. Sie bestätigen die geäußerte Vermutung, daß die iI-Gruppe gehäuft Irrwege beschritten hat und von notwendigen Zwischenzielen aus zurückspielte.

Das im AG befindliche kontextbezogene Wissen aus der ES bewirkt somit einerseits die Auswahl ungeeigneter Zwischenziele und andererseits die falsche Bewertung von notwendigen Zwischenzielen. Offensichtlich sind die drei ersten Phasen des Problemlöseprozesses durch das kontextbezogene Wissen mitbestimmt, nämlich die Zielkriterienerstellung (Missionare zusammenhalten), der darauf aufbauende Einsatz des Veränderungswissens und der davon abhängige Bewertungsprozeß durch den Vergleich von Ist- und Sollzustand.

In der Untersuchung von Jülisch und Krause hat der Kontext einen negativen Einfluß auf das Problemlösen. Das Gegenteil ist allerdings ebenso gut möglich, nämlich immer dann, wenn das entsprechende kontextbezogene Wissen die Bildung von Zwischenzielen nahelegt, die der objektiven Problemstruktur entsprechen.

Die aufgezeigten Fixations- und Kontexteffekte sind uns in der Regel nicht bewußt, sondern wirken sich unbewußt auf den bewußten (intentionalen) Anteil des Problemlösevorgangs aus. Zu den eher bewußten Anteilen zählt z. B. der Vorgang des Erwerbs eines erfolgreichen Handlungsprogramms, wie wir ihn im Wasserumschüttproblem kennengelernt haben. Es wird den Vpn durchaus bewußt, daß immer das gleiche Lösungsmuster zum Erfolg führt. Doch selbst dieser Vorgang kann auch unbewußt ablaufen, wie ein Experiment von Ruhlender (1989) nachzuweisen vermag.

Seine Vpn mußten *Anagramme* lösen. Dabei handelt es sich – wie wir bereits wissen – um Abfolgen von Buchstaben in willkürlicher Reihenfolge, die durch Umstellen in ein sinnvolles Wort verwandelt werden können: E L U P T → T U L P E. Ein Teil der Anagramme ließ sich nach einer Regel lösen, von der die Vpn allerdings nichts wußten. Es wurden zwei Untersuchungsbedingungen unterschieden: in der ersten Vpn-Gruppe befanden sich unter den ca. 70 zu bearbeitenden Anagrammen rund ein Drittel, die sich nach einer Konstruktionsregel A lösen ließen und in der zweiten Gruppe entsprechend nach einer Regel B. Ein Beispiel für Regel A gibt das Anagramm

O R B D G mit dem Lösungswort B O R D
und dem Konstruktionsprinzip 3 2 1 4 X.

Dieses Konstruktionsprinzip besagt, daß der erste Anagrammbuchstabe (O) im Lösungswort an zweiter Stelle steht, der zweite Buchstabe an dritter Stelle usw. X kennzeichnet einen Distraktorbuchstaben, der im Lösungswort nicht enthalten ist. Aus einem fünfstelligen Anagramm mußte somit ein vierstelliges Lösungswort gebildet werden. Der Sinn hinter dem Distraktorbuchstaben besteht in der Vermeidung von Spontanlösungen. Entsprechend wird nach der zweiten Regel 2 4 X 3 1 aus dem Anagramm A G M L T das Lösungswort T A L G konstruierbar. Es sei noch einmal darauf hingewiesen, daß die Vpn nicht wußten, daß es solche Regeln gab. In einem Nachtest bearbeiteten beide Gruppen noch einmal 16 Anagramme, wobei die Lösungswörter in der Hälfte der Fälle nach Regel A und die anderen nach Regel B konstruierbar waren.

Die Ergebnisse besagen, daß die A-Gruppe die nach Regel A konstruierbaren Lösungswörter im Nachtest bedeutend schneller fanden als die B-Gruppe und umgekehrt. Aufgrund von Nachbefragungen konnte sichergestellt werden, daß sich die Vpn dieser Lösungsprinzipien nicht bewußt waren. Die jeweiligen Leistungsvorteile der beiden Gruppen lassen sich damit erklären, daß sich im Lernteil Handlungsprogramme gebildet und gespeichert haben, wie wir sie auch vom Wasserumschüttproblem kennen. Allerdings liegen in diesem Fall unbewußte Lern-, Behaltens- und Erinnerungsvorgänge vor, ein Hinweis darauf, daß nicht nur bei wahrnehmungsnahen kognitiven Prozessen elementarer Art eine relativ vollständige, automatisierte Verarbeitung der Informationen stattfindet, sondern daß unbewußte Verarbeitungsprozesse auch bei komplexen kognitiven Abläufen beteiligt sind. Die Beantwortung der interessanten Anschlußfrage, ob diese unbewußt erworbenen Handlungsprogramme auch zu Verknüpfungsfixationen führen können, steht allerdings noch aus.

3.2.3 Strategien des Problemlösens

Anagramme eignen sich auch recht gut, um in das Thema der *Strategien* des Problemlösens einzuführen. Allgemein formuliert

»verstehen wir unter einer Informationsverarbeitungsstrategie ein regelhaftes, weitgehend bedingungsunabhängiges . . . Vorgehen zur Erarbeitung und Durchführung eines Lösungsplanes«. (Hussy 1989, S. 25; vgl. auch Wippich 1984)

So ist es etwa möglich, zur Lösung des Anagramms U S H A ein systematisches Vorgehen derart zu wählen, daß die Buchstaben permutiert werden: U H S A, U A S H, U H A S, U A H S, U S A U, H U S A usw. Dieses Vorgehen führt mit Sicherheit zum Ziel und wird *algorithmisch* genannt. Es ist systematisch und außerdem erfahrungsunabhängig in dem Sinne, daß Wissen um Begriffe, Sprachstatistik usw. nicht in die Erarbeitung und Durchführung des Lösungsplans einfließt. Das gegenteilige Vorgehen, also erfahrungsabhängig und eher unsystematisch, nennt man *heuristisch*. Hierbei würde man etwa die Erfahrung einbringen, daß A und U häufig aufeinander folgen, und hätte danach nur noch S und H zu plazieren. Oder man würde mit S beginnen, da es sehr viele Begriffe mit dem Anfangsbuchstaben S gibt. Im ersten Beispiel wäre man sehr schnell am Ziel, im zweiten dagegen zunächst auf die falsche Fährte gesetzt. Während also ein Lösungsalgorithmus immer zum Ziel führt (auch wenn es vielleicht lange dauert), kann ein Lösungsheurismus sehr schnell, vielleicht aber auch gar nicht zielführend sein. Welche dieser beiden Strategien ausgewählt wird, hängt von Persönlichkeitsmerkmalen ab wie von der Problemstellung selber. Bei R N U liegt das algorithmische Vorgehen näher, bei O E G H O- P I C Y S L bekommt man damit erhebliche Schwierigkeiten.

Verarbeitungsstrategien dienen dazu, die im Problem enthaltenen Informationen so zu reduzieren, daß sie die verfügbare Verarbeitungskapazität der mittelfristigen Speichermedien nicht übersteigen. 81 Ziffern – in Folge vorgetragen – übersteigen die Behaltenskapazität des KS. Die Strategie, Teile der Ziffernfolge durch Rekorde aus der Leichtathletik zu substituieren (Chase & Ericsson, 1982; vgl. Kapitel 1.1 und 2.3.2), bewirkt eine massive Informationsreduktion, so daß die verbleibende Restinformation (z. B. sieben Disziplinen der Leichtathletik: Weitsprung, Hammerwerfen usw.) durch die Behaltenskapazität bewältigt werden kann.

Am Beispiel des Turm-von-Hanoi-Problems (TvH) machen Klix & Rautenstrauch-Goede (1967) diese Sichtweise sehr klar. Gegeben ist ein Turm von sechs Scheiben, die der Größe nach aufeinandergestapelt sind (größte Scheibe unten). Diese sechs Scheiben sind nach bestimmten Regeln von der gegebenen Position (A) auf eine Zielposition (C) zu transferieren, wobei eine dritte Position (B) zu Hilfe genommen werden kann. Die Regeln lauten: a) es darf immer nur eine Scheibe bewegt werden, b) es darf keine große auf eine kleinere Scheibe plaziert werden und c) die gleiche Scheibe darf nicht zweimal in Folge bewegt werden. Ähnlich wie beim Kannibalen-und-Missionaren-Problem (und beim Verschiebeproblem) liegt hier ein sogenanntes *sequentielles Problem* vor: Der Lösungsprozeß ist in viele *beobachtbare Teilschritte,* die aufeinander folgen, zerlegt. Zur Analyse von Problemlösestrategien sind sie deshalb in besonderer Weise geeignet.

Bevor wir uns das Experiment genauer ansehen, ist es notwendig, den objektiven Problemraum zu beleuchten, um ein besseres Verständnis der Ergebnisse zu gewährleisten. Beginnen wir mit der Drei-Scheiben-Version des TvH-Problems, deren Problemraum in *Abb. 3.14* illustriert ist.

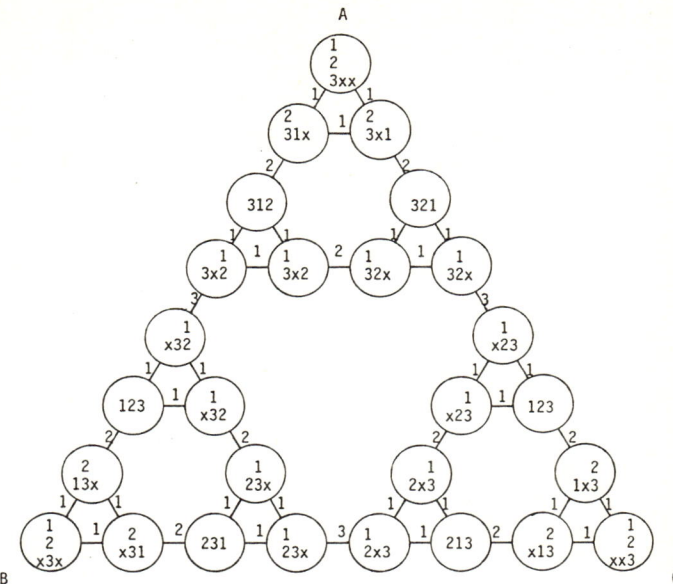

Abb. 3.14: Der Problemraum der Drei-Scheiben-Version des TvH-Problems mit Ausgangs- und Zielzustand (A,C) sowie den möglichen Scheibenanordnungen (Zahlen in den Kreisen) und den Scheibenbewegungen (Zahlen zwischen den Kreisen). Übereinander geschriebene Zahlen stellen einen Turm dar, x markiert eine freie Position (nach Hussy 1984, S. 217).

Man erkennt den Ausgangszustand in der Position A: Die drei Scheiben befinden sich auf der ersten Position, die beiden anderen Positionen sind leer (xx). Zwei Züge sind im ersten Schritt möglich: die oberste Scheibe (1) auf die Position B oder C zu legen. Im ersten Fall ergibt sich eine Scheibenverteilung, wie sie im zweiten Kreis der linken Kante der Pyramide gekennzeichnet ist, im anderen Fall eine gemäß dem zweiten Kreis der rechten Kante. Die Zahl zwischen den Kreisen (1) gibt die bewegte Scheibe an. Alle weiteren Züge sind in dieser Form im Diagramm repräsentiert, so daß eine vollständige objektive Problemstruktur vorliegt: Sie enthält alle möglichen Scheibenanordnungen (Kreise) und die Wege dorthin. Der Zielzustand ist in Position C wiedergegeben. Bewegt man die Scheiben gemäß der linken Pyramidenkante (1-2-1-3-1-2-1), so hat man den Dreierturm auf dem kürzesten Weg vom Ausgangszustand (A) in den Zielzustand (C) umgesetzt. Abweichungen von diesem Vorgehen resultieren in zusätzlichen Schritten.

In der Dreierversion gibt es somit 27 Scheibenpositionen, und die minimale Schrittzahl beträgt 7 (optimaler Lösungsweg). Dieser relativ überschaubare Problemraum wächst bei einer Erweiterung auf die Vier-Scheiben-Version des TvH-Problems bereits beträchtlich. In *Abb. 3.15* ist er – unter Abstraktion von Einzelheiten – skizziert. Die Anzahl an Scheibenanordnungen steigt bereits auf 81 (3 Dreiecke der Dreierversion), und die minimale Zugzahl beträgt jetzt 15 (doppelte Kantenläge).

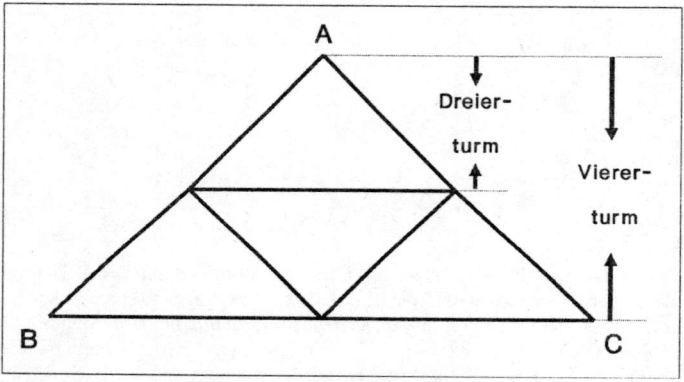

Abb. 3.15: Die schematische Darstellung des Problemraums der Vier-Scheiben-Version des TvH-Problems. Das obere Dreieck der Pyramide repräsentiert den Problemraum der Dreierversion (vgl. *Abb. 3.14*).

In der von Klix und Rautenstrauch-Goede verwendeten Sechs-Scheiben-Version gibt es 729 mögliche Scheibenanordnungen mit 63 Schritten bei optimalem Vorgehen. Diese Zahlen vergegenwärtigen den enormen Informationsgehalt des Problems recht plastisch. Wie gehen Vpn mit diesem Übermaß an Information, das die Kapazitäten der mittelfristigen Speichermedien um ein Vielfaches übersteigt, um?

Klix und Rautenstauch-Goede unterscheiden drei Phasen des Vertrautwerdens mit der Problemstellung bei wiederholter Problembearbeitung. Zunächst ergibt sich der Eindruck eines eher chaotischen Vorgehens, bei welchem die Vpn versuchen, sich durch *Versuchs-Irrtums-Verhalten* einen Überblick zu verschaffen, d. h., sie versuchen, sich im Problemraum zu orientieren. Auf diese Orientierungsphase (mit der Versuchs-Irrtums-Strategie) folgt die sogenannte *lokale Strategie*. Sie besteht darin, einen Lösungsplan zur gezielten, fehlerfreien Umsetzung des Dreierturms zu erarbeiten. Durch diesen Lösungsplan reduziert sich der Umfang des Problems erheblich, der Informationsgehalt sinkt. Die Vp muß sich nicht immer wieder zu diesem Teilproblem Gedanken machen. Dennoch ist die Restinformation noch bei weitem zu umfangreich, um von der verfügbaren Verarbeitungskapazität bewältigt werden zu können. Dazu bedarf es der *globalen Strategie,* die zunächst darauf abzielt, *Zwischenziele* zu erstellen. Ein solches Zwischenziel besteht beispielsweise darin, die Scheibe 4 freizuspielen, damit sie von Position A wegbewegt werden kann. Dies gelingt mit Hilfe der lokalen Strategie, denn der sich über dieser Scheibe befindende Dreierturm kann jetzt gezielt auf eine freie Position transferiert werden. Entsprechende Zwischenziele sind für die Scheiben 5 und 6 zu erstellen.

Ein Problem bleibt allerdings auch nach dieser Analyse der Zwischenziele bestehen: Auf welche Position (B oder C) plaziert man den Dreierturm, um die Scheibe 4 freizuspielen?

4		1		4	1	
5		2		5	2	
6	×	3		6	3	×
A	B	C		A	B	C

Die gleiche Frage gilt für die Zwischenziele zu den Scheiben 5 und 6. Es fehlt noch eine Regel, die diese Frage löst. Die Antwort wird *vom Zielzustand ausgehend* gefunden. Wenn die Scheibe 6 auf Position C gebracht werden soll, muß folgende Scheibenanordnung bestehen:

	1	
	2	
	3	
	4	
6	5	×
A	B	C

Um diese Anordnung zu erreichen, müssen für die Scheiben 5 und 4 zuvor folgende Anordnungen (Zwischenziele) angestrebt werden:

```
          1
          2          4   1
    5     3          5   2
    6  ×  4          6   3   ×
   ─────────        ─────────────
    A  B  C          A   B   C
```

Damit ist die Frage beantwortet, auf welche Position der Dreierturm zu spielen ist, damit das erste Zwischenziel erreicht werden kann und gleichzeitig die Wege für die weiteren Zwischenziele optimal vorbereitet sind.

Diese vom Zielzustand ausgehende Abstimmung der Zwischenziele nennt man *Rückwärtsanalyse*. Zusammen mit der Ableitung der Zwischenziele bildet sie die bereits genannte Global-
strategie. Auf dieser Ebene der Bildung und Durchführung eines
Lösungsplanes ist das Übermaß an Information so weit reduziert
(nämlich auf das fehlerfreie Umsetzen des Dreierturms), daß sie
der Verarbeitungskapazität der mittelfristigen Speichermedien
angemessen ist: Die Lösung der Sechs-Scheiben-Version des
TvH-Problems gelingt fehlerfrei.

Klix und Rautenstrauch-Goede legten dieses Problem zwei
Gruppen von Vpn zur wiederholten Bearbeitung (insgesamt 10
Durchgänge) vor. Die erste Gruppe bestand aus Oberschülern
eines mathematischen Zweiges, die zweite aus Psychologiestudenten der beiden Anfangssemester. Die in *Abb. 3.16* veranschau-
lichten Ergebnisse zeigen einen klaren Leistungsvorteil zugunsten
der Oberschüler bereits im ersten Durchgang: Die Studenten
benötigten bis zur Zielerreichung 30 Zugpaare mehr (da jeder
zweite Zug durch die Regeln festgelegt ist, registrierten die Autoren die Zugpaare; bei optimalem Vorgehen werden 32 Zugpaare benötigt). Schon ab dem fünften Durchgang arbeiteten die
Oberschüler fehlerfrei, während die Studenten dieses Niveau erst
im zehnten Versuch erreichten.

Wie kann man diesen Leistungsvorteil der Oberschüler erklären?

»Offensichtlich überwinden sie die Orientierungsphase schneller, vielleicht sogar schon bei der Instruktion, eignen sich auch schneller die lokale
Strategie an und finden deutlich schneller zur globalen Strategie, also zur
adäquaten, zielorientierten Zwischenzielbildung. Es liegt die Vermutung
nahe, daß der Vorsprung auf den höheren Vertrautheitsgrad dieser Art
von Problemen bei den Oberschülern zurückzuführen ist. Erinnern wir
uns an die Klassifikation von Problemen . . ., so handelt es sich beim
Turm-von-Hanoi-Problem um eine typische Interpolationsbarriere: Aus-
gangs- und Zielzustand sind klar definiert, die Operatoren . . . bekannt.

110

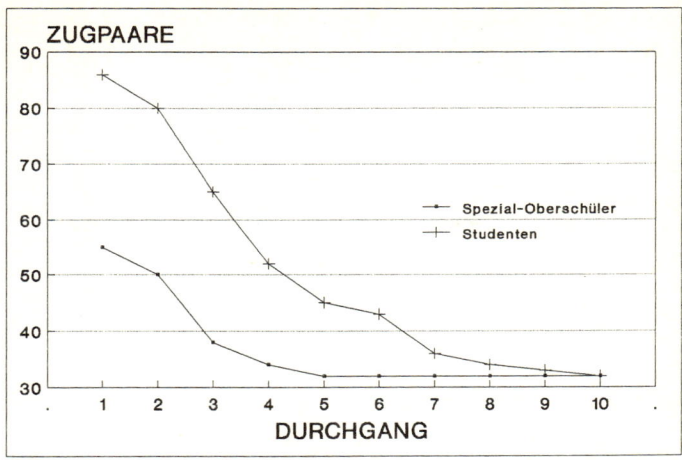

Abb. 3.16: Die Leistungen von Oberschülern eines mathematischen Zweiges und Psychologiestudenten (aus den beiden Anfangssemestern) bei der wiederholten Bearbeitung der Sechs-Scheiben-Version des Turm-von-Hanoi-Problems (nach Klix & Rautenstrauch-Goede 1967).

Das Problem besteht im Auffinden der korrekten Abfolge der Operationen. Hinzu kommt hier aufgrund des großen Problemumfangs . . . jedoch, daß zur Bewältigung der Situation eine Strategie gebildet werden muß, die am Ziel orientiert ist und somit eine Rückwärtsanalyse . . . erfordert. Gerade diese Analyseform ist in der Regel das Verfahren der Wahl, wenn es darum geht, einen Beweis zu führen, eine Tätigkeit, mit welcher Schüler des mathematischen Zweigs vertraut sind. Auch beim Beweis handelt es sich um ein geschlossenes Problem . . ., und auch die Beweisführung profitiert von der Rückwärtsanalyse insofern, als vom Zielzustand her Zwischenziele zu bilden sind.« (Hussy 1984, S. 221–222)

In einer neueren Untersuchung betrachtet Hussy (1989) die Frage des strategischen Vorgehens zur Bewältigung eines Übermaßes an Informationen zusätzlich unter einer entwicklungspsychologischen Perspektive. Vorgelegt wurde das *Superhirn-Problem,* welches von den Vpn verlangt, eine Zahlenkombination, die sich der Vl ausgedacht hat, zu erraten. Das konkrete Vorgehen zeigt *Tab. 3.6.* Der Vl teilt der Vp mit, daß er sich aus den Ziffern 1 bis 5 eine dreistellige Zahlenkombination ausgedacht hat (z. B. 143), die sie erraten soll. Jede Ziffer darf in der Kombination nur einmal vorkommen. Macht die Vp einen Vorschlag (Zug), so erhält sie nicht nur die Rückmeldung »richtig/falsch«, sondern erfährt, wieviele korrekte Ziffern ihr Vorschlag enthält und wieviele dieser korrekten Ziffern auch an der richtigen Position der Kombination stehen.

Tab. 3.6: Zwei Beispiele für Lösungsversuche zum Superhirn-Problem in der 3-aus-5-Version

Beispiel	Zug	Kombination			Rückmeldung	
					Ziffer	Position
A	1	2	4	1	2	1
	2	1	2	4	2	1
	3	4	2	1	2	0
	4	1	3	4	3	1
	5	1	4	3	3	3
B	1	2	4	1	2	1
	2	5	4	2	1	1
	3	1	4	3	3	3

Der erste Zug im Beispiel A aus *Tab. 3.6* beinhaltet *zwei* korrekte Ziffern (1 und 4) sowie *eine* korrekte Position (die 4 steht an der richtigen Stelle der gesuchten Kombination). Die Rückmeldung an die Vp nach ihrem ersten Vorschlag lautet somit 2,1. Danach tätigt sie ihren zweiten Zug, erhält wieder Rückmeldung usw. Im gegebenen Beispiel findet sie die Lösung im fünften Zug.

Die allmähliche Annäherung an das Ziel gelingt über die *Verarbeitung der Rückmeldungen.* Nach der ersten Rückmeldung ist bereits klar, daß der erste Vorschlag noch eine falsche Ziffer enthält. Die Vp könnte diese Information dadurch nutzen, daß sie in ihrem nächsten Zug zwei Ziffern beibehält und die dritte durch eine neue ersetzt.

In Beispiel B ist ein entsprechender Vorschlag für den zweiten Zug enthalten (die 1 wird durch die 5 ersetzt). Die Positionsrückmeldung kann insofern genutzt werden, als im nächsten Vorschlag eine der beiden beibehaltenen Ziffern an der gleichen Stelle bleibt, die andere aber nicht. Auch diese Schlußfolgerung ist im zweiten Zug des Beispiels B berücksichtigt. Die 4 bleibt auf der zweiten Position, die 2 dagegen wird umplaziert.

Unsere Vp aus Beispiel A dagegen schöpft diese Möglichkeiten sehr unvollständig aus, denn sie behält alle Ziffern bei und vertauscht alle Positionen. Die Rückmeldung ist daher nicht sehr aufschlußreich. Daß der Vorschlag zwei korrekte Ziffern enthält, wußte sie schon nach dem ersten Zug. Die Positionsinformation beläßt sie weiter darüber im unklaren, welche Ziffer korrekt plaziert ist.

Das Bild sieht in Beispiel B viel besser aus, obwohl man im ersten Moment das Gegenteil annehmen könnte, da sich die Anzahl der korrekten Ziffern verringert hat. Allerdings kann man – beide Rückmeldungen zusammen betrachtet – bereits jetzt die gesuchte Kombination erschließen. Die 5 kann nicht zu den drei Ziffern gehören, denn die Ziffernrückmeldung ging von 2 auf 1 zurück. Mehr noch: Die 1 muß aus dem gleichen Grund zu den gesuchten Ziffern gehören. Daß auch die 4 korrekt ist, ergibt sich zwingend aus den Positionsrückmeldungen, denn wenn die 2 die korrekte Ziffer wäre, müßte sie im zweiten Zug auch gleichzeitig korrekt plaziert sein, weil 5 und 4 dann zu den nicht gesuchten Ziffern gehören würden. Dies steht aber im Widerspruch zur Positionsrückmeldung aus dem ersten Zug. Folglich muß nicht die 2, sondern die 4 zu den korrekten Ziffern gehören. Schließlich kann man nun auch noch folgern, daß die 3 die gesuchte dritte Ziffer ist (2 und 5 wurden ausgeschieden, 1 und 4 gehören dazu, also bleibt nur noch die 3). Die 4 steht somit in beiden Zügen an der korrekten Stelle. Dagegen stand die 1 an der falschen Stelle. Deshalb bleibt für sie nur noch die erste Position in der Kombination und für die 3 die dritte Position. Diese Kette an Schlußfolgerungen führt folglich zum korrekten dritten Vorschlag.

Die Vp aus Beispiel A verzichtet auch im dritten Zug darauf, die dritte Ziffer zu suchen, sondern beschränkt sich – wie schon im zweiten Vorschlag – darauf, die zweite korrekte Position zu finden. Erst im vierten Zug tauscht sie die 2 mit der 3 und hat damit die korrekten Ziffern gefunden, die im fünften Zug dann auch korrekt plaziert werden.

Die primär benötigte kognitive Operation, um aus den Rückmeldungen die korrekten Konsequenzen für den nächsten Zug ziehen zu können, ist also das Schlußfolgern. Anfangs besteht große Unsicherheit, hervorgerufen durch die hohe Zahl von Lösungsalternativen (wie beim Turm-von-Hanoi-Problem). Mit steigender Anzahl an Rückmeldungen verringert sich diese Unsicherheit, da immer mehr Lösungsalternativen ausscheiden, vorausgesetzt, daß die korrekten Schlußfolgerungen gezogen werden (vgl. Beispiel B aus *Tab. 3.6*). Andererseits nimmt mit steigender Anzahl an Rückmeldungen die Zahl der erforderlichen Schlußfolgerungen zu: Die Unsicherheit verringert sich, aber die kognitive Belastung nimmt zu. Welche Strategien zur Bewältigung der Informationsüberflutung, erzeugt durch die Rückmeldungen, bieten sich an? Wie aus Beispiel A (*Tab. 3.6*) hervorgeht, kann man Teilstrategien bilden: Man beschränkt sich beispielsweise auf die Positionsrückmeldung und beachtet die Zifferninformation nicht *(Positionsstrategie)*. Umgekehrt kann man auch eine *Ziffernstrategie* verfolgen (und die Positionsinformation vernachlässigen). Schließlich kann man sich auch auf die beiden letzten Rückmeldungen beschränken und weitere vorausgegangene Rückmeldungen unberücksichtigt lassen *(Tiefenstrategie)*. In jeder dieser Teilstrategien wird die Anzahl zu verarbeitender Informationen reduziert, um die Zahl der Schlußfolgerungen zu verringern und so im Rahmen der verfügbaren Verarbeitungskapazität zu bleiben. Die Konsequenz daraus ist, daß die Anzahl verbleibender Lösungsalternativen langsamer zurückgeht als bei optimalem Vorgehen und damit mehr Züge erforderlich werden.

Hussy legte diese Version des Superhirn-Problems verschiedenen Altersgruppen vor, u. a. 15-, 20- und 40jährigen. Sie wurden instruiert, das Problem in möglichst wenigen Zügen zu lösen. Nach sechs Zügen hatten 48% der 15jährigen, 74% der 20jährigen und 50% der 40jährigen das Problem gelöst. Das läßt darauf schließen, daß die 15- und 40jährigen möglicherweise Teilstrategien wählten und die 20jährigen sich an der Optimalstrategie versuchten. *Abb. 3.17* klärt diese Vermutungen.

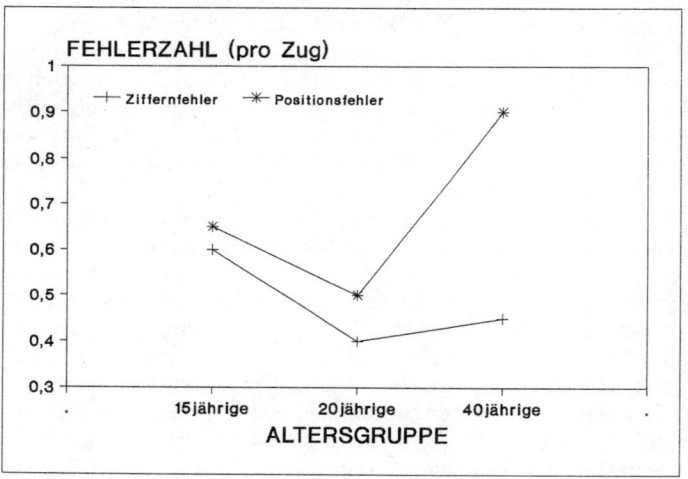

Abb. 3.17: Die durchschnittliche Anzahl an Fehlern (pro Zug) im Superhirn-Problem für die Ziffern- und Positionsrückmeldung, getrennt für die Altersgruppen der 15-, 20- und 40jährigen (nach Hussy 1989).

Registriert wird die Anzahl der nicht berücksichtigten Informationen pro Zug. So erhält die Vp aus Beispiel A (*Tab. 3.6*) für den zweiten Zug einen Ziffern- und einen Positionsfehler, weil sie – wie oben erläutert – sowohl die Ziffern- als auch die Positionsrückmeldung in je einem Punkt nicht ausgeschöpft hat. Beginnen wir bei den 15jährigen. Die Ziffern- und Positionsfehler unterscheiden sich nur unwesentlich. Folglich kann man nicht von einer entsprechenden Teilstrategie sprechen. Das gilt auch für die 20jährigen. Allerdings liegt die Fehlerzahl deutlich niedriger. Man kann annehmen, daß beide Gruppen eine vollständige Strategie verfolgt haben (keine besondere Berücksichtigung von Ziffern- oder Positionsrückmeldung), daß die 20jährigen dabei allerdings wesentlich erfolgreicher waren, was sich auch am Prozentsatz der nach sechs Zügen erfolgreichen Vpn ablesen läßt. Die 40jährigen dagegen zeigen eine deutliche Ziffernstrategie: Diese Informationsquelle schöpfen sie ebenso wie die 20jährigen aus, entlasten sich aber dadurch, daß sie die Positionsinformation (zunächst) vernachlässigen. Nimmt man noch hinzu, daß 20- und 40jährige sich in der Tiefenstrategie nicht unterscheiden (sie berücksichtigen in vergleichbarer Weise alle Rückmeldungen, während die 15jährigen sich mehr auf die beiden letzten konzentrieren), so kann man folgern, daß die 20jährigen die Optimalstrategie verfolgen und damit auch erfolgreich sind. Die 40jährigen dagegen erkennen die hohe Bedeutung der Tiefenstrategie, fühlen sich dann aber überfordert mit der kompletten Ausschöpfung von Ziffern- und Positionsrückmeldungen und wählen die Ziffernstrategie. Die 15jährigen schließlich verkennen die Bedeutung der Tiefenanalyse und überschätzen sich hinsichtlich ihrer Fähigkeit, alle Rückmeldeinformationen simultan zu verarbeiten.

Strategien des Problemlösens – als Verfahren zur Erarbeitung und Durchführung eines Lösungsplanes – dienen der Bewältigung eines Überangebots an Informationen, die für die Lösung des Problems von Relevanz sind. Der Begriff des Überangebots definiert sich an der Verarbeitungskapazität der mittelfristigen Speichermedien. Übersteigt der Umfang der problemrelevanten Informationen diese Kapazität, liegt ein Überangebot vor. Dessen Bewältigung erfolgt durch eine angemessene, zielbezogene Zwischenzielbildung (z. B. das Freistellen der Scheibe 4 beim TvH-Problem oder das Auffinden der korrekten Ziffern beim Superhirn-Problem). Im Sinne der gegebenen Aufmerksamkeitsdefinition steuert und kontrolliert der ZP gemäß der gewählten bzw. erarbeiteten Strategie die Art und das Ausmaß der Nutzung der verfügbaren Verarbeitungskapazität der mittelfristigen Speichermedien, also die schrittweise und kapazitätsangemessene Abarbeitung der Zwischenziele bis zur Zielerreichung.

3.3 Kreatives Problemlösen und Urteilsprozesse

Wenn wir uns im folgenden Abschnitt mit kreativen Prozessen sowie Urteils- und Entscheidungsprozessen beschäftigen, so könnte man schließen, daß es hierbei um kognitive Abläufe geht, die in keinem oder bestenfalls in einem lockeren Zusammenhang mit dem Problemlösen zu sehen sind. Die meist separate Abhandlung der beiden Themenbereiche in der Fachliteratur verstärkt diesen Eindruck. Ganz im Gegensatz dazu wollen wir uns allerdings nicht nur darum bemühen, diese beiden interessanten Formen kognitiven Geschehens kennenzulernen, sondern sie auch als *Spezialfälle des allgemeinen Problemlöseprozesses* verstehen zu lernen. Zu solchen Spezialfällen zählen auch die schlußfolgernden Prozesse (syllogistisches, propositionales und analoges Schließen), auf die wir hier jedoch aus Platzgründen nicht näher eingehen können (zum Erwerb eines Überblicks vgl. Hussy 1986, Kapitel 1.1).

3.3.1 Der kreative Prozeß

»Kreativität ist zu einem Schlagwort in der öffentlichen Debatte geworden. Populäre Bücher dazu füllen die Regale der Buchhandlungen, in fast jeder Volkshochschule werden kreativitätsfördernde Kurse angeboten. Wirtschaft und Industrie versprechen sich von kreativen Mitarbeitern den dringend benötigten Innovationsschub und geben deshalb viel Geld für entsprechende Förderungsmaßnahmen aus, und im Erziehungsbereich gewinnt kreatives Denken als ein wichtiges Erziehungsziel zunehmend an Bedeutung.

Mit steigender Wertschätzung des kreativen Denkens ist in den vergangenen Jahren mehr oder minder stillschweigend eine Abwertung des üblichen, des rationalen, ja sogar des logischen Denkens einhergegangen. Dabei weiß eigentlich niemand genau zu sagen, was Kreativität und kreatives Denken im einzelnen bedeuten, wenn man sie des Schlagwortcharakters entkleidet.« (Weinert 1989, S. 11)

Man kann sich diesen Feststellungen und Einschätzungen Weinerts voll anschließen: Der Begriffswirrwarr ist groß und selbst im wissenschaftlichen Bereich fehlt es an der notwendigen begrifflichen Präzision. Es beginnt schon damit, daß häufig genug *Kreativität* und *kreatives Denken* gleichgesetzt werden (und umgekehrt). Dabei handelt es sich einerseits um ein (komplexes) Persönlichkeitsmerkmal (wie z. B. Neurotizismus, Intelligenz, Verhaltenskontrolle usw.), zum anderen aber um einen komplexen kognitiven Prozeß (wie z. B. Lernen, Behalten, Problemlösen usw.). Genau diesen kognitiven Prozeß stellen wir in den Mittelpunkt der weiteren Betrachtungen. Die zweifellos interessante persönlichkeitspsychologische Perspektive müssen wir zugunsten der kognitionspsychologischen Analyse in den Hintergrund rücken.

3.3.1.1 Begriffsklärung

Stellen wir den weiteren Überlegungen ein Beispiel voran, welches zur Veranschaulichung herangezogen werden kann. Frau XX ist Mitarbeiterin einer Firma, die Bauteile für die Raumfahrt entwickelt. Sie bekommt den Auftrag, ein Aggregat zu konstruieren, das ein Raumschiff mit Strom versorgt. Zu den Vorgaben zählen ein möglichst geringes Gewicht und ein möglichst sparsamer Umgang mit Treibstoff. Dieser Auftrag stellt für Frau XX ein Problem dar, d. h., sie ist nicht in der Lage, ohne weiteres Zutun aus ihren Wissensbeständen eine Lösung zu liefern. Das gleiche gilt auch für einen weiteren Mitarbeiter der Firma, Herrn XY, der den gleichen Auftrag bekam. Stellen wir uns weiter vor, Herr XY legt seinem Chef nach vier Wochen Konstruktionspläne für einen Minigenerator vor, der sehr klein, sehr leicht und sehr sparsam ist, aber dennoch die erforderliche elektrische Energie erzeugen kann. Nach dem gleichen Zeitraum präsentiert Kollegin XX Pläne für ein Solarzellensegel, welches ebenfalls die Stromversorgung des Raumschiffes garantiert. Nehmen wir zuletzt auch noch an, der Vorgang hätte sich zu einem Zeitpunkt zugetragen, als die Solarzellen gerade erst bekannt wurden. Wie sollen wir diese beiden Leistungen qualifizieren?

Um mit dem Gemeinsamen zu beginnen: In beiden Fällen handelt es sich um Problemlösevorgänge, noch dazu um erfolgreiche Problemlösungen. Worin aber unterscheiden sich diese Problemlöseprozesse? Herr XY wählt einen *naheliegenden Lösungsweg*. Generatoren sind bekanntermaßen Aggregate zur Stromerzeugung. Das immer noch sehr schwierige Problem bestand für ihn darin, dieses Aggregat im Sinne der Problemstellung zu optimieren (kleiner, leichter, sparsamer). Kollegin XX beschreitet diesen Weg nicht, obwohl er ihr natürlich ebenfalls offenstand. Sie weist die gängige Lösung für sich zurück und findet einen *prinzipiell neuen, nicht vertrauten und erfolgreichen Zugang* zum Problem (Sammlung und Umwandlung von Sonnenenergie in Elektrizität). Diese Merkmale der Lösung von Frau XX kennzeichnen jenen Problemlöseprozeß, den wir definitiv als *kreativ* bezeichnen wollen.

Von kreativen Leistungen in diesem Sinne kann man beispielsweise bei der Enthüllung der Doppelhelixmolekülstruktur der DNS (Desoxyribonukleinsäure, Modell einer um die eigene Achse gedrehten Leiter) durch Watson und Crick sprechen. Sie wurden 1962 für diese Leistung mit dem Nobelpreis für Medizin und Physiologie ausgezeichnet (siehe auch Watson 1969). Auch die Entdeckung der Ringstruktur von Kohlenwasserstoffatomen (Benzolring) als einer Grundstruktur der organischen Chemie durch Kekulé ist ein treffendes Beispiel für kreatives Problemlösen. Wie aber steht es mit weniger spektakulären Problemlöseleistungen? Handelt es sich um einen kreativen Problemlöseprozeß, wenn jemand das Neun-Punkte-Problem (vgl. *Abb. 1.10,* Kapitel 1.3.3) löst? Sicherlich spricht einiges dafür, denn man muß das sich anbietende Lösungsschema, innerhalb des Quadrates nach der Lösung zu suchen, überwinden und einen neuen Lösungsweg finden. Auch Weisbergs Definition von kreativem Problemlösen spricht für diese Auffassung:

»Beim kreativen Problemlösen wird durch eine neuartige Reaktion ein gegebenes Problem gelöst.« (1989, S. 18)

Allerdings ist dann jeder gelungene Problemlösevorgang kreativ, denn immer wird – wie gesehen – eine Neuverknüpfung der problemrelevanten Informationen erforderlich. Offensichtlich hat dann die Unterscheidung zwischen allgemeinem und kreativem Problemlösen keinen Erklärungswert. Deshalb erscheint es notwendig, drei Aspekte hervorzuheben, die der Unterscheidung wieder Sinn verleihen: Die Art der Neuverknüpfung beim kreativen Prozeß
(a) ist selten,
(b) bezieht sich auf ein umfangreiches bereichsspezifisches Faktenwissen
(c) und folgt keinem gängigen Lösungsweg.
Zu a): Mit dem Schlüsselbegriff *selten* ist gemeint, daß nur ganz wenige Personen diesen Weg zur Verknüpfung der problemrelevanten Informationen beschreiten. Dieses ist offensichtlich weder beim Neun-Punkte-Problem noch beim TvH-Problem und auch nicht beim Superhirn-Problem der Fall. Allerdings ist es möglich, Varianten zu erstellen, die so schwierig sind, daß sie nur noch von

sehr wenigen Personen gelöst werden können. Ein Beispiel dafür wäre die Zahlenreihe

$$13, 111, 29, -32, 73, 13, 14, ?$$

Die Schwierigkeit besteht darin, eine spezifische und komplexe Operatorstruktur zu finden, mit anderen Worten einen angemessenen Makrooperator zu konstruieren. Dagegen ist das involvierte bereichsspezifische Faktenwissen, nämlich der Bereich der Zahlen, sehr eng und wenig umfänglich. Der Schwerpunkt des Lösungsprozesses bezieht sich auf die Phase der Operatorsuche und -anwendung (Phase 2, vgl. *Abb. 3.9*), also auf die HS, während das Faktenwissen und damit auch die ES eine eher untergeordnete Bedeutung haben.

Zu b): Damit sind wir beim zweiten Kriterium. Die genannten Beispiele zur DNS und zum Benzolring verdeutlichen den Aspekt des *umfangreichen bereichsspezifischen Faktenwissens*. Mit diesem Kriterium soll also betont werden, daß nicht allein die Fähigkeit zum komplexen Beziehungsstiften mathematischer und formal-logischer Art mit abstrakten Informationen allgemeines und kreatives Problemlösen unterscheidet, sondern daß sich diese Neuverknüpfungen im Falle des kreativen Prozesses zusätzlich auf einen umfangreichen Wissensbereich beziehen, der im Sinne der Modelle zum semantischen Gedächtnis ein riesiges Begriffsnetz aufspannt, in welchem Abstraktions- und Merkmalsrelationen existieren.

Zu c): Durch diese Relationen legen bestimmte Realitätsbereiche in der Regel eine Reihe von Lösungsalgorithmen nahe (z. B. im Motorbau mit Hubkolben zu arbeiten). Von einem kreativen Problemlöseprozeß sprechen wir erst dann, wenn eine gelungene Problemlösung auf einem *neuen Weg* erreicht wurde (z. B. folgte die Entwicklung des Drehkolbenmotors durch Wankel nicht dem gängigen Denkschema).

Auf dem Hintergrund dieser Kriterien kann die Bezeichnung *kreativer Problemlöseprozeß* für das Solarzellensegel von Kollegin XX aus dem oben angeführten Beispiel beibehalten werden. Wie beim Minigenerator des Kollegen XY handelt es sich um einen gezielten, rationalen Problemlösevorgang, wobei bei Kollegin XX jedoch hinzu kommt, daß sie ihre Lösung nicht nach dem gängigen Denkschema entwickelte. Wo aber bleibt bei dieser Auffassung die Faszination des Wortes *kreativ*? Wenn beide Problemlösungen für die Firma den gleichen Brauchbarkeitsgrad aufweisen, so hat doch das kreative Moment eigentlich seine Bedeutung verloren!? Entscheidend für die Beantwortung dieser

Frage ist die Feststellung, daß die Lösungen relevanter Probleme – anders als im gegebenen Beispiel – nicht selten alleine über kreative Prozesse erfolgen können, daß also gängige Lösungsalgorithmen die Lösungsfindung verhindern können. Vor allem dieser Aspekt bewirkt die Attraktivität des Begriffes in der Wirtschaft, der Wissenschaft und der Kunst und produziert auf pädagogischer Seite die eingangs zitierten Effekte.

3.3.1.2 Fixierungen und der kreative Prozeß

Ohne Zweifel ergibt sich bei diesen Überlegungen ein interessanter Berührungspunkt zu den Fixierungsphänomenen, die wir im Zusammenhang mit dem allgemeinen Problemlöseprozeß besprochen hatten (vgl. Kapitel 3.2.2). Es handelt sich dabei um die verringerte Verfügbarkeit von Fakten- und Veränderungswissen aufgrund der situativen Bedingungen. Diese jeweils spezifischen situativen Bedingungen bewirken die Dominanz eines entsprechenden Begriffsmerkmals bzw. einer entsprechenden Operatorkombination, durch welche eine flexible und vielfältige Suche nach weiteren Begriffsmerkmalen bzw. Operatorkombinationen erschwert oder gar unmöglich gemacht wird (vgl. die diesbezüglichen Untersuchungen von Birch & Rabinowitch bzw. von Luchins & Luchins). Problematisch werden diese Festlegungen, die zwangsläufig aus jedem kognitiven Ablauf resultieren, allerdings erst dann, wenn sie der Lösungsfindung entgegenstehen. Bei Luchins & Luchins zeigen sich die Fixierungen auf das eingeübte Lösungsmuster bereits in der sechsten und siebten Problemstellung; problematisch werden sie allerdings erst im achten Item, weil erst dann eine andere Operatorkombination zu finden ist. Entsprechend zeigen sich die Festlegungen bei Birch und Rabinowitch in der Präferenz der beiden Experimentalgruppen für den jeweils nicht bearbeiteten Gegenstand; problematisch werden sie dagegen erst in der leicht modifizierten Anordnung von Hussy (1984, S. 149), weil dort nur der bearbeitete Gegenstand zur Verfügung steht und damit die Festlegung auf das funktionale Merkmal überwunden werden muß, um die Lösung zu finden.

Aus diesen Überlegungen kann man deutlich ersehen, daß jeder kognitive Ablauf Spuren hinterläßt, u. a. erkennbar anhand der resultierenden Fixierungen. Diese Festlegungen sind in der Regel unproblematisch und sogar vorteilhaft, da bestimmte Situationen mit erprobten Handlungsprogrammen *schnell und erfolgreich* zu bewältigen sind. Gelegentlich finden wir aber auch Gegebenheiten vor, die dadurch gekennzeichnet sind, daß Fixierungen die Zielerreichung erschweren oder gar verhindern. Hier ist die *Überwindung von Fixierungen* erforderlich, jener Teilprozeß, der – oben als Zurückweisung gängiger Lösungsalgorithmen bezeichnet – ein entscheidendes Kriterium für den kreativen Prozeß darstellt.

Hussy (1992a) ging jüngst in einer bisher unveröffentlichten Untersuchung der Frage nach, ob Personen, von denen man annimmt, daß sie die Fähigkeit zum kreativen Denken besitzen, eher in der Lage sind, solche Fixierungen zu überwinden, als Personen mit einem geringeren Ausprägungsgrad in dieser Fähigkeit. Er verwendete dazu das *Kerzenproblem,* das von Duncker (1935) als Schachtelproblem in die experimentelle Psychologie eingeführt wurde.

»Man gibt einer Person eine Kerze, ein Streichholzbriefchen und eine Schachtel Reißnägel und fordert sie auf, die Kerze so an einer hölzernen Tür zu befestigen, daß man Licht zum Lesen hat. Die Kerze muß richtig brennen.« (Weisberg 1989, S. 21)

Zur Problemlösung dürfen nur die genannten Gegenstände verwendet werden. Die gängigen Lösungsversuche bestehen darin, die Kerze direkt an der Türe zu befestigen. Dieses ist dadurch zu erreichen, daß sie mit den Reißnägeln angepinnt oder mit flüssigem Wachs festgeklebt wird. Die elegantere Lösung, nämlich die Schachtel an die Türe zu pinnen und dann als Plattform für die Kerze zu verwenden, finden auf Anhieb nur wenige Personen. Dieses liegt, wie man leicht erkennen kann, an der funktionalen Gebundenheit der Schachtel, deren dominantes Merkmal »Behälter« (für die Reißnägel) das Auffinden anderer Merkmale (Plattform) behindert. Wir haben es hier also wieder mit einem typischen Beispiel zur Merkmalsfixierung zu tun.

In der Untersuchung von Hussy (1992a) wurde die Problemstellung leicht modifiziert. Die Personen wurden zusätzlich instruiert, die Kerze nicht zu beschädigen und die Türe nicht mit Wachs zu verschmieren. Außerdem waren die Reißnägel nicht lang genug, um eine direkte Befestigung zu ermöglichen. Diese Abwandlungen *erzwingen* die Plattformlösung und damit die Überwindung der Merkmalsfixierung. Die Frage war nun, ob Personen mit einer hoch ausgeprägten Fähigkeit zum kreativen Denken die Plattformlösung schneller finden als Personen mit einer diesbezüglichen weniger ausgeprägten Fähigkeit. Die Einteilung der Probanden in die beiden Gruppen erfolgte nach dem *Verbalen Kreativitätstest* (VKT) von Schoppe (1975), der Wortflüssigkeit, spontane semantische Flexibilität, Assoziationsfähigkeit, Ausdrucksflüssigkeit und Originalität in Form semantisch adaptiver Flexibilität erfaßt.

Wie aus *Abb. 3.18* (Standardbedingung) hervorgeht, finden die Probanden mit einer hoch ausgeprägten Fähigkeit zum kreativen Denken die Plattformlösung tatsächlich deutlich schneller (29,7 Sekunden) als die andere Gruppe (50,1 Sekunden), überwinden also die Fixierung leichter.

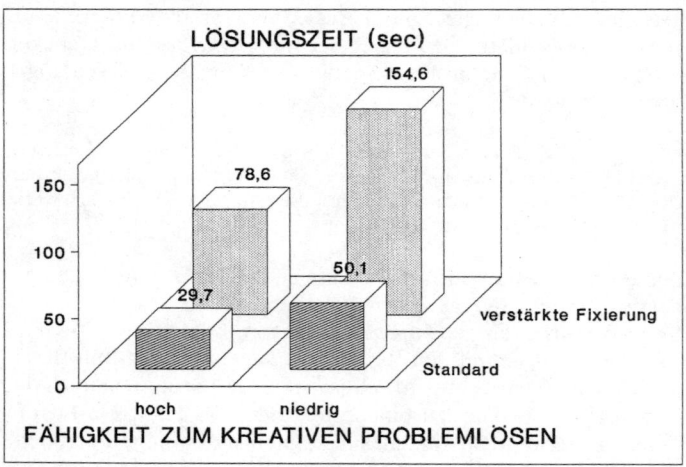

Abb. 3.18: Die Lösungszeiten für das Kerzenproblem in Abhängigkeit von der Stärke der Merkmalsfixierung und dem Ausmaß der Fähigkeit zum kreativen Denken (nach Hussy 1992a).

Hussy schloß eine zweite Frage an: Bleibt dieses Ergebnismuster erhalten, wenn die Fixierung zusätzlich verstärkt wird? Diese Verstärkung sollte dadurch erreicht werden, daß die Reißnägel vor dem eigentlichen Experiment mit einer Wäscheklammer in die Schachtel zu füllen waren. Auch diese Frage kann bejaht werden (vgl. *Abb. 3.18*, verstärkte Fixierung): Wieder sind die Probanden mit hoch ausgeprägter Fähigkeit zum kreativen Denken überzufällig schneller als die anderen Vpn. Die deutlich längeren Lösungszeiten beider Gruppen lassen außerdem erkennen, daß die Maßnahmen zur Verstärkung des Fixierungseffektes wirksam war. Allerdings sind die beiden Gruppen in einem unterschiedlichen Ausmaß davon betroffen: die Gruppe mit hoch ausgeprägter Fähigkeit zum kreativen Denken zeigt einen Zeitzuwachs von 49 Sekunden, die andere Gruppe benötigt 104 Sekunden mehr.

Wie lassen sich diese Ergebnisse interpretieren? Zunächst einmal ist festzustellen, daß Personen, die nach dem VKT eine hohe Fähigkeit zum kreativen Denken besitzen, sich tatsächlich *schneller von Fixierungen lösen* können, ein Befund, der mit dem zuvor beschriebenen definitorischen Merkmal für den kreativen Problemlöseprozeß voll übereinstimmt. Darüber hinaus aber ist es ebenso interessant zu erkennen, daß diese Personen *Fixierungen weniger deutlich ausbilden*. Die Feststellung, daß jede höhere kognitive Tätigkeit Spuren hinterläßt, etwa in Form von Fixierungen, ist dahingehend zu differenzieren, daß diese Fixierungen bei der fraglichen Gruppe weniger deutlich ausfallen und/oder – eine noch zu prüfende Hypothese – schneller an Stärke verlieren. Die Fähigkeit zur flexiblen Kombination von Informationen (Ideen, Gedanken) im kreativen Problemlöseprozeß wird dadurch unterstützt, daß Fixierungen sowohl weniger stark ausgebildet als auch leichter überwunden werden.

Neben der hier besprochenen Merkmalsfixierung, die die epistemische Struktur betrifft, lassen sich entsprechende Vermutungen für die Verknüpfungsfixierung in der heuristischen Struktur anstellen. Zusätzlich können bereits auf Wahrnehmungsebene Fixierungen auftreten, wie das Neun-Punkte-Problem (vgl. *Abb. 1.10 a*) illustriert. Wie wir uns erinnern (vgl. Kapitel 1.3.3), fällt die Lösung dieses Problems deshalb so schwer, weil die sich aufdrängende Quadratwahrnehmung den Lösungsraum so einengt, daß die korrekte Lösungsmöglichkeit, nämlich das Überschreiten der Außenkanten des Quadrats, nicht darin enthalten ist. Solange also die Fixierung auf die Lösungssuche innerhalb des Quadrats besteht, ist der Problemlöser zum Scheitern verurteilt. Erst das Aufbrechen dieser Wahrnehmungsfixierung ermöglicht die Lösungsfindung.

Zusammenfassend kann man feststellen, daß das dritte definitorische Kriterium für den kreativen Problemlöseprozeß – die Neuverknüpfung folgt keinem gängigen Lösungsweg – in enger Beziehung mit der Fähigkeit, Fixierungen auf den unterschiedlichen kognitiven Verarbeitungsebenen erkennen und aufbrechen zu können, zu sehen ist. Je weniger Fixierungen vorliegen und je besser vorliegende Fixierungen überwunden werden können, desto vielfältiger werden die Möglichkeiten zur Neuverknüpfung von Informationen und desto größer ist die Wahrscheinlichkeit, einen Lösungsweg zu finden, der keinem gängigen Denkschema entspricht. Dieses trifft zwangsläufig insbesondere für Problemstellungen zu, die umfangreiches Faktenwissen erfordern, da die Vielfalt der Verknüpfungsmöglichkeiten mit der Zunahme des Umfangs des betroffenen Faktenwissens exponentiell steigt (zweites definitorisches Kriterium für den kreativen Problemlöseprozeß: Die Neuverknüpfung bezieht sich auf ein umfangreiches Faktenwissen). Das erste Kriterium – die Neuverknüpfung muß selten sein – ist von den beiden anderen Kriterien nicht unabhängig. Je freier die Kombinationsmöglichkeiten und je umfangreicher die Kombinationsgrundlagen, desto seltener sind in der Regel die resultierenden Lösungen. Es besitzt somit die vergleichsweise geringste Relevanz.

3.3.1.3 Pausen und der kreative Prozeß

Neben den Fixierungsphänomenen beleuchten auch Effekte, die aufgrund von Pausen bei der Beschäftigung mit einem Problem entstehen, den kreativen Prozeß. Die Lösung schwieriger Probleme erfordert nicht selten tage-, wochen-, manchmal auch jahrelange Arbeit. Deshalb müssen zwangsläufig Pausen eingelegt werden, die den Problemlöseprozeß unterbrechen.

Erste Hinweise auf die Effekte langer Pausen haben wir im Zusammenhang mit den Untersuchungen zur funktionalen Gebundenheit kennengelernt (vgl. Kapitel 3.2.1). In einer leicht modifizierten Version des Experiments von Birch und Rabinowitch hatte Hussy (1991a) die Seilaufgabe den Probanden erst eine Woche nach der Beschäftigung mit dem Schalter bzw. Relais zur Bearbeitung vorgelegt und keine funktionale Gebundenheit gefunden. Die Merkmalsfindung ist somit ein reversibler Vorgang. Es handelt sich um einen Prozeß des Vergessens, der in diesem Fall positive Effekte mit sich bringt und deshalb auch *produktives Vergessen* genannt wird (die vormals blockierten Merkmale sind wieder verfügbar). Mit diesem Vorgang lassen sich Berichte von plötzlichen Problemlösungen erklären, die auftreten, nachdem man eine Zeitlang nicht mit dem zuvor erfolglos bearbeiteten Problem beschäftigt war. In diesem Sinne kann man das produktive Vergessen als eine *passive, zeitabhängige Form der Überwindung von Fixierungen* bezeichnen. Hypothetisch müßten Personen mit hoher Fähigkeit zum kreativen Denken weniger von dieser passiven Form abhängig sein, da sie Fixierungen aktiv überwinden können bzw. ihnen erst gar nicht oder nur in einem geringeren Ausmaß unterliegen.

Murray & Denny (1969) haben diese Fragestellung untersucht. Sie legten ihren Probanden das Kugelprobem (Saugstad & Raaheim 1960) zur Bearbeitung vor. Vor der Vp befanden sich eine

Schnur, eine Zange, einige Gummiringe, eine Zeitung und ein Nagel. Das Ziel bestand darin, einen Weg zu finden, um einige Stahlkugeln aus einem Glasgefäß auf einem Rollbrett in einen Eimer umzufüllen. Die Hauptbarriere bestand darin, daß das Glasgefäß zweieinhalb Meter von der Vp entfernt plaziert war, markiert durch einen Kreidestrich, der nicht überschritten werden durfte. Der Lösungweg: Zunächst wird der Nagel mit der Zange zu einem Haken gebogen, dann die Schnur daran befestigt und damit nach dem Rollbrett mit dem Glasgefäß geangelt. Ist es herangezogen, formt man aus der Zeitung und den Gummiringen ein Rohr, durch welches die Kugeln in den Eimer rollen können (sie dürfen nicht mit der Hand angefaßt werden).

Das Kugelproblem besitzt zweifellos eine hohe Schwierigkeit. Nur 22 Prozent der Probanden von Saugstad & Raaheim fanden in einem Zeitraum von 30 Minuten die Lösung. Murray & Denny verkürzten die eingeräumte Lösungszeit auf 20 Minuten und bildeten zwei Untersuchungsbedingungen: in einer Bedingung arbeiteten die Vpn ohne Pause, in der zweiten machten sie nach fünf Minuten eine Pause, in welcher sie für ebenfalls fünf Minuten mit einer anderen Aufgabe beschäftigt waren. Im Anschluß daran kehrten sie für die restlichen fünfzehn Minuten zum Kugelproblem zurück. Außerdem unterteilten die Autoren ihre Vpn in Personen mit hoher und niedriger kreativer Lösungsfähigkeit (Gestalt-Transformations-Test), so daß insgesamt vier Untersuchungsbedingungen entstanden.

In *Abb. 3.19* sind die Ergebnisse skizziert. Es zeigt sich eine Wechselwirkung zwischen den vier Versuchsbedingungen. Personen mit hohen kreativen Lösungsfähigkeiten sind ohne Pause erfolgreicher als mit Pause. Genau umgekehrt verhält es sich bei Personen mit niedrigen kreativen Lösungsfähigkeiten. Tatsächlich profitieren also nur letztere von der Pausenbildung. Die Lösungsversuche in den ersten fünf Minuten haben zu Fixierungen auf bestimmte Lösungswege geführt, die nicht zielführend sind, z. B. die Kugeln mit der Zange aus dem Behälter herausholen zu wollen. In der Pause werden solche Fixierungen durch das produktive Vergessen gemindert, so daß sich neue, erfolgreichere Lösungswege eröffnen können. Im Gegensatz dazu führen die anfänglichen Lösungsversuche bei den Personen mit hohen kreativen Lösungsfähigkeiten nicht oder weniger zu Fixierungen, sie bleiben freier im Erkunden weiterer Lösungsmöglichkeiten und/oder brechen Festlegungen aktiv auf.

Diese Interpretation steht in vollem Einklang mit den Ergebnissen der oben berichteten Untersuchung zum Kerzenproblem

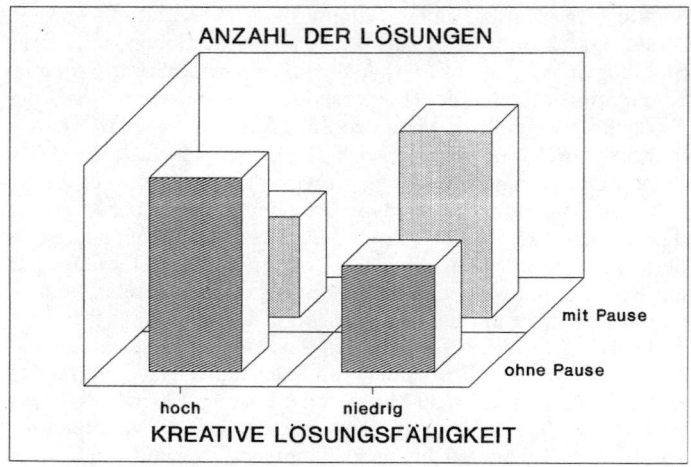

ANZAHL DER LÖSUNGEN

mit Pause

ohne Pause

hoch   niedrig
KREATIVE LÖSUNGSFÄHIGKEIT

Abb. 3.19: Die Lösungshäufigkeiten im Kugelproblem in Abhängigkeit von der Pausenbildung und dem Ausmaß der Fähigkeit zum kreativen Denken (nach Murray & Denny 1969).

von Hussy (1992a). Kreative Personen bedürfen somit nicht der passiven Form der Überwindung von Fixierungen, also durch produktives Vergessen mittels gezielter Pausenbildung. Die Ergebnisse zeigen, daß sich durch diese Form der Pausen ihre Leistungen sogar deutlich verschlechtern. Es steht zu vermuten, daß ihre systematischen Lösungsansätze durch die Pause gestört werden, etwa dadurch, daß sie in Vergessenheit geraten. Allerdings liegt hierbei kein produktives Vergessen vor, sondern es handelt sich um einen negativen Effekt, weil er die Ausgangsbasis für die weitere Problembearbeitung beeinträchtigt.

3.3.1.4 Unbewußte Vorgänge und der kreative Prozeß

Im Zusammenhang mit herausragenden Problemlösungen werden – wie schon angedeutet – immer wieder Fälle berichtet, in denen sich nach langer und intensiver, aber erfolgloser Arbeit plötzlich die entscheidende Idee einstellte, meist zu einem Zeitpunkt, in dem man gar nicht bewußt mit dem Problem beschäftigt war, also etwa im Traum oder in einem Zustand zwischen Traum und Wachsein. Hierfür werden weniger aktive oder passive Formen der Überwindung von Fixierungen als Erklärung herangezogen; vielmehr verweist man auf *unbewußte Prozesse,* die das Problem auch dann weiterbearbeiten und die entscheidende Idee produzieren können, wenn der Problemlösende mit gänzlich anderen Dingen beschäftigt ist oder sogar schläft. Das bekannteste Beispiel eines solchen Vorgangs ist der Bericht von Kekulé, der – wie schon erwähnt – den Benzolring entdeckte. Nachdem er lange Zeit erfolglos an dem Problem gearbeitet hatte, beschreibt er den Vorgang der Lösungsfindung mit folgenden Worten:

»Ich drehte den Stuhl nach dem Kamin und versank in Halbschlaf. Wieder gaukelten die Atome vor meinen Augen. Kleinere Gruppen hielten sich diesmal bescheiden im Hintergrund. Mein geistiges Auge, durch wiederholte Geschichten ähnlicher Art geschärft, unterschied jetzt größere Gebilde von mannigfacher Gestaltung. Lange Reihen, vielfach dichter zusammengefügt; alles in Bewegung, schlangenartig sich windend und drehend. Und siehe, was war das? Eine der Schlangen erfaßte den eigenen Schwanz und höhnisch wirbelte das Gebilde vor meinen Augen. Wie durch einen Blitzstrahl erwachte ich . . .« (nach Weisberg 1989, S. 54; aus Rothenberg 1979, S. 395 f).

Nach der *Bisoziationstheorie* von Koestler (1964), eine der bekanntesten Theorien zu unbewußten Prozessen als Hauptdeterminanten kreativer Problemlöseprozesse, läßt sich dieser Vorgang wie folgt erklären: Zunächst sind es die bewußten Prozesse, mit deren Hilfe die Lösungsfindung angestrebt wird. Solche Prozesse sind rational und logisch, aber auch durch Erfahrung und Gewohnheiten recht unflexibel. Führen diese Bemühungen zu keinem Ziel und beendet der Problemlöser seine bewußten Lösungsversuche, so wird der Prozeß der Lösungssuche im Unterbewußtsein fortgesetzt. Dieses geschieht durch systematische Verknüpfung der fraglichen Informationen, bis gelegentlich eine Verknüpfung gefunden wird, die dann zur Lösung führt. Solche Neuverknüpfungen nennt man Bisoziationen, während Assoziationen bekanntlich alte Verknüpfungen darstellen. Der beschriebene Vorgang läuft im Wach- und Schlafzustand gleichermaßen ab, so daß die fraglichen plötzlichen Einfälle immer dann auftreten können, wenn man nicht bewußt mit dem Problem beschäftigt ist, also quasi in jeder Art von Pause. Erfolgversprechende Bisoziationen werden an das Bewußtsein weitergereicht, wo dann der Eindruck entsteht, man hätte völlig unvermittelt und ohne weiteres Zutun die Lösung gefunden.

Der gestaltpsychologische Begriff der *Inkubationsphase* umfaßt den Prozeß der Bisoziationsbildung und führt zur Erleuchtung oder Eingebung – Begriffe, die ebenso wie der der Inkubation von Wallas (1926) stammen. Sie sind Bestandteile seines Vierphasenmodells zu jedem kreativen Akt: Der Inkubationsphase geht das Stadium der *Vorbereitung* voraus, also die anfängliche intensive und bewußte Beschäftigung mit dem Problem. An die Erleuchtung schließt sich die Phase der *Verifikation* an, in welcher mit Hilfe bewußter Prozesse die Idee überprüft wird. Koestlers Bisoziationstheorie fügt sich also nahtlos in die gestaltpsychologischen Rahmenvorstellungen zum produktiven Denken. Die im Unterbewußtsein ablaufenden, bisoziationsstiftenden unbewußten Prozesse modellieren dabei die Vorgänge in der Inkubationsphase.

Der zitierte Bericht von Kekulé stellt ein Beispiel für die Inkubationsphase mit der sich anschließenden Erleuchtung dar. Nach Koestler sind die unbewußten Prozesse, so wie sie sich im Traum manifestieren, sehr viel flexibler als die bewußten Abläufe: es fehlt die strenge Erfolgskontrolle, es fehlt die Zielgerichtetheit, und es fehlt die Fixierung auf die Realität, die das bewußte Denken einengen. Sie repräsentieren das eigentlich kreative Element im Gesamtgeschehen. Diese und ähnliche Theorien zu den unbewußten Prozessen beim kreativen Problemlösen weisen eine Reihe von problematischen Aspekten auf. So beruhen sie ausschließlich auf verbalen Berichten, es fehlen empirische Nachweise usw. (ausführliche Erörterungen bei Weisberg 1989, S. 33–56). Wir wollen uns an dieser Stelle auf einige theoretische Fragen beschränken und Erklärungsalternativen im Zusammenhang mit dem MEKIV-Modell besprechen.

Das Rahmenmodell elementarer und komplexer Informationsverarbeitung (MEKIV) muß zum Zweck der Beschreibung und Erklärung des kreativen Prozesses nicht verändert werden. Auch der kreative Prozeß ist ein Problemlösevorgang, an welchem die bekannten Strukturen und Prozesse beteiligt sind. Er weist jedoch einige strukturelle und prozessuale Besonderheiten auf. So setzt er auf seiten der epistemischen Struktur (ES) – zumindest bereichsspezifisch – ein umfangreiches, gut vernetztes und verfügbares Faktenwissen voraus. Gleiches gilt für das Veränderungswissen der heuristischen Struktur (HS). Auf prozessualer Seite wird der kreative Prozeß vor allem durch eine weniger starre Abfolge der Phasen 2 und 3 begünstigt; nicht jede Suche und Anwendung von Operatoren (Phase 2) zieht – quasi automatisch – eine Bewertung im Sinne der Zielabstandsermittlung (Phase 3) nach sich, wodurch verschiedene Lösungsmöglichkeiten exploriert werden können. Schließlich profitiert er von einer Form der Rückspeicherung der Informationen aus dem Problemlösevorgang (Phase 4), die in den betroffenen Speicherstrukturen möglichst wenige Fixierungen bewirkt. Personen, die diese Merkmale besitzen, weisen ein erhöhtes Ausmaß in der Fähigkeit zum kreativen Problemlösen auf.

Wie sind nun die Theorien, welche die Bedeutung der unbewußten Prozesse beim kreativen Denken hervorheben, einzuordnen? Wir haben bereits gesehen, daß unbewußte (automatisierte) Prozesse an bewußten (kontrollierten) Prozessen beteiligt sind bzw. parallel dazu ablaufen. Das Experiment von Eich (1984, vgl. Kapitel 3.1.1.2) belegt den Einfluß automatisierter Prozesse auf die Interpretation von Begriffen, die Untersuchung von Ruhlender (1989, vgl. Kapitel 3.2.2) zeigt den automatisierten Aufbau unbewußter Lösungsstrategien beim Problemlösen. Ein eigenes Experiment (Hussy 1992b), welches wir uns im folgenden Abschnitt ansehen wollen, zeigt den unmittelbaren Einfluß automatisierter Prozesse auf die Lösungsfindung, ohne daß man hier deshalb von einem kreativen Prozeß sprechen würde.

Ähnlich wie bei Ruhlender waren Anagramme zu bearbeiten (z. B. KIMSU). Zuvor hatten die Probanden kurz vorgelegte Bilder aus dem Gedächtnis mit einem Satz zu beschreiben. Diese Bilder zeigten in ihrem *Mittelpunkt* immer einige Personen in einer alltäglichen städtischen Umgebung, die interagierten (z. B. »Personen an einer Bushaltestelle«). Die Beschreibung sollte diese Situation erfassen (z. B. »die Leute drängen sich in den Bus«). Am *Rand* einer jeden der insgesamt sechs Abbildungen befand sich ein Lösungswort (z. B. MUSIK). Es war immer dadurch ein natürlicher Bestandteil der Situation, daß es auf Plakatwänden, Straßenschildern, Leuchtreklamen (z. B. Musikhaus Jung) usw. zu lesen war. Eine zweite Gruppe von Vpn (Kontrollgruppe) bearbeitete die gleiche Bilderserie, wobei jedoch die »versteckten« Lösungswörter durch eine geringe Veränderung der Perspektiven nicht mehr zu sehen waren. Beide Untersuchungsgruppen versuchten sich im Anschluß daran an der Lösung von zwölf Anagrammen. Für die Kontrollgruppe waren alle Lösungswörter unbekannt, dagegen hatte die Experimentalgruppe sechs Lösungswörter auf den Bildern bereits automatisiert verarbeitet (Annahme der vollständigen Verarbeitung aller auf die Sinnesorgane auftreffenden Informationen bis auf Perzeptebene). Den Unterschied hinsichtlich der Bearbeitungszeit dieser sechs Anagramme zwischen der Experimental- und der Kontrollgruppe zeigt *Abb. 3.20.*

Die Experimentalgruppe benötigte eine signifikant kürzere Lösungszeit (13,7 sec) als die Kontrollgruppe (30,2 sec), die diese Lösungswörter nicht in automatisierter Form verarbeiten konnte. Das bedeutet, daß z. B. das Auffinden des Lösungsworts MUSIK

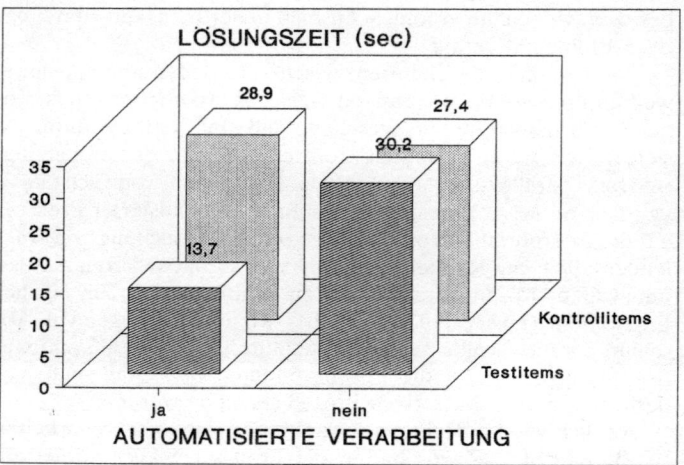

Abb. 3.20: Die mittleren Lösungszeiten für die Anagramme mit und ohne automatisierte Vorverarbeitung (Testitems; Kontrollitems siehe Text; nach Hussy 1992 b).

allein dadurch erleichtert wird, daß es zuvor in einem anderen Kontext automatisiert verarbeitet wurde (priming; vgl. Kapitel 3.1.1.2, Experiment von Eich 1984). Entscheidend bei dieser Interpretation ist die Annahme der automatisierten Verarbeitung der Lösungswörter. Bei einer bewußten Verarbeitung würden die Ergebnisse nicht überraschen. Eine Nachbefragung der Probanden sollte diese Annahme absichern. Keine Versuchsperson erkannte den Zusammenhang zwischen den beiden Untersuchungsteilen (Bildbearbeitung und Anagrammbearbeitung), und in keiner Bildbeschreibung befand sich ein Lösungswort. Es gibt also keinen Hinweis auf eine bewußte Verarbeitung der Lösungswörter, der die verkürzte Lösungszeit erklären könnte. In *Abb. 3.20* sind auch die Zeiten für jene Anagramme angegeben, die beiden Untersuchungsgruppen unbekannt waren (Kontrollitems). Daraus ist zu entnehmen, daß die beiden Itemgruppen vergleichbare Schwierigkeitsgrade aufweisen und die beiden Probandengruppen vergleichbare Lösungsfähigkeit besaßen.

Zweifellos beeinflussen also automatisierte Prozesse auch den bewußten (kontrollierten) Problemlösevorgang. Damit treten sie zwangsläufig auch beim kreativen Problemlöseprozeß auf, jedoch nicht in einem definierenden Sinne. Ganz im Gegenteil: So manche kreativ erscheinende Problemlösung könnte – vermittelt über automatisierte Prozesse – zufällig zustande gekommen bzw. nahegelegt worden sein. Vielleicht hat Kekulé vor seiner entscheidenden Idee über Schlangen gelesen oder die Abbildung einer Schlange gesehen bzw. unbewußt verarbeitet. Interessanterweise erklären solche automatisierten Prozesse auch den subjektiven Eindruck, nicht zu wissen, woher der entscheidende Einfall kam. Und schließlich ergibt sich gerade in Pausen die Gelegenheit zur automatisierten Verarbeitung zufällig zielführender Informationen.

Beim heutigen Erkenntnisstand kann man mit einiger Sicherheit behaupten, daß alle bewußten (intentionalen, kontrollierten) kognitiven Prozesse durch vorausgehende und/oder parallel ablaufende automatisierte Prozesse beeinflußt werden. Letztere treten somit auch im kreativen Problemlöseprozeß auf, können dann aber nicht gleichzeitig ein definierender Bestandteil sein, wie es u. a. Koestler postuliert. Möglicherweise hat er aber auch eine andere Art unbewußter Prozesse im Sinne, wie z. B. das kognitive Geschehen im Traum. Bei der abschließenden Skizzierung der wieder auflebenden Bewußtseinspsychologie in Kapitel 4.2 kommen wir auf diese Problematik zurück.

Der kreative Prozeß ist ein Spezialfall des allgemeinen Problemlöseprozesses. Er gewinnt seine besondere Bedeutung in Situationen, in denen gängige Denk- und Vorgehensweisen nicht zielführend sind. Doch ebenso wie der allgemeine Problemlösevorgang setzt sich auch der kreative Prozeß aus intentionalen, zielgerichteten, rationalen und logischen Anteilen zusammen. Die vorhandene Tendenz zur Abqualifikation dieser Denkprozesse ist somit erkennbar das Resultat eines unscharf definierten und mystifizierten Kreativitätsbegriffs. Um abschließend noch einmal Weinert zu zitieren:

»Es ist nicht die von der Rationalität befreite Phantasie, die das Größte schafft; es sind nicht geniale Ideen, die zu neuen wissenschaftlichen Erkenntnissen führen; und es lohnt nicht, auf intuitive Eingebungen zu warten, wenn es um die Lösung schwieriger Probleme geht. Weisberg zeigt vielmehr anhand beeindruckender Beispiele, daß auf fast allen Gebieten menschlichen Schaffens Fleiß und Anstrengung, Zähigkeit des Denkens und Unbestechlichkeit der Urteilskraft, Beharrlichkeit im Verfolgen eingeschlagener Wege und Offenheit gegenüber neuen Erfahrungen entscheidende Voraussetzungen für das Hervorbringen von Werken sind, die wir als kreative oder gar geniale Leistungen bewundern.« (1989, S. 12)

3.3.2 Heuristiken der Urteilsbildung

Mit einem weiteren Spezialfall des allgemeinen Problemlöseprozesses haben wir es beim Urteils- und Entscheidungsverhalten zu tun. Der Zeitraum, in welchem dieses Buch geschrieben wird, ist reich an Beispielen für Urteilsprozesse von quälender Brisanz: »Wird sich die Vereinigung der beiden Teile Deutschlands tatsächlich vollziehen?«, »Wie lange wird der Golfkrieg andauern?«, »Wird es in Jugoslawien zu einem Bürgerkrieg kommen?«, »Wird der Putsch gegen Gorbatschow erfolgreich enden?«, »Wann kommt der wirtschaftliche Aufschwung in den neuen Bundesländern?« usw. Die Beantwortung dieser Fragen verlangt die Beurteilung von Situationen, welche durch *Unsicherheit* und *Ungewißheit* gekennzeichnet sind. Auch das tägliche Leben ist voll von solchen Urteilen und den darauf aufbauenden Entscheidungen: »Reicht der Benzinvorrat bis zur nächsten Tankstelle?«, »Kommen die Angehörigen gut aus dem Urlaub in Mexiko zurück?«, »Werde ich die Prüfung in Kognitiver Psychologie bestehen?«, »Werde ich im Lotto gewinnen?« usw. Im folgenden Abschnitt werden wir uns damit beschäftigen, wie wir zu solchen Urteilen kommen. Berechnen wir die Wahrscheinlichkeiten nach angemessenen mathematischen Verfahren, oder richten wir uns nach einem globalen Eindruck? Wie kommt dieser Eindruck zustande, und wovon ist er abhängig? Es wird sich zeigen, daß wir uns bei der Urteilsbildung nicht auf mathematische Berechnungen stützen, sondern uns sehr stark auf unsere *Erfahrung* verlassen, daß also Gedächtnisinhalte eine besondere Rolle spielen. Dabei lassen sich zwei typische Vorgehensweisen unterscheiden, mit Hilfe solcher Erfahrungen zu möglichst angemessenen Situationsbeurteilungen zu kommen, nämlich die sogenannte *Repräsentativitätsheuristik* und die *Verfügbarkeitsheuristik*.

Der Begriff der Heuristik ist allgemein als Methode zur Auffindung neuer Erkenntnisse definiert. In unserem Zusammenhang verstehen wir darunter eine *erfahrungsabhängige Vorgehensweise (Methode) zur Auffindung eines Lösungsweges*. Diese Begriffsbestimmung ist eng verwandt mit derjenigen zur heuristischen Strategie, die wir in Kapitel 3.2.3 kennengelernt haben. Die Repräsentativitäts- und Verfügbarkeitsheuristik begreifen wir deshalb als spezifische heuristische Strategien im Bereich der Urteilsprozesse.

3.3.2.1 Repräsentativitätsheuristik

Es waren vor allem Kahneman & Tversky (1972, 1973, Tversky & Kahneman 1971), die sich für menschliche Urteilsprozesse interessierten und fundamentale Erkenntnisse dazu vorlegten. Sie konnten zeigen, daß Urteilsfehler nicht etwa Rechenfehler darstellen, sondern aus den genannten Heuristiken resultieren. Anhand eines Münzwurfbeispiels wollen wir uns die Repräsentativitätsheuristik (RH) exemplarisch erschließen. Gegeben seien drei Sequenzen von jeweils sechs Münzwürfen (K für Kopf und Z für Zahl):

1) K K K K K K,
2) Z Z Z K K K,
3) K Z Z K Z K.

Welche Sequenz ist die wahrscheinlichste? Wir haben es hierbei mit einem kognitiven Prozeß zu tun, in welchem drei Ereignisse vergleichend auf ihre Auftrittswahrscheinlichkeit zu beurteilen sind. Nun könnten wir mit Hilfe der Mathematik die *Wahrscheinlichkeit p* für diese drei Sequenzen berechnen und dabei feststellen, daß sie alle gleich wahrscheinlich sind, nämlich $p_1 = p_2 = p_3 = 1/64$. Die wenigsten Menschen gehen allerdings diesen Weg und die wenigsten kommen auch zu diesem Ergebnis. Die meisten Personen halten die Sequenz 3 für die wahrscheinlichste. Dieses ist ein typischer Urteilsfehler, der allerdings nicht darauf beruht, daß sich die meisten Personen verrechnen oder falsche Formeln verwenden, sondern – wie Kahneman und Tversky zeigen konnten – auf die RH zurückführbar ist. Diese besagt nämlich erstens, daß wir *typische (repräsentative) Beispiele* für die zu beurteilenden Ereignisse aus dem Gedächtnis abrufen und mit in den Vergleich einbeziehen. Typisch für sechs Münzwürfe in Folge sind Sequenzen, in denen a) Kopf und Zahl etwa gleich häufig vorkommen und b) Kopf und Zahl in der Abfolge zufällig wechseln. Wenn wir aus unserer Erfahrung heraus also ein typisches Beispiel konstruieren, dann hat es etwa folgendes Aussehen:

$$Z Z K Z K K.$$

Die RH besagt weiter, daß zu beurteilende Ereignisse für *um so wahrscheinlicher* gehalten werden, *je ähnlicher* sie dem aus dem Gedächtnis abgerufenen oder konstruierten typischen Beispiel sind. Nachdem Folge 3 unserem typischen Beispiel am ähnlichsten ist, wird sie auch für am wahrscheinlichsten gehalten. Folge 2 gilt als weniger wahrscheinlich, da der Wechsel zwischen Kopf und Zahl fehlt, und Sequenz 1 als am unwahrscheinlichsten, da keine Zahl an der Abfolge beteiligt ist.

Beziehen wir diese Erörterungen auf den Putsch gegen Gorbatschow! Die meisten von uns haben sich ängstlich gefragt, ob der Putsch erfolgreich oder erfolglos enden würde. Der zugehörige Urteilsprozeß verliefe – nach der RH – in folgenden Schritten: erstens wäre ein typisches Beispiel für einen Putsch gegen den Präsidenten eines Staates aus dem Gedächtnis abzurufen und zweitens mit dem aktuellen Fall zu vergleichen. Wäre dieses typische Beispiel etwa Fidel Castro und fände man hinreichend viele Parallelen zwischen den beiden Ereignissen (Vorgeschichte, Planung, Durchführung), so würde man auch den Ausgang des typischen Beispiels (der Putsch von Castro war erfolgreich) als wahrscheinlich für den aktuellen Fall ansehen (wahrscheinlich erfolgreicher Putsch gegen Gorbatschow). Hätte eine zweite Person ein anderes typisches Beispiel (mit erfolglosem Ausgang) aus dem Gedächtnis abgerufen, so könnte sie zum gegenteiligen Urteil kommen.

Aus den gewählten Beispielen könnte man den Eindruck gewinnen, als ob die RH immer oder meistens zu Urteilsfehlern führt. Das ist nicht der Fall. In vielen alltäglichen Situationen führt sie zu angemessenen Urteilen. Wenn jemand beispielsweise in einer fremden Stadt ein Steak essen möchte – am besten noch auf französische Art zubereitet – und kommt auf der Suche nach einem Lokal an einer Pizzeria vorbei, so würde er nach der RH zum Urteil gelangen, daß es unwahrscheinlich ist, hier ein solches Steak zu erhalten, da Pizzerien typischerweise Pizzen und Nudelspeisen anbieten, seltener aber auf französische Art zubereitete Steaks.

Die Voraussetzung für eine zutreffende Beurteilung hängt entscheidend davon ab, daß das aus dem Gedächtnis abgerufene Beispiel wirklich repräsentativ (typisch) für das fragliche Ereignis ist. Eine Untersuchung von Kahneman & Tversky (1972) verdeutlicht diesen Aspekt. In einer für die wissenschaftliche Untersuchung von Urteilsprozessen klassischen Versuchsanordnung befinden sich auf einem Tisch vor der Vp zwei Urnen. Die linke Urne enthält 10 blaue und 20 rote Kugeln, die rechte Urne – genau umgekehrt – 20 blaue und 10 rote Kugeln. Der Versuchsleiter entscheidet per Münzwurf, aus welcher Urne er drei Kugeln ziehen wird. Die Vp kann weder das Ergebnis des Münzwurfs noch die aktuelle Ziehung beobachten. Der Vl zeigt ihr aber das Ergebnis der Ziehung, z. B. zwei blaue und eine rote Kugel. Danach fragt er sie, wie groß die Wahrscheinlichkeit dafür ist, daß er diese drei Kugeln aus dem linken Behälter gezogen hat.

Dadurch, daß die Ziehung der Zusammensetzung der rechten

Urne entspricht und damit repräsentativ für die Ziehung aus dieser Urne erscheint, wird die erfragte Wahrscheinlichkeit zu Recht für gering angesehen. Dadurch, daß der Vl der Vp das Ergebnis der Ziehung zeigt, verschiebt sich die Wahrscheinlichkeit zuungunsten des linken Behälter ($p_l = \frac{1}{3}$). Bevor der Vl das Ergebnis präsentiert, ist die Wahrscheinlichkeit für beide Urnen gleich ($p_l = p_r = \frac{1}{2}$), da die Ziehung durch Münzwurf festgelegt wird. Man nennt diese Ausgangswahrscheinlichkeit auch die Basisrate. Was passiert nun, wenn man diese Basisrate verändert? Die Vp wird z. B. instruiert, daß der Vl in 80% der Fälle aus der linken Urne zieht. Wie groß ist jetzt – unter sonst gleichen Bedingungen – die Wahrscheinlichkeit dafür, daß der Vl die bekannte Stichprobe von zwei blauen und einer roten Kugel aus der linken Urne gezogen hat? Objektiv beträgt die Wahrscheinlichkeit nun $p_l = \frac{2}{3}$ (die Berechnung der objektiven Wahrscheinlichkeiten erfolgt nach dem Bayes-Theorem; ausführliche Informationen dazu bei Hussy 1986, S. 52 f). Wie aber reagieren die Vpn? Sie sind nach wie vor der Meinung, daß die Wahrscheinlichkeit geringer als 50% sei! Der Übersicht halber sind die Bedingungen und Wahrscheinlichkeiten in *Tab. 3.7* zusammengefaßt.

Tab. 3.7: Die objektiv errechneten und subjektiv abgegebenen Wahrscheinlichkeiten für die Ziehung der Stichprobe aus der linken Urne bei zwei unterschiedlichen Basisraten

Basisrate		Urne l.	Urne r.	Ziehung	Wahrscheinl. Urne l.	
li.	: re.				objektiv	subjektiv
50%	: 50%	10b/20r	20b/10r	2b/1r	33%	< 50%
80%	: 20%	10b/20r	20b/10r	2b/1r	67%	< 50%

Allein schon aufgrund der Basisrate ist es recht wahrscheinlich, daß der Vl aus der linken Urne zieht. Aber die gezogene Stichprobe ist so typisch für die rechte Urne, daß die Vpn in ihrem Urteil dadurch stärker beeinflußt werden als durch die Basisrate. Das aus dem Gedächtnis abrufbare (oder mit Hilfe des Gedächtnisses konstruierbare) typische Beispiel für die Ziehung aus der linken Urne ist 1b/2r und für die rechte Urne 2b/1r. Dieses typische Beispiel bezieht sich jedoch auf eine Basisrate von 50% zu 50%. Das Fehlurteil bei einer veränderten Basisrate kommt dadurch zustande, daß die typischen Beispiele beibehalten werden. Wir haben kaum Erfahrungen mit Basisraten, die nicht dem Münzwurfprinzip entsprechen, und können uns deshalb keine angemessenen typischen Beispiele bilden. Gäbe man den Vpn zuvor hinreichend Gelegenheit, Erfahrungen mit solchen veränderten Basisraten zu sammeln, so würden diese Urteilsfehler vermutlich verschwinden.

Die RH ist eine spezielle Form des Problemlösens. Sie bezieht sich auf Situationen mit Wahrscheinlichkeitscharakter, die dadurch bewältigt werden, daß man sich auf seine Erfahrungen (ES) beruft. Diese Erfahrungen werden zum typischen Beispiel bzw. zum Regelfall verdichtet (abstrahiere, HS) und als Urteilskriterium (EVS) verwendet: Die Ähnlichkeit zum Kriterium bestimmt das Urteil. Wurden hinsichtlich der zu beurteilenden Situation genügend Erfahrungen gesammelt, so wie es in alltäglichen Situationen in der Regel der Fall ist, so bewährt sich die Heuristik. Andernfalls kann es häufiger zu Urteilsfehlern kommen.

Interessant ist in diesem Zusammenhang der Begriff des *Vorurteils*. Auch Vorurteile sind auf dem Hintergrund der RH als Urteilsfehler zu bezeichnen, die auf einem inadäquaten »typischen« Beispiel beruhen. Dabei ist es wichtig zu erkennen, daß dieser »unangemessene Regelfall« das Ergebnis einer Abstraktion aus einem zu geringen und damit vielleicht einseitigen Erfahrungshintergrund sein kann (z. B.: »Japanische Ingenieure können nur nachbauen.«). Aber es ist ebenso wichtig zu erkennen, daß wir gerade beim Fehlen hinreichender eigener Erfahrungen sehr anfällig für die ungeprüfte Übernahme von »typischen Beispielen« sind, weil sie uns helfen, zu Urteilen zu kommen. Es handelt sich hierbei zweifellos um ein Phänomen, welches Möglichkeiten zur gezielten Meinungsmanipulation eröffnet, denn offensichtlich neigen viele menschliche Individuen dazu, lieber vorschnell ein Urteil zu fällen als die Urteilsunsicherheit bestehen zu lassen.

3.3.2.2 Verfügbarkeitsheuristik

Als zweite spezifische heuristische Strategie im Rahmen der Urteilsbildung hatten wir die Verfügbarkeitsheuristik (VH) genannt. Auch sie wurde von Kahneman und Tversky untersucht (Tversky & Kahneman 1973) und anhand eines einfachen Beispiels erläutert. Gibt man einer Person sieben Sekunden Zeit abzuschätzen, wieviele verschiedene Länder ihr innerhalb von zwei Minuten einfallen würden, so sind die abgegebenen Vorhersagen erstaunlich genau, d. h., sie stimmen recht gut mit der sich anschließenden, tatsächlichen Abrufleistung überein. Nach der VH kommt diese Leistung dadurch zustande, daß die Leichtigkeit des anfänglichen Abrufs von Beispielen aus dem Gedächtnis die Basis für die abzugebende Schätzung liefert. Demgemäß führt eine flüssige Produktion von Ländernamen in den zur Verfügung stehenden sieben Sekunden zu einer höheren Gesamtschätzung als ein eher zähflüssiger Abruf. Allgemein formuliert, besagt die VH somit, daß sich die Vorhersage eines Ereignisses bezüglich seiner Häufigkeit bzw. Wahrscheinlichkeit an der *Leichtigkeit* orientiert, mit welcher Beispiele zu dem fraglichen Ereignis aus dem Gedächtnis abgerufen werden können oder – anders ausgedrückt – wie verfügbar diese Informationen sind.

Zwei aktuelle Beispiele sollen zur Illustration beitragen. Befragt man heute (im Sommer 1991) eine Gruppe von Personen nach ihrer Einschätzung für die Wahrscheinlichkeit einer kriegerischen Auseinandersetzung zwischen verschiedenen Staaten dieser Erde, so fällt diese deutlich höher aus als noch vor einem Jahr. Ursächlich dafür ist der Golfkrieg, der als Beispiel für ein kriegerisches Ereignis sehr leicht verfügbar ist. Ganz ähnlich verhält es sich mit der Frage nach der Gefahr, die von einem Atomkraftwerk ausgeht. Vor Tschernobyl und Harrisbourg wäre die Gefahr wesentlich geringer eingeschätzt worden als unmittelbar danach (obwohl sich an den objektiven Wahrscheinlichkeiten dadurch natürlich nichts verändert hat).

Wesentlichen Einfluß auf die Urteilsbildung im Rahmen der Verfügbarkeitsheuristik nimmt die Lebendigkeit und Anschaulichkeit der verfügbaren Informationen (z. B. Nisbett & Ross 1980). Erneut liefert der Golfkrieg ein markantes und gleichzeitig nachdenklich stimmendes Beispiel. Noch im Vietnamkrieg beobachtete man eine zunehmend negative Haltung der amerikanischen Öffentlichkeit mit Andauer der Todesmeldungen aus den eigenen Reihen, die durch das Fernsehen recht drastisch in die Wohnzimmer gebracht wurden. Die Berichterstattung im Golfkrieg sah gänzlich anders aus: Supermoderne Technik und sterile taktische Operationen bestimmten das Bild. Obwohl sich jeder Beobachter ausrechnen konnte, daß es unzählige Tote und Verletzte gab, und diese Information somit prinzipiell durchaus verfügbar war, blieb es bei der starken Unterstützung der kriegerischen Aktion durch die amerikansiche Öffentlichkeit: Tote und Verwundete wurden kaum gezeigt, die Anschaulichkeit und Lebendigkeit dieser Informationen im Vergleich zu Vietnam dadurch entscheidend reduziert und die öffentliche Urteils- und Meinungsbildung gezielt beeinflußt.

Wie wesentlich dieser Faktor der Anschaulichkeit und Lebendigkeit im Urteilsprozeß ist, zeigen auch Beispiele aus dem Alltagsleben. Werden wir Augenzeuge eines schweren Verkehrsunfalls, so verändert (erhöht) sich für eine gewisse Zeit die Einschätzung der Wahrscheinlichkeit, selber in einen Unfall verwickelt zu werden. Das unmittelbare Erleben bewirkt eine Urteilsveränderung. Sehen oder lesen wir dagegen eine Statistik von über 10 000 Verkehrstoten pro Jahr, so bleibt ein entsprechender Effekt in der Regel aus. Diese Information ist zwar verfügbar, aber sehr unanschaulich und unlebendig, eben auf Zahlen reduziert.

Die Repräsentativitätsheuristik und die Verfügbarkeitsheuristik weisen Gemeinsamkeiten und Unterschiede auf. Es sind beides Strategien zur Bewältigung von Problemen: Zwischen der Fragestellung und der Urteilsabgabe befindet sich eine Barriere. In beiden Fällen entsteht diese Barriere durch Unsicherheit: Die Antwort ist eben ungewiß. Und in beiden Fällen bilden die Inhalte der ES (das Faktenwissen) die Grundlage zur Überwindung der Barriere.

Die Unterschiede beginnen bei der Art des grundlegenden Faktenwissens. Bei der RH gilt die Suche im Gedächtnis *typischen Beispielen* für ein Ereignis mit Wahrscheinlichkeitscharakter. Dagegen ist im Fall der VH das *generelle Auffinden von Beispielen* im Gedächtnis entscheidend. Besonderes Gewicht gewinnen diese Informationen dann, wenn sie anschaulich und lebendig sind. Im Sinne einer globalen Einordnung kann man davon sprechen, daß sich bei der RH die Suche schwerpunktmäßig auf die Inhalte des semantischen Gedächtnisses, bei der VH auf jene des episodischen Gedächtnisses konzentriert (schwerpunktmäßig deshalb, weil man beide Substrukturen des Langzeitgedächtnisses als miteinander verwoben begreifen muß; vgl. *Abb. 3.3*). Ein weiterer Unterschied besteht in der sich anschließenden Verarbeitung dieser Informationen. Bei der RH erfolgt ein Vergleich zwischen den gefundenen Informationen und dem zu beurteilenden Ereignis mittels der Operatoren aus der HS: Das Entscheidungskriterium (Evaluator der EVS) bildet das Ausmaß an Ähnlichkeit. Ein anderes Bild ergibt sich bei der VH. Hier sind zwei Kriterien entscheidend: erstens beeinflußt die Leichtigkeit des Abrufs von Informationen selber das Urteil und zweitens – nicht unabhängig davon – die Qualität dieser Informationen.

Abschließend wollen wir noch eine Gemeinsamkeit zwischen RH und VH betonen. In den bisherigen Analysen des Urteilsverhaltens stand der Prozeß der Urteilsbildung und somit der kognitionspsychologische Aspekt im Mittelpunkt. Beiläufig sind wir auch auf den Handlungsaspekt zu sprechen gekommen, also auf die Verhaltenskonsequenzen, die aus dieser Urteilsbildung resultieren können. Urteile und Meinungen auf der Grundlage der RH und VH bringen häufig Entscheidungen mit sich. So kann man sich für oder gegen die Atomkraft und für oder gegen ein kriegerisches Unternehmen entscheiden. Man kann diese Meinung privat und/oder öffentlich äußern und bei Abstimmungen zum Tragen bringen. Urteile und Meinungen sind von daher von erheblicher privater und gesellschaftlicher Bedeutung und nicht zuletzt deshalb auch Ziel der Beeinflussung (Manipulation). Wie erfolgreich solche Versuche sein können, haben wir am Beispiel der Medienberichterstattung bereits kennengelernt. Die bekannten *Ankereffekte* sollen diesen Gesichtspunkt abschließend unterstreichen.

3.3.2.3 Ankereffekte

Es überrascht nicht mehr, daß auch hier Kahneman und Tversky grundlegende Arbeiten vorgelegt haben. In einer weiteren beeindruckenden Untersuchung (Tversky & Kahneman 1974) fragten sie ihre Probanden nach der Anzahl afrikanischer Nationen in der UNO. Die Vpn beobachteten dabei den Vl, der ein Glücksrad mit Zahlen zwischen 0 und 100 drehte. In Abhängigkeit von der resultierenden Zahl sollten die Vpn angeben, ob ihre Schätzung größer oder kleiner sei, und zusätzlich eine konkrete Zahl benennen. Wie erwartet zeigte sich ein typischer Ankereffekt: Mit einer großen *Zufallszahl* ausgestattet schätzten die Vpn die Anzahl afrikanischer Nationen hoch ein, mit einer kleinen Zufallszahl entsprechend niedriger. Obwohl es für die Vpn deutlich erkennbar war, daß die Bezugszahl Zufallscharakter besaß, verwendeten sie diese doch als Anker für ihre Schätzung, von dem sie sich nicht mehr weit entfernten.

Grundlage für diesen Effekt bildet erneut das Faktenwissen im Gedächtnis. Weiß ein Proband die erfragte Anzahl an Nationen, so wird es keinen Ankereffekt geben. Weiß er sie nicht, so können quasi x-beliebige Informationen als Anker fungieren und die Schätzungen bedingen. Die ganze Tragweite dieser Zusammenhänge wollen wir noch einmal am Beispiel des Golfkriegs verdeutlichen. Es wurde schon darauf hingewiesen, daß sich die Anzahl der Kriegsopfer im Vietnamkrieg als kritische Größe herauskristallisiert hatte. Deshalb war die diesbezügliche Berichterstattung der kriegführenden Parteien am Golf äußerst zurückhaltend; man ließ die Öffentlichkeit möglichst im unklaren, um dann mit gelegentlich eingestreuten (kleinen, von der Bevölkerung erhofften) Zahlen die gewünschten Ankereffekte erzielen zu können.

3.4 Komplexes Problemlösen und Intelligenz

Vor allem im deutschsprachigen Bereich beschäftigte man sich in den letzten zehn Jahren bei der Erforschung von Problemlöseprozessen verstärkt mit sogenannten *komplexen Problemen*. Die Leitung einer Schneiderwerkstatt in der Funktion des Managers oder die Führung einer Stadt in der Position des Bürgermeisters stellen Beispiele für solche komplexen Probleme dar. Es interessiert dabei die Frage, wie Personen mit solchen vielschichtigen und verzweigten Problemstellungen umgehen und ob die Intelligenz bei der Bewältigung von (komplexen) Problemen eine Rolle spielt.

3.4.1 Komplexes Problemlösen

Die wegbereitenden Arbeiten stammen von Dörner und seinen Mitarbeitern. Bekannt wurde in erster Linie die Studie zu *Lohhausen* (Dörner et al. 1983), in welcher das oben angesprochene Bürgermeisterproblem untersucht wurde. Die Probanden schlüpfen in die Rolle des Bürgermeisters von Lohhausen und sollen für einen Zeitraum von zehn Jahren (120 Monate) für das Wohlergehen der Stadt und seiner Bürger sorgen. Zu diesem Zweck können sie achtmal Maßnahmen ergreifen (z. B. die Bediensteten der Stadt besser bezahlen und/oder die Gebühren für die öffentlichen Verkehrsmittel erhöhen usw.), die ihrer Meinung nach geeignet sind, dieses Ziel zu erreichen. Für jeden dieser acht Maßnahmenkataloge bestimmen die Vpn auch den Zeitraum (z. B. für die nächsten 15 Monate), so daß mit der letzten Maßnahme die 120 Monate abgedeckt sind. Die vorgeschlagenen Maßnahmen werden in einen Rechner eingegeben, der das System Lohhausen simuliert. Dieser bestimmt die Auswirkungen der Maßnahmen, die den Vpn zu Beginn der jeweils nächsten Sitzung mitgeteilt werden. Zwischen den insgesamt acht Sitzungen (von maximal zweistündiger Dauer) lagen jeweils 14 Tage. Ein Ausschnitt aus der Instruktion, die den Probanden zusammen mit dem Stadtplan von Lohhausen vorgelegt wurde, mag von der

Art des Problems, der Problembearbeitung und der Untersuchungsdurchführung einen anschaulichen Eindruck vermitteln.

»Stellen Sie sich vor, Sie werden plötzlich Bürgermeister von Lohhausen (an der Lohe). Lohhausen ist ein Kleinstädtchen mit 3372 Einwohnern und liegt in einer hübschen, waldreichen Gegend etwa sechzig Kilometer von einer größeren Stadt entfernt. Auf dem Stadtplan sehen Sie, daß es einen Bahnhof gibt; außer durch die Eisenbahn ist Lohhausen noch durch Buslinien mit der Außenwelt und der näheren Umgebung verbunden . . . Die ökonomische Basis der Stadt, wenn auch nicht die einzige Einnahmequelle, ist eine Uhrenfabrik, die Sie leicht im Stadtplan finden werden. Außerdem gibt es eine Bank, Gaststätten, Lebensmittelhändler, Textilwaren- und andere Geschäfte . . . Sie betreten also nun am 2. Januar 1976 das Rathaus, um Ihr neues Amt anzutreten. Wiederum im Gegensatz zur Realität haben Sie fast diktatorische Vollmachten. Alles, was Sie beschließen, wird tatsächlich durchgeführt. Ihre Aufgabe ist es, für das Wohlergehen der Stadt in der näheren und ferneren Zukunft zu sorgen. Was Sie dafür unternehmen, ist Ihre Sache . . . Der Versuchsleiter präsentiert für Sie so etwas wie eine allgemeine Informationsquelle. Er hält für Sie detaillierte Informationen bereit, nach denen Sie nur fragen müssen . . . Fragen Sie ihn also, wenn Sie Ihr Bild über Lohhausen vervollständigen wollen. Natürlich können Sie nur solche Dinge erfragen, die in der Realität auch für Sie erfahrbar wären.
In jeder der 8 folgenden Versuchssitzungen haben Sie 2 Stunden Zeit, um Maßnahmen zu überlegen und Entscheidungen zu treffen. Innerhalb dieser 2 Stunden können Sie überlegen und fragen, wie Sie wollen. Sie können sich für bestimmte Maßnahmen entschließen, diese wieder rückgängig machen, ganz wie Sie wollen. Am Schluß der Sitzung sollten Sie sich aber für bestimmte Maßnahmen fest entscheiden. Diese werden dann durchgeführt, was konkret so aussieht, daß sie dem Computer, der Lohhausen simuliert, zugeführt werden. Der Computer simuliert sodann Lohhausen für den Zeitraum, den Sie wünschen, mindestens aber einen Monat. Bei der nächsten Sitzung bekommen Sie dann Nachricht über die Effekte Ihrer Bemühungen.
Insgesamt müssen Sie in dem Versuch 10 Jahre überbrücken. D. h., daß Sie in der achten Sitzung den Zeitraum so festlegen müssen, daß er bis zum 120. Monat geht. Wie Sie den Zeitraum von 120 Monaten auf die 8 Sitzungen verteilen, ist im übrigen Ihre Sache.« (Dörner et al. 1983, S. 105−107)

3.4.1.1 Merkmale eines komplexen Problems
Nach Dörner weisen komplexe Probleme jene fünf Merkmale auf, die in *Abb. 3.21* skizziert sind.

Das Merkmal *Variablenzahl* bezieht sich auf die Anzahl der Variablen, die im Problem eine Rolle spielen. An Lohhausen sind über 2000 Variablen beteiligt (z. B. Arbeitszufriedenheit, Zahl der Arbeitslosen, Bilanz der Uhrenfabrik, Zahl der Kinos usw.).

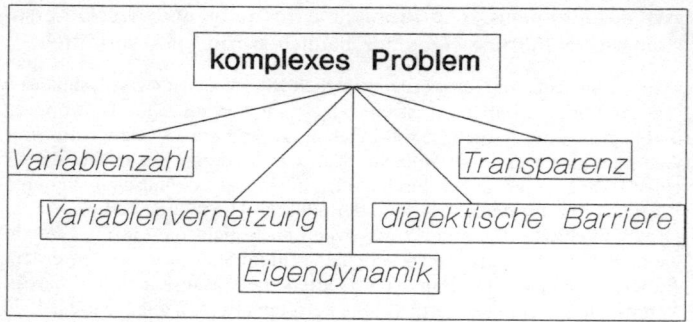

Abb. 3.21: Merkmale eines komplexen Problems (nach Dörner 1979).

Ein weiteres Merkmal ist die *Variablenvernetzung.* Zu einer hohen Variablenvernetzung tragen vielfältige Beziehungen zwischen den Variablen bei (z. B. hängt die Arbeitszufriedenheit der Arbeiter der Uhrenfabrik in Lohhausen vom Lohn, dem Betriebsklima, den Sozialeinrichtungen usw. ab. Andererseits gibt es einen Zusammenhang zwischen der Arbeitszufriedenheit und der Produktivität der Fabrik usw.). Weiterhin ist die *Art* der Vernetzung zu beachten. Neben linearen Beziehungen können auch nichtlineare Relationen zwischen Variablen vorliegen (z. B. steigt die Arbeitszufriedenheit nicht linear mit dem Lohn).

Transparenz als drittes Merkmal eines komplexen Problems beschreibt das Ausmaß der Durchschaubarkeit der am Problem beteiligten Variablen und ihrer Vernetzungen. Ein Problem ist transparent, wenn alle Variablen und ihre Vernetzungen dem Problemlöser bekannt sind. Die Transparenz nimmt mit zunehmender Anzahl unbekannter Variablen und Vernetzungen ab, oder – anders formuliert – die Intransparenz nimmt zu.

Das vierte Merkmal ist die *Eigendynamik.* Sie erfaßt den Sachverhalt, daß in komplexen Problemen Veränderungen auch dann stattfinden, wenn der Problemlöser nicht eingreift, also keine Maßnahmen ergreift. Lag beispielsweise die Arbeitslosenzahl am Ende der dritten Sitzung bei 150 Personen und entschloß sich die Vp, keinerlei Maßnahmen zu ergreifen, so kann es doch passieren, daß sich diese Zahl am Beginn der vierten Sitzung aufgrund der Eigendynamik deutlich verändert hat (z. B. 170 oder 135 Arbeitslose).

Ein Blick auf *Abb. 3.21* zeigt, daß ein komplexes Problem schließlich noch durch eine *dialektische Barriere* definiert wird.

Wir haben in Kapitel 3.2.1 bereits erfahren, daß man dann von einer dialektischen Barriere spricht, wenn einerseits die Operatoren unbekannt sind, andererseits aber auch Unklarheit über den Ausgangs- und/oder Zielzustand besteht. Die Zielsetzung im Lohhausenproblem, für das Wohlergehen der Stadt in der näheren und ferneren Zukunft zu sorgen, ist ein weiteres Beispiel für diese Barriereform, die auch Bestandteil der Definition eines offenen Problems ist (vgl. *Tab. 3.2*). Deshalb findet man gelegentlich auch das Merkmal »offenes Problem« als Kennzeichen eines komplexen Problems.

Lohhausen ist ein Paradebeispiel für ein solchermaßen definiertes komplexes Problem. Es weist mit seinen über 2000 Variablen und deren vielfältigen Vernetzungen, der ausgeprägten Intransparenz, der Eigendynamik und der dialektischen Barriere ein hohes Ausmaß an Komplexität auf. Bevor wir uns im folgenden Abschnitt etwas näher mit dieser Untersuchung beschäftigen, wollen wir einige Überlegungen zur Zielsetzung von Studien zum Lösen komplexer Probleme anstellen. Dörner, der diese Forschungsrichtung voranbrachte, argumentiert mit der mangelnden Gültigkeit (Validität) der klassischen Untersuchungen zum Problemlösen (z. B. Turm-von-Hanoi- oder Superhirn-Problem), da die Übertragbarkeit der Ergebnisse aus solchen Untersuchungen auf das Problemlösen im Alltag fraglich erscheint. Dafür ist nach seiner Meinung die Tatsache ursächlich, daß wir im Alltag häufig komplexe Probleme bewältigen müssen (z. B.: Wie arrangiere ich mein Studium, damit ich es mit Erfolg abschließe?) und weniger mit hochtransparenten und geschlossenen Problemen befaßt sind, die quasi Denksportcharakter besitzen. Das uns bekannte Turm-von-Hanoi-Problem ist zwar schwierig, aber wenig komplex und damit wenig alltagsnah, da nur wenige Variablen beteiligt sind (Scheibenzahl, Scheibengröße, Scheibenplazierung), die Vernetzung einfachen Regeln gehorcht, Variablen und Vernetzung voll bekannt sind (volle Transparenz), die Eigendynamik fehlt und eine geschlossene Problemstellung vorliegt. Erkenntnisse aus solchen Untersuchungen sind nach dieser Logik, der man sich durchaus anschließen kann, deshalb zumindest durch Erkenntnisse aus Studien zum Umgang mit komplexen Problemen zu ergänzen. Es wird sich allerdings noch zeigen, daß auch diese noch junge Forschungsrichtung ihrerseits Probleme damit hat, valide Erkenntnisse vorlegen zu können.

3.4.1.2 Ergebnisse und Probleme der Lohhausenstudie

Zunächst unterschieden Dörner und Mitarbeiter (1981) zwischen erfolgreichen und erfolglosen Vpn. *Abb. 3.22* zeigt die vereinfachte Darstellung der Ergebnisse je eines erfolgreichen und erfolglosen Probanden, illustriert am Verlauf einiger zentraler Variablen des Lohhausenproblems.

Es ist leicht erkennbar, daß sich wichtige Variablen wie »Kapital«, »Zufriedenheit« und »Produktion« im Laufe der 120 Monate recht gegensätzlich entwickeln, im Falle der erfolgreichen Vp natürlich positiv und im anderen Fall negativ. Für die »Zahl der Wohnungssuchenden« und »Arbeitslosen« gelten die gleichen Relationen, wenngleich weniger deutlich ausgeprägt. Interessanterweise konnten nur wenige Probanden eine vergleichbare positive Entwicklung, wie in *Abb. 3.22 a* illustriert, bewirken. Die Mehrzahl hatte Schwierigkeiten mit dem »Wohlergehen der Stadt«. Folgende Erkenntnisse zu den Unterschieden zwischen guten und schlechten Vpn trägt die Arbeitsgruppe zusammen:

»– Schlechte Vpn »vagabundieren« von Thema zu Thema oder kapseln sich in einem meist irrelevanten Teilthema ein.
 – Schlechte Vpn analysieren die jeweiligen Umstände weniger genau als gute.
 – Schlechte Vpn treffen wenige Entscheidungen und koordinieren ihre Entscheidungen nicht; sie handeln »ad hoc«.
 – Schlechte Vpn zeigen weniger Selbstreflexion und Selbstorganisation als gute.
 – Schlechte Vpn benötigen mehr Informationen »von außen« als gute.
 – Schlechte Vpn zeigen weniger Vorausplanung und Vororganisation als gute.« (Dörner et al. 1981, S. 282)

In einem weiteren Auswertungsschritt wurden Persönlichkeitsmerkmale wie etwa Intelligenz, Kreativität, Neurotizismus, Selbstsicherheit usw. auf ihren Zusammenhang mit dem Erfolg beim Umgang mit Lohhausen untersucht. Dazu mußte zunächst ein Leistungsmaß für den Erfolg gebildet werden. Die Hauptschwierigkeit bei einem solchen Operationalisierungsversuch besteht in der offenen Problemstellung bzw. der dialektischen Barriere, da jeder Proband mit dem »Wohlergehen der Stadt« andere Ziele verbindet (Polytelie) und deshalb unterschiedliche Erfolgskriterien anlegen kann. Dörner und Mitarbeiter faßten sechs verschiedene Erfolgskriterien zu einem gemeinsamen *Generalgütekriterium* (GGK) zusammen. *Tab. 3.8* beschreibt diese Teilkriterien, wobei auf 17 Kernvariablen Bezug genommen wird, die noch einer näheren Erläuterung bedürfen. Es handelt sich dabei um die zentralen Systemvariablen, die im Sinne der Polytelie

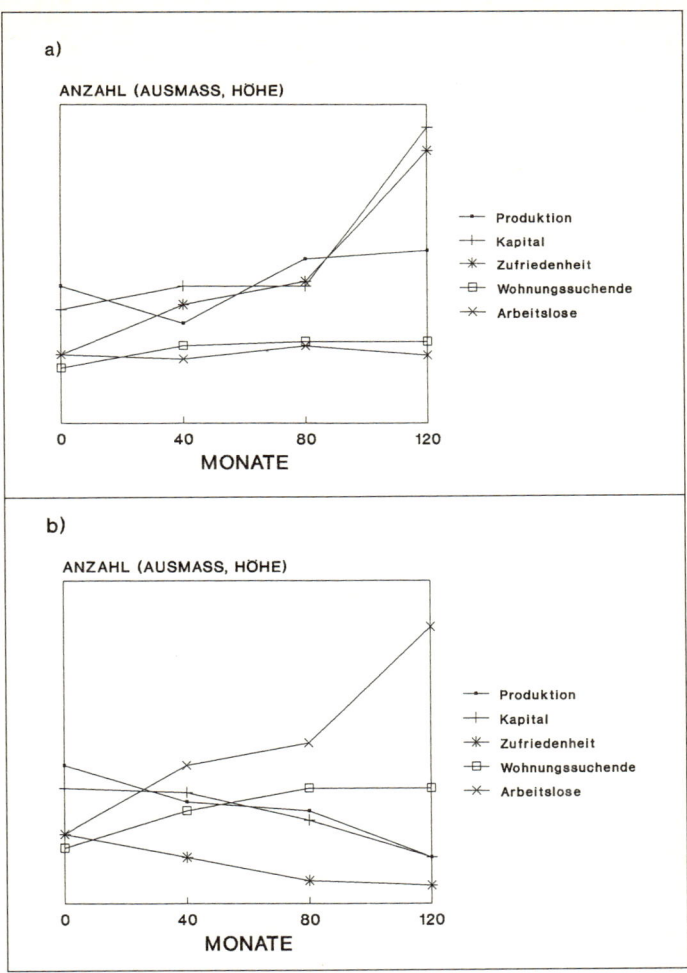

Abb. 3.22: Lohhausen: die Entwicklung einiger wesentlicher Variablen im Verlauf der 120 Monate bei einer erfolgreichen (a) und erfolglosen (b) Versuchsperson (modifiziert nach Dörner et al. 1983, S. 282).

gleichzeitig als Zielvariablen in Frage kommen (z. B. allgemeine Zufriedenheit der Bevölkerung, Kapital der Bank, Lebensstand der Arbeiter, Ausmaß der Arbeitslosigkeit, Größe der Bevölkerung usw.). Ihr Verlauf über die 120 Monate wurde graphisch dargestellt (vgl. *Abb. 3.22*) und zur Beurteilung vorgelegt. Die beurteilende naive Person (keine Kenntnis von Lohhausen) bzw. der beurteilende Versuchsleiter kannten die Vp, zu welcher diese Graphiken gehörten, nicht. Das solchermaßen operationalisierte Generalgütekriterium repräsentiert also das Leistungsmaß für die Vpn.

Tab. 3.8: Beschreibung der sechs Teilkriterien des Generalgütekriteriums (nach Dörner et al. 1983)

Teilkriterium	Beschreibung
1 Vp-Selbstbeurteilung	eigene Leistungsbeurteilung am Ende des Versuchs
2 Vl-Urteil	Leistungsbeurteilung durch den Versuchsleiter am Ende des Versuchs (Vl kennt Vp)
3 »Naives Urteil«	Beurteilung des Verlaufs der 17 Kernvariablen über die 120 Monate durch einen naiven Probanden (Pb kennt Vp nicht)
4 Vl-Urteil Graphik	Beurteilung des Verlaufs der 17 Kernvariablen über die 120 Monate durch einen Vl (Vl kennt Vp nicht)
5 Fabrikkapital	Finanzlage der Fabrik am Ende des Versuchs (objektiv errechnete Zahl)
6 Einnahme/Ausgabe Stadt	Finanzlage der Stadt am Ende des Versuchs (objektiv errechnete Zahl)
Generalgütekriterium:	1 + 2 + 3 + 4 + 5 + 6

Auf der anderen Seite wurden eine Reihe von Persönlichkeitsmerkmalen mit erhoben und der Zusammenhang mit dem GGK errechnet (Produkt-Moment-Korrelationskoeffizient). *Tab. 3.9* faßt einen Ergebnisausschnitt zusammen.

Offensichtlich zeigt sich kein Zusammenhang zwischen dem GGK und der Leistung im Intelligenztest, gleichgültig, ob letztere nach dem CFT (Grundintelligenztest, Weiss 1971) oder dem APM (Advanced Progressive Matrices, Raven 1962) gemessen wurde. Der Korrelationskoeffizient kann prinzipiell zwischen +1,0 für einen maximal ausgeprägten positiven Zusammenhang und −1,0 für den maximal ausgeprägten negativen Zusammenhang schwanken. Die errechneten Koeffizienten für das GGK und die Intelligenz liegen dagegen bei 0,0. Dieses bedeutet, daß es *keinen systematischen Zusammenhang* zwischen der Leistung im Umgang

Tab. 3.9: Der Zusammenhang zwischen der Leistungsgüte beim Umgang mit Lohhausen (Generalgütekriterium) und einer Reihe von Persönlichkeitsmerkmalen (Produkt-Moment-Korrelationskoeffizient) (nach Dörner et al. 1983)

Persönlichkeitsmerkmal	Generalgütekriterium
Intelligenz (CFT)	0,12
Intelligenz (Raven)	0,03
Kreativität (Produktivität)	0,01
Extraversion	0,356*
Rigidität	0,045
Selbstsicherheit	0,518**

$* p = 0,05$, $** p = 0,01$

mit Lohhausen einerseits und im Intelligenztest andererseits gibt. Die Kenntnis über die Leistung im Intelligenztest eröffnet – mit anderen Worten – keinerlei Möglichkeiten, Prognosen zur Leistung im Umgang mit Lohhausen zu geben. Die Überraschung, die dieses Ergebnis bei vielen Experten ausgelöst hat, wird durch die vermutete, aber ebenfalls fehlende Korrelation zwischen dem GGK und der Kreativität verstärkt (vgl. ebenfalls *Tab. 3.9*). Gemessen als Anzahl verschiedener Einfälle zu einem dargebotenen Gegenstand (Produktivität, Bick 1976) hätte man erwarten können, daß kreative Probanden im Lohhausenproblem besser abschneiden als weniger kreative Personen.

Schließlich fehlt auch der erwartete negative Zusammenhang zwischen dem GGK und der Rigidität, gemessen nach dem ENRL-Fragebogen (Extraversion, Neurotizismus, Rigidität, Lügen; Janke 1966). Starres Festhalten an eingeschlagenen Lösungsversuchen sollte der erfolgreichen Handhabung von Lohhausen eigentlich diametral entgegenwirken.

Dagegen zeigen sich die für die Extraversion (gemessen nach dem ENRL-Fragebogen) und Selbstsicherheit (Unsicherheitsfragebogen, Ullrich de Muynck & Ullrich 1977) erwarteten Zusammenhänge mit dem GGK. Extraversion erfaßt u. a. Aspekte der Sammlung von Informationen, so wie sie bei Lohhausen zur Schaffung von mehr Transparenz notwendig ist. Selbstsicherheit wird »als optimistisch-realistisches, selbstkritisches Zutrauen in die eigene Handlungsfähigkeit« (Dörner et al. 1983, S. 348) verstanden. In diesem Sinn verhilft Selbstsicherheit dazu, die in Lohhausen unvermeidlichen Mißerfolgserlebnisse zu überwinden und zuversichtlich weitere Lösungsversuche zu unternehmen, also nicht vorschnell zu resignieren.

Natürlich ist man versucht, die referierten Ergebnisse ernsthaft zu interpretieren. Allerdings zwingen einige Schwierigkeiten, die speziell mit der Lohhausenstudie und generell mit dem neuen Forschungsansatz verbunden sind, zu einer zurückhaltenden Betrachtungsweise. Im Vordergrund steht zweifellos die Operationalisierungsproblematik, die mit der Konstruktion des GGK verbunden ist. Dieses GGK enthält als Maß der Lösungsgüte eine Reihe subjektiver Komponenten, die es verbieten, die Ergebnisse als gültig und verbindlich zu betrachten. Dies beginnt bei der Auswahl der Kernvariablen. Weshalb werden die graphischen Darstellungen gerade dieser Variablen zur Beurteilung vorgelegt und nicht teilweise oder gänzlich andere? Eine Vp, die versucht, den Freizeitwert von Lohhausen zu steigern, wird bei den ausgewählten Kernvariablen notgedrungenerweise deutlich schlechter abschneiden müssen als jene, die die Sanierung der Uhrenfabrik versucht, da ihr Ziel in den Kernvariablen kaum berücksichtigt wird, zum großen Teil sogar mit ihnen konfligiert (z. B. Stadtkasse). Die Polytelie des Lohhausenproblems bringt die Notwendigkeit zur Auswahl – und damit auch Subjektivität – mit sich. Jede Art der Subjektivität bei der Erfassung der Leistungsvariablen beeinträchtigt jedoch die Gültigkeit der Untersuchungsergebnisse *(interne Validität)*. Vergleichbare Überlegungen gelten für die ersten vier Teilkriterien der GGK (vgl. *Tab. 3.8*): Sie stellen keine objektiven Größen (wie z. B. der Geldbetrag in der Stadtkasse), sondern subjektive Schätzungen dar (Wie erfolgreich war ich?), die ihrerseits einer ganzen Reihe von Einflüssen ausgesetzt sind. So schätzt sich eine selbstsichere Vp möglicherweise besser ein als eine unsichere Vp, gleiche Leistung vorausgesetzt. Für die beiden letzten Teilkriterien gilt schließlich erneut das Argument der Subjektivität ihrer Auswahl: Die Finanzlage der Uhrenfabrik und der Stadt sind zwar objektive Größen, aber ihre Einbeziehung in das GGK ist – trotz zweifellos guter Begründbarkeit – eine willkürliche Maßnahme.

Sicherlich haben Dörner und Mitarbeiter versucht, die Leistung ihrer Probanden beim Umgang mit Lohhausen durch das GGK so gut wie nur möglich zu erfassen. Dennoch bleibt das *prinzipielle Problem* bestehen: Die offene Problemstellung und die damit verbundene Interpretierbarkeit des Zielzustandes verhindern bei einem komplexen System wie Lohhausen die objektive Erfassung des Leistungsaspekts. Die Folge davon ist die beeinträchtigte Gültigkeit der entsprechenden Untersuchungsergebnisse.

Neben der Operationalisierungsproblematik hat die Erforschung komplexen Problemlösens mit einem weiteren schwerwiegenden Problem zu kämpfen, nämlich mit der Einlösung des eigenen Anspruches, alltagsnahes Problemlösen untersuchen zu wollen. Ist Lohhausen eine Problemstellung, die Realitätsnähe besitzt? Zwei Aspekte lassen sich in dieser Frage nach der *ökologischen Validität* der Untersuchungsergebnisse unterscheiden. Erstens muß man sich fragen, ob man mit solchen Problemstellungen im Alltag überhaupt in Berührung kommt. Ist Lohhausen – anders gefragt – ein gutes Beispiel für Probleme, die uns täglich beschäftigen? Hier kann man schon erste massive Zweifel anmelden: Repräsentativ oder typisch für Probleme in der Familie, in der Schule und/oder im Beruf ist Lohhausen wohl kaum. Die zweite Teilfrage ist eher technischer Natur: Ist es gelungen, das komplexe Gefüge einer Stadt in einem Computerprogramm wie Lohhausen angemessen abzubilden (zu simulieren)? Nur dann könnten die Ergebnisse Aufschluß darüber geben, welche Faktoren unser alltägliches Problemlösen mitbestimmen. Hier sind ebenfalls Zweifel angebracht. Es beginnt schon bei den realitätsfernen, nahezu diktatorischen Vollmachten des Bürgermeisters. Auch die fehlenden Leistungsvorteile der Experten sprechen nicht gerade dafür, daß mit Lohhausen eine adäquate Simulation gelungen ist.

Welches Fazit bleibt bei der Berücksichtigung dieser Kritikpunkte? Um es auf einen kurzen Nenner zu bringen: Die Ergebnisse der Lohhausenstudie sind mit Zurückhaltung zu betrachten, die Intention für die Studie dagegen ist sehr zu begrüßen. Die große Anzahl an Folgeuntersuchungen, die die Lohhausenstudie ausgelöst hat, spricht dafür, daß diese Intention breite Zustimmung findet. Voraussetzung für den Erfolg dieser jungen Forschungsrichtung ist allerdings die Bewältigung der genannten Validitätsprobleme.

3.4.2 Problemlösen und Intelligenz

Der fehlende Zusammenhang zwischen Leistungen, die im Intelligenztest erbracht wurden, und Leistungen beim Umgang mit Lohhausen ist bereits genannt worden. Gerade dieses Ergebnis, für welches die obengenannten Vorbehalte ebenfalls gelten müssen, hat großes Erstaunen ausgelöst und vielfältige Forschungsaktivitäten initiiert. An die Stelle des Lohhausenproblems trat dabei das Schneiderwerkstattproblem (SWS), sozusagen eine Kleinausgabe von Lohhausen. Die Probanden schlüpfen in die Rolle des Managers einer Schneiderwerkstatt, die sie möglichst gut leiten sollen. Putz-Osterloh & Lüer (1981), die erste Untersuchungen mit diesem Problem anstellten, beschreiben es folgendermaßen:

»Das System besteht aus 24 netzwerkartig miteinander verknüpften Variablen, von denen 11 durch Maßnahmen der Vpn direkt beeinflußbar sind. Das Kapital stellt die »Kernvariable« des Systems dar, da es mit den meisten, nämlich 15 Variablen, in direkter Verbindung steht ... Der Effekt von Veränderungsmaßnahmen wirkt sich nicht immer sofort, sondern z. T. erst mit einer Zeitverzögerung auf den Zustand direkt beobachtbarer, d. h. verknüpfter Variablen aus.

Das System ist so programmiert, daß die Werkstatt ohne Eingriffe in kurzer Zeit Konkurs anmelden müßte. Denn Rohmaterial muß eingekauft werden, Reparaturkosten sind z. B. zu erhöhen usw., wenn der Betrieb bei bestehender Produktionskapazität Gewinn erwirtschaften soll.

Aufgabe des Problemlösers ist es, die Werkstatt über einen vorgegebenen Zeitraum von simulierten Monaten hinweg mit Hilfe vorgegebener Maßnahmen so zu leiten, daß der Betrieb maximalen Gewinn auf die Dauer erwirtschaftet.« (Putz-Osterloh & Lüer 1981, S. 313−315)

In *Abb. 3.23* sind die an der SWS beteiligten Variablen und die Richtung ihrer Vernetzung transparent gemacht.

Unmittelbar erkennbar werden auch die *direkt* beeinflußbaren Variablen (fett umrandet). So kann man beispielsweise ablesen, daß eine Erhöhung der Werbungsausgaben die *nicht direkt* beeinflußbare Nachfrage verstärkt und damit den Verkauf fördert, sich aber andererseits negativ beim Kapital niederschlägt.

Obwohl die SWS alle Merkmale eines komplexen Problems besitzt, ist sie im Vergleich zu Lohhausen für die Vpn doch wesentlich überschaubarer und einfacher zu handhaben und erfreut sich nicht zuletzt aus diesem Grund nach wie vor großer Beliebtheit bei der Untersuchung von Fragen zum komplexen Problemlösen. So wurde sie auch in einem der ersten Experimente, die der Frage nach dem (fehlenden) Zusammenhang von Intelligenz und der Fähigkeit zum Lösen komplexer Probleme nachgingen, den Vpn zur Bearbeitung vorgelegt. Putz-Osterloh & Lüer (1981) überprüften dabei die Hypothese, daß in erster Linie die Intransparenz komplexer Probleme verantwortlich ist für den fehlenden Zusammenhang mit der Intelligenz, da Intelligenztestaufgaben volle Transparenz aufweisen. Folgende Definitionen legen sie der Hypothese zugrunde:

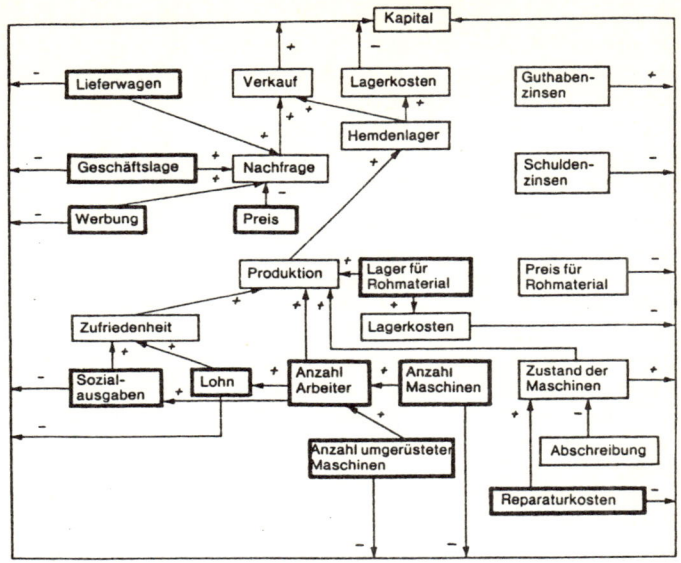

Abb. 3.23: Die Variablen der Schneiderwerkstatt und ihre Verknüpfungen. Die fett umrandeten Variablen können direkt durch Maßnahmen beeinflußt werden (Putz-Osterloh & Lüer, 1981, S. 314).

»+« = positiver Zusammenhang
(steigt der Lohn, so steigt auch die Arbeitszufriedenheit)
»−« = negativer Zusammenhang
(steigt der Hemdenpreis, so sinkt die Nachfrage)

»Als transparent wollen wir Probleme kennzeichnen . . ., bei denen der Problemlöser alle für die Problemstellung relevanten Variablen überblickt und aktiv keine weiteren Informationen über diese Variablen beschaffen muß . . .

Als intransparent gelten im Gegensatz dazu Probleme, deren Variablen erst durch aktives Eingreifen des Problemlösers für ihn erkennbar und analysierbar sind, da ihm zu Beginn nicht genügend Informationen über die Variablen vorliegen.« (Putz-Osterloh & Lüer 1981, S. 312)

Zur Überprüfung der Hypothese bildeten sie zwei Untersuchungsgruppen. Beide Gruppen bearbeiteten sowohl die SWS als auch einen Intelligenztest. Eine der beiden Gruppen erhielt neben der Instruktion die Variablenvernetzungsmatrix (*Abb. 3.23*) als Hilfestellung (Transparenzbedingung). Die Autoren fanden ihre Hypothese voll bestätigt: In der Intransparenzbedingung (ohne Variablenvernetzungsmatrix) zeigte sich kein Zusammenhang zwischen Problemlöse- und Intelligenztestleistung, wohl aber in der Transparenzbedingung, wenngleich nur gering ausgeprägt. Sie schließen daraus, daß mit Intelligenztests nicht jene Fähigkeiten erfaßt werden, die für die Bearbeitung komplexer Probleme erforderlich sind, z. B. das Schaffen von Transparenz durch aktive Suche von relevanten Informationen.

Es folgten zahlreiche Untersuchungen, die diese und ähnliche Fragestellungen weiter explorierten. Dabei wurde auch die Operationalisierungsproblematik diskutiert. Vor allem Funke (1983) machte immer wieder auf sie aufmerksam und belegte anhand eines eindrucksvollen Beispiels ihre Relevanz. Er wiederholte die berichtete Untersuchung von Putz-Osterloh und Lüer mit einer rechnergesteuerten Version der SWS. Dabei wurde der Vl durch den Rechner ersetzt. Die Vpn gaben ihre Maßnahmen also direkt in den Rechner ein und erhielten nach Abschluß sofort die Rückmeldung über die Konsequenzen der Maßnahmen. Der subjektive Dialog zwischen der Vp und dem Vl wurde durch den objektiven Rechner-Vp-Dialog ersetzt. *Abb. 3.24* zeigt einen Bildschirmaufbau für die SWS, der dem aus der Untersuchung von Funke entspricht. Er verdeutlicht, daß die Transparenz durch die Präsenz der Variablenausprägungen und des Maßnahmenkatalogs auf dem Bildschirm im Vergleich zur Untersuchung von Putz-Osterloh und Lüer wesentlich erhöht ist. Bei letzteren mußten die Vpn die jeweiligen Variablenausprägungen im Kopf behalten und die möglichen Maßnahmen erst selbst herausfinden.

So überrascht es dann auch nicht mehr, daß Funke in beiden Transparenzbedingungen den fraglichen Zusammenhang findet. Im Sinne der Definitionen und Interpretationen von Putz-Osterloh und Lüer ist durch die Bildschirmversion die Transparenz so stark erhöht, daß sich die Vpn auch ohne die Variablenvernetzungsmatrix einen hinreichenden Überblick verschaffen können. Dagegen überrascht ein anderer Aspekt der Untersuchung von Funke. Er verwendete als Leistungsmaß die Anzahl der Monate, in denen das Gesamtkapital stieg. Putz-Osterloh und Lüer hatten noch das Flüssigkapital herangezogen und damit zweifellos ein weniger valides Maß gebildet, da im Gesamtkapital auch Investitionen berücksichtigt sind (z. B. Zeitwert von Maschinen). Funke berichtet, daß die signifikante Korrelation zwischen Problemlöse- und Intelligenztestleistung, so wie er sie mit dem Gesamtkapital in seiner Untersuchung gefunden hatte, verschwand, wenn er statt dessen das Flüssigkapital als Leistungsmaß in die Auswertung

```
          ZUSTAND IHRER WERKSTATT IM MONAT O

Flüssigkapital        165775    Gesamtkapital          250691
verkaufte Hemden         407    Nachfrage (aktuell)       767
Rohmaterial: Preis         4    Rohmaterial: Lager         16
fert. Hemden: Lager       81    50-Hemden-Maschinen        10
Arbeiter für 50er          8    100-Hemden-Maschinen        0
Arbeiter für 100er         0    Reparatur & Service      1200
Lohn pro Arbeiter       1080    Sozialkosten pro Arb.      50
Preis pro Hemd            52    Ausgaben für Werbung     2800
Lieferwagen                1    Geschäftslage        Cityrand
Arbeitszufriedenh.(%)   57,7    Maschinenschäden (%)      5,9
Produktionsausfall (%)     0


             MASSNAHMEN FÜR MONAT 1

R = Rohmaterial einkaufen      H = Hemdenpreis ändern
W = Kosten für Werbung ändern  A = Arbeiter einstellen/
                                   entlassen
M = Maschinen (ver)kaufen/     I = Reparatur/Service
    tauschen
L = Lohn pro Arbeiter ändern   S = Sozialkosten ändern
G = Geschäftslage ändern       T = Lieferwagen kaufen/
                                   verkaufen
             E = Ende der Eingriffe
```

Abb. 3.24: Der Bildschirmaufbau der Rechnerversion der Schneiderwerkstatt mit der Liste der Variablen und ihren Ausprägungen sowie dem Katalog möglicher Maßnahmen (nach Hussy 1991 c).

eingehen ließ. Er demonstriert damit nachdrücklich und augenfällig die Bedeutung der Operationalisierungsproblematik.

Nachfolgende Studien erbrachten ein sehr heterogenes Ergebnismuster: der eine Teil fand den postulierten Zusammenhang, der andere nicht. Ursächlich für diese Heterogenität der Befundlage ist die Verwendung
a) unterschiedlicher Operationalisierungen der Problemlöseleistung,

b) unterschiedlicher Intelligenztests und

c) unterschiedlicher komplexer Probleme oder Problemversionen.

Insgesamt allerdings verfestigte sich die Überzeugung, daß der Zusammenhang existiert, er sich bei sehr hoher Komplexität, z. B. bewirkt durch hohe Intransparenz bei gleichzeitig vorhandener hoher Variablenzahl und -vernetzung, jedoch nicht mehr zeigt. Auch bei offener Problemstellung gelingt der Nachweis selten. Präsentiert man beispielsweise die Schneiderwerkstatt einmal mit der Instruktion, den Gewinn auf Dauer zu optimieren, und einmal mit der Problemstellung, das Gesamtkapital auf Dauer zu optimieren, so ist die Chance, den gesuchten Zusammenhang auch zu finden, im zweiten Fall deutlich größer, denn Gesamtkapital ist ein eindeutiger Begriff, während Gewinn schon eher unterschiedliche Zielsetzungen hervorrufen kann. In jüngster Zeit fragt man deshalb auch nicht mehr primär danach, ob es den Zusammenhang gibt oder nicht, sondern *welche im Intelligenztest erfaßten kognitiven Fähigkeiten beim Lösen komplexer Probleme von Relevanz sind und wie das Intelligenzkonzept in die Modellvorstellungen zum menschlichen Denken und Problemlösen zu integrieren ist.*

In einer neuen Studie geht Hussy (1991c) diesen Fragen nach. Wieder ist es die SWS, die den Vpn zur Bearbeitung vorgelegt wird, und zwar in der oben erwähnten geschlossenen Form (Optimierung des Gesamtkapitals) und ohne Variablenvernetzungsmatrix. Außerdem läßt Hussy die Vpn das Problem wiederholt bearbeiten (fünfmal für jeweils zehn Monate). Die Problemlösegüte wird objektiv in Form einer Bilanz bestimmt: Sie ist die Differenz zwischen dem Gesamtkapital am Ende und zu Beginn der zehn Monate. Positive Bilanzwerte kennzeichnen einen erwirtschafteten Gewinn, negative Werte zeigen dagegen Verluste an. Außerdem nahmen die Vpn an einem Intelligenztest teil. Es handelte sich dabei um sechs Skalen zur *Verarbeitungskapazität* nach dem Berliner Intelligenzstrukturmodell (BIS, Jäger 1982). Die bimodale hierarchische Struktur des Gesamtmodells kann *Abb. 3.25* entnommen werden.

Danach setzen sich Intelligenzleistungen aus Operationen und Inhalten zusammen. Inhalte sind die Materialien, mit welchen gedanklich gearbeitet wird, also Bilder (figural-bildhaft), Begriffe (verbal) oder Zahlen (numerisch). Auf Operationsseite wird nach Bearbeitungsgeschwindigkeit (B), Gedächtnis (G), Einfallsreichtum (E) und Verarbeitungskapazität (K) differenziert. Um mit einer groben und vorläufigen Einordnung in das MEKIV eine

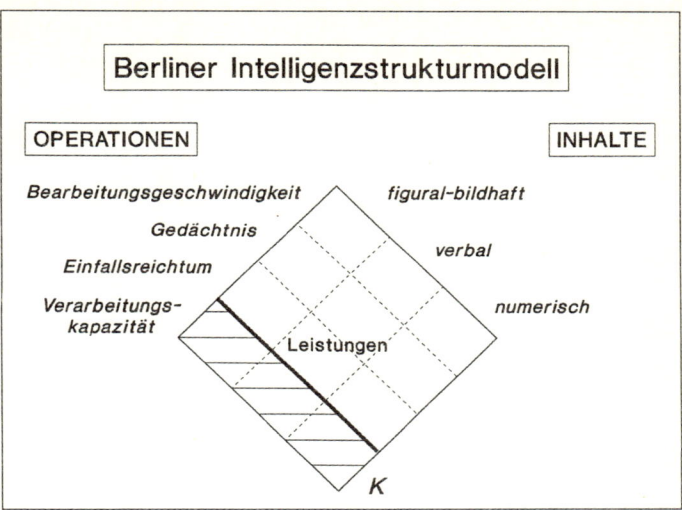

Abb. 3.25: Das bimodale hierarchische Berliner Intelligenzstrukturmodell (BIS, modifiziert nach Jäger 1982).

Strukturierungshilfe zu geben: Operationen entsprechen den Operatoren aus der heuristischen Struktur, und die Inhalte stehen für verschiedene interne Repräsentationsformen des Faktenwissens der epistemischen Struktur (episodisch vs. semantisch).

Die im Untersuchungszusammenhang besonders interessierende Operation K erfaßt nach Jäger

»die Verarbeitung komplexer Informationen bei Aufgaben, die nicht auf Anhieb zu lösen sind, sondern Heranziehen, Verfügbarhalten, vielfältiges Beziehungsstiften, formallogisch exaktes Denken sowie sachgerechte Beurteilung von Informationen erfordern.« (1982, S. 213)

Sie umfaßt eine Reihe aus anderen Intelligenzmodellen bekannter Intelligenzfaktoren wie räumliches Vorstellungsvermögen, schlußfolgerndes Denken und Rechenfähigkeit. Interpretiert im Rahmen von MEKIV mißt K das Vorhandensein, die Verfügbarkeit und Effizienz von Makrooperatoren der heuristischen Struktur. Entsprechend erwartet Hussy, daß Personen mit hoch ausgeprägtem K Leistungsvorteile bei der Bearbeitung von Problemen besitzen, die die Anwendung solcher Operatoren erfordern. *Abb. 3.26* zeigt die Ergebnisse.

Schon der erste Durchgang bringt sehr deutliche Leistungsvor-

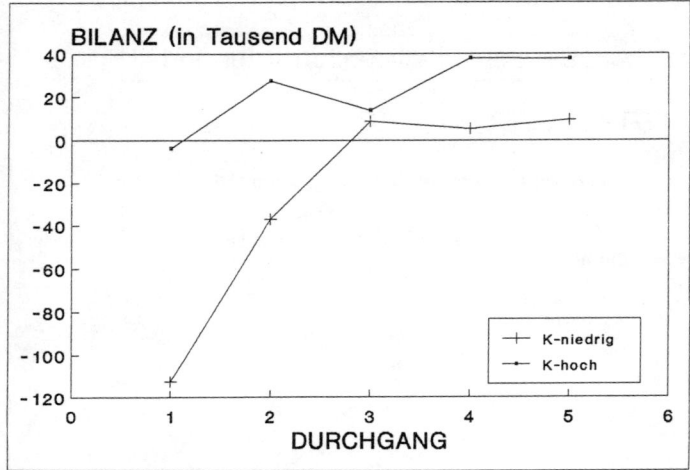

Abb. 3.26: Die Ergebnisse der Personen mit hoch und niedrig ausgeprägtem K bei der wiederholten Bearbeitung der SWS, festgelegt über die Bilanz (in Tausend DM; modifiziert nach Hussy 1991c).

teile zugunsten der Personen mit hohem K. Ihr Gesamtkapital nach zehn Arbeitsmonaten entspricht dem zu Beginn der Tätigkeit als Manager der SWS. Sie erreichten es also, die Werkstatt etwa so weiterzuführen, wie sie diese übernommen hatten. Dagegen erlebten die Vpn der anderen Gruppe einen gewaltigen Verlust. Im Durchschnitt hatten sie nach den zehn Monaten fast 120 000 DM weniger als zu Beginn. Der Zusammenhang zwischen der Leistung in der SWS und im Test (K) ist in diesem ersten Durchgang mit r = 0,81 recht hoch. Eine differenzierte Betrachtung des ersten Durchgangs (Monat-zu-Monat-Bilanz) verdeutlicht weiterhin, daß beide Gruppen in den ersten zwei Monaten mit vergleichbaren Verlusten beginnen (vgl. *Abb. 3.27*). Während jedoch die Gruppe mit hohem K das System im weiteren Verlauf des ersten Durchgangs stabilisiert, kann die andere Gruppe den Zusammenbruch nicht verhindern.

Hussy interpretiert dieses Ergebnismuster im Sinne einer geglückten Nutzung der Rückmeldungen auf die monatlichen Maßnahmen durch *»Erkennen von Regelhaftigkeiten* im verfügbaren Datenmaterial durch jegliche Art schlußfolgernden Denkens« (1992, S. 217) bei den Personen mit hohem K (z. B. *»Wenn* die

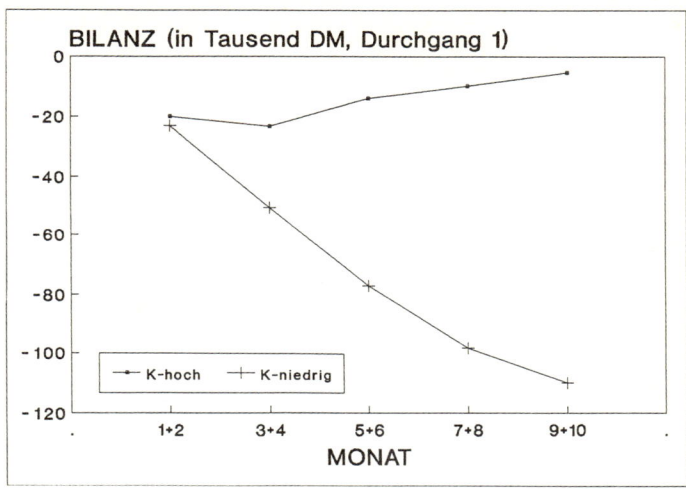

Abb. 3.27: Die Monat-zu-Monat-Bilanz (in Tausend DM) der beiden Untersuchungsgruppen im ersten Durchgang, gemittelt über jeweils zwei benachbarte Monate (modifiziert nach Hussy 1991c).

Maschinenschäden steigen, *dann* muß ich die Reparatur- und Servicekosten erhöhen!«; »*Wenn* die Arbeitszufriedenheit steigt, *dann* werden auch mehr Hemden hergestellt!«). Diese Informationsreduktionsleistung gelingt den Personen mit geringem K weniger gut, so daß es zu einem Systemzusammenbruch infolge einer *Informationsüberflutung* (Überangebot an Informationen) kommt. Letztere ist auf die begrenzte Kapazität der mittelfristigen Speichermedien zurückzuführen, die wir im MEKIV mit *Verarbeitungskapazität* bezeichnet hatten (vgl. Kapitel 3.2).

Verarbeitungskapazität K im BIS-Modell von Jäger dagegen entspricht demzufolge einer *Klasse von Makrooperatoren* der heuristischen Struktur, die durch Erkennen von Regelhaftigkeiten (vornehmlich in umfänglichem Datenmaterial) infolge schlußfolgernder Prozesse zu einer ausgeprägten Informationsreduktion und damit zu einer Entlastung der Kapazität der mittelfristigen Speichermedien führen. Diese Fähigkeit zum vielfältigen Auffinden von Regelhaftigkeiten, so wie sie in den entsprechenden Skalen des Intelligenztests gemessen wird, ist auch von zentraler Bedeutung bei der Bewältigung komplexer Probleme, soweit sie durch die verwendete SWS-Version repräsentiert werden.

Abb. 3.28 vermittelt einen Eindruck von der Art der durch K definierten schlußfolgernden Prozesse (Makrooperatoren). Es handelt sich dabei um je ein Beispielitem zu K aus den drei Inhaltsbereichen.

Abb. 3.28: Veranschaulichung der Intelligenzoperation »Verarbeitungs-kapazität« (K) durch je ein Beispielitem aus den drei Inhaltsbereichen.

Beispiele zum »Zahlenreihen fortsetzen« (aus dem numerischen Inhaltsbereich) haben wir schon wiederholt besprochen. Bei den beiden anderen Beispielen handelt es sich um sogenannte *Analogieprobleme*. Das Item zum verbalen Bereich liest sich wie folgt: »*Ziffer verhält sich zu Buchstabe wie Zahl zu* . . .«. Die Antwort (Wort) ist aus den angegebenen fünf Alternativen auszusuchen. Allgemein hat ein Analogieproblem die Form

$$a : b = c : d.$$

Die zu findenden Regelhaftigkeiten beziehen sich auf die Relationen zwischen a und b, a und c sowie b und d (Einzelheiten z. B. bei Hussy 1986, Kapitel 1.1.3). Auch das Beispiel zum figural-bildhaften Bereich verlangt den Analogieschluß in Form des Erkennens der genannten Regelhaftigkeiten.

Wenn K eine Gruppe von Makrooperatoren aus der heuristischen Struktur repräsentiert, die durch jegliche Form schlußfolgernder Prozesse Regelhaftigkeiten entdecken und zur Reduktion von Informationen und damit zur Entlastung der Kapazität der mittelfristigen Speichermedien führen, dann schließt sich unmittelbar die Vermutung an, daß diese Art von Veränderungswissen (nach dem BIS: diese Intelligenzoperation) nicht alleine beim komplexen, sondern auch beim allgemeinen Problemlösen von Bedeutung ist. Gerade bei informationsreichen Problemstellungen wie dem Superhirn-Problem oder dem Turm-von-Hanoi-Problem sollte eine hohe Ausprägung in K die Lösungsfindung wesentlich erleichtern, zumal wir schon gehört haben, daß gerade schlußfolgernde Prozesse hier die primär benötigten kognitiven Operationen zur Lösungsfindung darstellen (vgl. Kapitel 3.2.3).

Hussy (1991b) ging auch dieser Frage nach. Unter anderem waren einerseits die Superhirn-Versionen »4 aus 6« und »5 aus 7« zu lösen (Beschreibung des Problems vgl. Kapitel 3.2.3), andererseits die bekannten Skalen zur Verarbeitungskapazität aus dem BIS zu bearbeiten. Anhand des Mittelwerts im BIS wurden die Vpn wieder in eine Gruppe mit hohem und eine mit niedrigem K eingeteilt.

Ein grobes Erfolgsmaß ist der Prozentsatz an Vpn, die nach einem bestimmten Vorschlag (in der vorliegenden Auswertung die Vorschläge 5, 7 und 10) die Lösung gefunden haben (Lösungsprozent). *Abb. 3.29* illustriert den Gruppenunterschied.

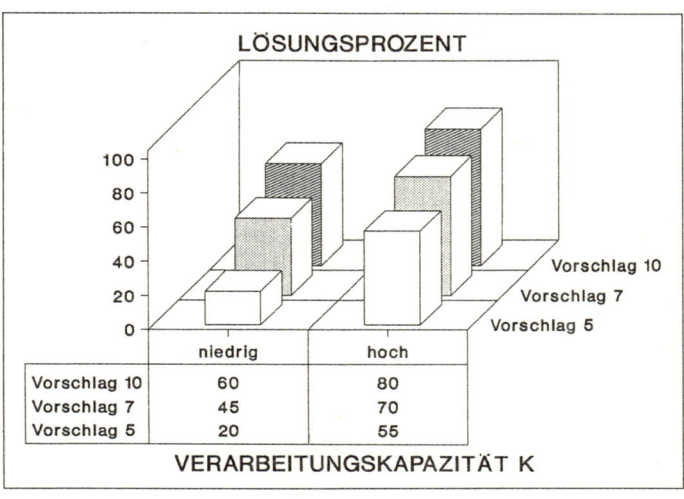

Abb. 3.29: Prozentzahl an Probanden, die auf den verschiedenen Vorschlagsebenen die Lösung des Superhirn-Problems erreicht haben, unterschieden nach Personen mit niedriger und hoher Ausprägung in der Verarbeitungskapazität K (modifiziert nach Hussy 1991b).

Schon mit dem fünften Vorschlag haben die Vpn der Gruppe mit hohem K zu 55 Prozent die »4 aus 6«-Version gelöst, in der anderen Gruppe entscheidend weniger, nämlich nur 20 Prozent. Der Unterschied wird zwar mit zunehmender Anzahl an Lösungsvorschlägen geringer, bleibt jedoch auch noch im zehnten Vorschlag bedeutsam.

Interessante Aufschlüsse liefert auch die Zeit bis zur Abgabe eines Vorschlages in der »5 aus 7«-Version (vgl. *Abb. 3.30*). In Vorschlag 3 gibt es keine überzufälligen Gruppenunterschiede. Dagegen kommt die Gruppe mit hohem K schneller zum zweiten Vorschlag, und die Gruppe mit niedrigem K deutlich schneller zum fünften Vorschlag.

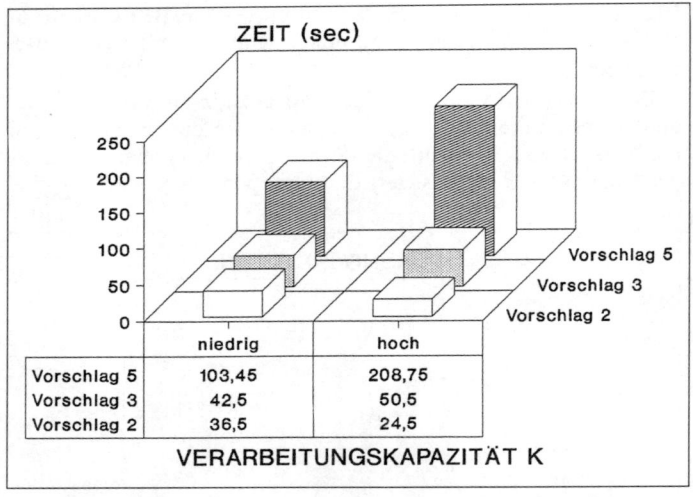

	niedrig	hoch
Vorschlag 5	103,45	208,75
Vorschlag 3	42,5	50,5
Vorschlag 2	36,5	24,5

VERARBEITUNGSKAPAZITÄT K

Abb. 3.30: Die im Superhirn-Problem für einen Vorschlag benötigte Zeit, differenziert nach Vorschlagsebenen und Personen mit niedriger und hoher Ausprägung in der Verarbeitungskapazität K (modifiziert nach Hussy 1991 b).

Das bedeutet, daß *einzelne* schlußfolgernde Prozesse von Personen mit hohem K schneller durchgeführt werden, denn für den zweiten Vorschlag müssen lediglich die Informationen aus der ersten Rückmeldung schlußfolgernd verarbeitet werden. Mit *zunehmender Anzahl* von Schlußfolgerungen infolge der wachsenden Anzahl an Rückmeldungen kehrt sich das Bild um: Im

Bestreben, die Rückmeldungen möglichst vollständig zu verarbeiten, nehmen sich Personen mit hohem K spätestens ab dem vierten Vorschlag mehr Zeit als Personen aus der anderen Gruppe. Letztere sind durch die Vielzahl erforderlicher Operationen hinsichtlich der Kapazität ihrer mittelfristigen Speichermedien überfordert, beachten folglich nur einen Teil der verfügbaren Informationen und erzielen dadurch eine Entlastung des AG und KS. Derartige Teilstrategien bestehen z. B. in der Verarbeitung nur der jeweils beiden letzten Rückmeldungen oder nur der Positionsinformationen oder auch allein der Zifferninformationen. Personen mit niedrigem K kommen somit einerseits schneller zu den Vorschlägen, erreichen aber andererseits das Ziel aufgrund dieser Teilstrategien später.

Ein weiteres Ergebnis besagt, daß der Zusammenhang zwischen der Gesamtfehlerzahl bis zum sechsten Vorschlag und K überzufällig ist ($r = 0,51$). Er bedeutet, daß Personen mit hohem K deutlich weniger Fehler machen (weniger Informationen ignorieren) als Personen mit niedrigem K und bestätigt damit die oben gegebene Ergebnisinterpretation.

Zusammenfassend kann man feststellen, daß die Verarbeitungskapazität K aus dem BIS einen Makrooperator aus der HS repräsentiert, der dem Auffinden von Regelhaftigkeiten durch jegliche Art schlußfolgernder Prozesse dient. Je effektiver dieser Makrooperator, desto schneller gelingt das Erkennen von Regelhaftigkeiten und desto ausgeprägter ist die damit verbundene Reduktion von Informationen in den mittelfristigen Speichermedien, insbesondere beim Vorliegen sehr informationshaltiger Problemstellungen. Diese Informationsreduktion entspricht einer Entlastung der Verarbeitungskapazität der mittelfristigen Speichermedien, wobei der Begriff »Verarbeitungskapazität« hier im Sinne des MEKIV verwendet wird, also eine Gedächtniskapazität repräsentiert. Die schnelle und spürbare Entlastung ermöglicht wiederum die Berücksichtigung zusätzlicher problemrelevanter Informationen, wodurch Personen mit hoher Ausprägung in K mit zunehmender Komplexität der Problemstellung immer größere Vorteile erzielen können.

Die Ergebnisse der beiden Untersuchungen zum Zusammenhang von Intelligenz und Problemlösen zeigen also einen Weg, die Erkenntnisse aus der allgemein- und persönlichkeitspsychologischen Forschung aufeinander zu beziehen. Es genügt nicht, danach zu fragen, ob ein Zusammenhang besteht oder nicht besteht. Vielmehr müssen die Untersuchungen so angelegt sein, daß ein eindeutiger Bezug zu einem allgemeinen Informationsverarbeitungsmodell möglich wird. Die Auswahl einer spezifischen, wohldefinierten Intelligenzskala einerseits und die Verwendung von Problemen mit bekannten und beschreibbaren kognitiven Anforderungsprofilen andererseits ermöglichen die Integration der Ergebnisse in ein allgemeines Verarbeitungsmodell. So wäre es beispielsweise auch sehr interessant, danach zu fragen, was mit der Operation »Einfallsreichtum« aus dem BIS (vgl. *Abb. 3.25*) im Sinne des Problemlösens erfaßt wird. Handelt es sich erneut um einen spezifischen Makrooperator aus der HS, oder berührt die Skala eher jene Aspekte, die im Zusammenhang mit dem kreativen Problemlöseprozeß beschrieben wurden (vgl. Kapitel 3.3), z. B. das aktive Aufbrechen und/oder das Vermeiden von Fixierungen? Auch die entsprechende Analyse der Operation »Gedächtnis« könnte aufschlußreiche Erkenntnisse liefern. Wird hier tatsächlich ein kognitiver Prozeß erfaßt, wie die Klassenbezeichnung »Operationen« nahelegt, oder eher eine kognitive Struktur (etwa die Kapazität der mittelfristigen Speichermedien), eine Assoziation, die durch den Begriff »Gedächtnis« hervorgerufen wird?

Zusammenfassend und abschließend sollen Waldmann & Weinert zu Wort kommen:

»Man kann davon ausgehen, daß die in den Testaufgaben erfaßten kognitiven Komponenten wichtige Bestandteile von komplexen Problemlöseprozessen sind, deren Komplexität die theoretischen und methodischen Möglichkeiten der Kognitionspsychologie noch übersteigt. Die Testaufgaben bilden in diesem Sinne ein relevantes Übungsfeld für kognitive Analysen, und man kann hoffen, daß die dabei rekonstruierten Komponenten später einmal im Rahmen einer Theorie des komplexen Problemlösens zum Tragen kommen. Tatsächlich spricht schließlich einiges dafür, daß beispielsweise logisches Denken ein wichtiger Bestandteil aller Problemlöseprozesse ist.« (1990, S. 94 f)

4 Entwicklungstrends

Nach der Darstellung der zentralen Inhalte der Denk- und Problemlösepsychologie wollen wir uns abschließend noch einen knappen Überblick über die Forschungsrichtungen verschaffen, von denen man annehmen kann, daß sie nicht nur aktuell, sondern auch für einen etwas längeren Zeitraum das wissenschaftliche Interesse auf sich ziehen. Dazu zählen sicherlich auch die Forschungsaktivitäten zum komplexen Problemlösen, wie wir sie in Kapitel 3.4 bereits kennengelernt haben. Neben der Intelligenz werden weitere Persönlichkeits- und kognitionspsychologische Variablen in die Zusammenhangsanalysen aufgenommen. Zu diesen kognitionspsychologischen Variablen zählt auch das Wissen, welches im Rahmen der sogenannten Wissenspsychologie besondere Aufmerksamkeit erhält. In Kapitel 4.1 soll auf diesen Forschungstrend ganz knapp eingegangen werden. Die verbleibenden Seiten widmen wir den Grundlagen und Anfängen einer Bewußtseinspsychologie (Kapitel 4.2), so wie sie sich derzeit im Rahmen der kognitiven Psychologie herauskristallisiert.

4.1 Wissenspsychologie

In dieser jungen und sehr dynamischen Forschungsrichtung ist das *Wissen* eines Menschen der Forschungsgegenstand. Etwas differenzierter gefaßt werden

»in der Wissenspsychologie Fragen des Erwerbs von Wissen, seiner Repräsentation im menschlichen Gedächtnis, seines Abrufs, seiner Anwendung beim Entscheiden, im Denken und Handeln und seiner damit einhergehenden Veränderung behandelt.« (Spada & Mandl 1988, S. 1)

Diese Gegenstandsbeschreibung erscheint durchaus nicht neu. Im Prinzip haben wir uns von der ersten Seite dieses Buches an mit diesen Themen beschäftigt. Allerdings sind die Forschungsfragen hier stark mit neuen Forschungsmethoden und – in Zusammenhang damit – mit neuen interdisziplinären Kooperationen verknüpft. Der methodische Zugang ist die *Computersimulation* oder die *computerisierte Modellierung,* häufig auch *kognitive Modellierung* genannt, der auf der Basis der Zusammenarbeit von Psychologen und Informatikern entwickelt wird. Es soll damit versucht werden, die bekannten Themenstellungen durch die Anwendung dieser

»neuen Forschungsmethoden so zu behandeln, daß über den dadurch ... potentiell erreichbaren Grad an Präzision und Detailliertheit eine neue Qualität des Fragens, Antwortens und Anwendens erzielt wird.« (Spada & Mandl 1988, S. 1)

Beiträge zur Wissenspsychologie findet man häufig auch in Büchern und Zeitschriften, die den Begriff *cognitive science* mit im Titel tragen. Sicherlich darf man gespannt sein, wie ergiebig die Nutzung der enormen Möglichkeiten der modernen Computerhard- und -software für die Psychologie sein wird.

4.2 Bewußtseinspsychologie

Zweifellos haben die Bemühungen der kognitiven Psychologie in den letzten Jahrzehnten zu einem gewaltigen Wissenszuwachs auf den Gebieten der Wahrnehmung, des Lernens, des Gedächtnisses, des Denkens und Problemlösens geführt. Dennoch und gerade wegen des fortschreitenden Erkenntnisstandes werden die verbleibenden empirischen und theoretischen Defizite immer deutlicher. Sie beziehen sich vornehmlich auf den *Bewußtseinsbegriff.* Bevor wir uns diesem nähern (Kapitel 4.2.3), müssen einige Überlegungen zu den Begriffen *bewußt – unbewußt* (Kapitel 4.2.1) und *Selbstbild, Selbstbezug* (Kapitel 4.2.2) vorausgeschickt werden.

4.2.1 Bewußt, unbewußt, vorbewußt und unterbewußt

Will man das Begriffspaar *bewußt – unbewußt* bestimmen, so gilt es zunächst, zwischen den kognitiven Strukturen und Prozessen zu unterscheiden. Im Bereich der kognitiven Prozesse hatten wir *bewußt* mit *kontrolliert* und *unbewußt* mit *automatisiert* gleichgesetzt und mit Beispielen aus der Aufmerksamkeitsforschung verdeutlicht (vgl. Kapitel 3.1). Der Bedeutungsschwerpunkt liegt hier auf dem Grad der intentionalen Kontrolle der kognitiven Abläufe. Bewußte kognitive Abläufe sind jene, die mit Absicht initiiert und überwacht werden, die wir somit kontrollieren können. Das Gegenteil trifft für unbewußte kognitive Prozesse zu.

Im Bereich der kognitiven Strukturen beschäftigen wir uns mit dem Gedächtnis bzw. den Gedächtnisinhalten. Folglich lautet die Frage hier, was unter einem bewußten bzw. unbewußten Gedächtnisinhalt zu verstehen ist. Bei der Erörterung des Arbeitsgedächtnisses (vgl. Kapitel 2.3 und 3.2.1) hatten wir den ersten Teil der Frage dahingehend beantwortet, daß die Informationen im AG bewußt und alle anderen Informationen (im LG) unbewußt sind (vgl. *Abb. 4.1*). Nur die bewußten Informationen stehen für eine bewußte (kontrollierte, absichtsvolle) Weiterverarbeitung zur Verfügung. Dagegen beziehen sich unbewußte kognitive Prozesse auch auf die unbewußten Gedächtnisinhalte.

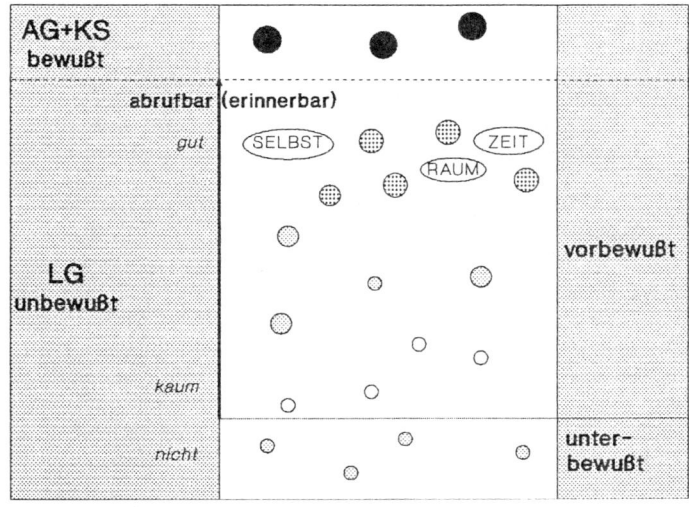

Abb. 4.1: Die Relationen bewußter, unbewußter, vorbewußter und unterbewußter Gedächtnisinhalte zu AG + KS und LG sowie die Dimension der Abrufbarkeit unbewußter Gedächtnisinhalte.

Andererseits lassen sich unbewußte Gedächtnisinhalte bekanntlich durch Erinnern bewußt machen und damit auch der bewußten Verarbeitung zuführen. Allerdings sind hierbei zwei Einschränkungen zu beachten. So wissen wir bereits, daß aufgrund der begrenzten Informationsverarbeitungskapazität des kognitiven Apparates immer nur ein sehr kleiner Anteil des gesamten Gedächtnisinhaltes bewußt gemacht werden kann. Zum anderen gilt es auch zu berücksichtigen, daß die Gedächtnisinhalte unterschiedlich leicht zu erinnern sind; an viele können wir uns überhaupt nicht erinnern. Mit anderen Worten: Es gibt Informationen im Gedächtnis, die wir uns nicht bewußt machen können. Wie auch in *Abb. 4.1* veranschaulicht unterscheiden wir somit im Bereich der unbewußten Gedächtnisinhalte zwischen einerseits den *vorbewußten,* prinzipiell abrufbaren und andererseits den *unterbewußten,* nicht abrufbaren Informationen. Im folgenden Abschnitt wollen wir uns etwas näher mit dieser Unterscheidung beschäftigen.

Eine Untersuchung von Kihlstrom (1982) beleuchtet die getroffene Unterscheidung und die damit verbundenen Konsequenzen. Er induzierte bei seinen Vpn einen *hypnotischen Zustand,* in welchem diese eine Liste von 16 Wörtern bis zum vollständigen Behalten (zweimaliges fehlerfreies Reproduzieren in Folge) erlernen mußten. Ein Teil der Vpn war hoch*suggestibel,* der andere Teil dagegen nicht. Beim Erlernen des Materials kann man somit davon ausgehen, daß die ersteren sich in einem *hypnotischen Bewußtseinszustand* befanden, die letzteren dagegen im *normalen Bewußtseinszustand* (wir werden später auf diese Begriffe zurückkommen). Beide Gruppen erhielten einen sogenannten *posthypnotischen Auftrag,* nach Beendigung der Sitzung die erlernten Worte nicht zu erinnern. Tatsächlich konnte sich die nichtsuggestible Gruppe später mühelos an die erlernten Worte erinnern, während dieses dem anderen Personenkreis nicht gelang (*posthypnotische Amnesie;* sie erinnerten sich übrigens auch nicht an den entsprechenden posthypnotischen Auftrag). In der Regel sind die Informationen aus und bezüglich der hypnotischen Sitzung für beide Gruppen natürlich unbewußt, weil sie nicht pausenlos daran denken. Für die wenig suggestiblen Personen sind sie bei genauerer Betrachtungsweise vorbewußt, weil sie sich bei Bedarf daran erinnern können (der posthypnotische Auftrag ist wirkungslos), für die hochsuggestiblen Personen aber unterbewußt, weil sie sich trotz intensivster Bemühungen nicht daran erinnern können.

Das Beispiel legt auch nahe, daß alle Informationen aus der Sitzung sehr wohl im Gedächtnis gespeichert sind, denn es gab ursprünglich in beiden Gruppen zwei fehlerfreie Reproduktionen in Folge. Allein der gezielte (intentionale) Zugriff gelingt im letzteren Fall nicht. Unterstützt wird diese Auffassung auch durch die Möglichkeit der Auflösung des posthypnotischen Auftrages (und damit der posthypnotischen Amnesie) durch ein zuvor vereinbartes Zeichen. Diese Auflösung der Zugriffsbarriere verändert gleichzeitig den Zustand dieser Gedächtnisinhalte: Sie werden vom unterbewußten in den vorbewußten Zustand transferiert und können jetzt bei Bedarf – ebenso wie in der anderen Gruppe – erinnert und damit bewußt gemacht werden.

Eine zusätzliche Frage, die sich unmittelbar an das Gesagte anschließt, betrifft die weiterreichenden Konsequenzen aus dieser Unterscheidung. Von den vorbewußten Gedächtnisinhalten wissen wir, daß sie bewußt ablaufende kognitive Prozesse beeinflussen können. Im Zusammenhang mit den priming-Effekten in den besprochenen Aufmerksamkeits-, Fixierungs- und Kreativitätsstudien (vgl. Kapitel 3.1, 3.2.2, 3.3.1) waren Belege dafür zusammengetragen worden. Trifft denn nun dieser Sachverhalt auch für die unterbewußten Gedächtnisinhalte zu? Das angesprochene Experiment von Kihlstrom gibt auch dazu Aufschlüsse. Die 16 zu lernenden Wörter konnten vier Inhaltsbereichen zugeordnet werden (z. B. »Sofa«, »Hocker«, »Liege«, »Lampe« aus der Kategorie »Möbel«). Kihlstrom ließ alle Vpn zu den Kategorien Beispiele nennen, wobei man beachten muß, daß die Kategorienamen ursprünglich nicht genannt wurden. In beiden Gruppen fanden sich neben neuen Beispielen (»Tisch«, »Stuhl«, »Bett« . . .) gleich viele Beispiele aus der gelernten Wortliste (»Lampe«, »Hocker« . . .). Auch die Antwortzeiten für die alten Beispiele unterschieden sich zwischen den beiden Personengruppen nicht. Sie waren in beiden Fällen kürzer als für die neuen Beispiele. Das bedeutet erstens, daß die unterbewußten Gedächtnisinhalte im semantischen Sinne weiterhin verfügbar (vorbewußt) sind. «Lampe«, »Hocker« usw. sind also weder aus dem Gedächtnis gelöscht noch absolut blockiert, sondern lediglich in bezug auf einen definierten *Kontext* (hypnotische Sitzung) oder – mit anderen Worten – in bezug auf eine bestimmte *Episode* nicht abrufbar. Es bedeutet zweitens, daß auch unterbewußte Informationen etwa im Sinne eines priming-Effektes auf bewußt ablaufende kognitive Prozesse Einfluß nehmen können, wie es die Parallelität der Ergebnisse der beiden Gruppen ersichtlich macht. Mag bei der Nennung des Begriffs »Hocker« in der Gruppe wenig suggestibler Personen mancher Vp die Erinnerung an die entsprechende Lernepisode gekommen sein (der priming-Effekt ist somit bewußt), so war dieses in der hochsuggestiblen Gruppe nicht der Fall, und dennoch kommt der priming-Effekt (unbewußt) voll zum Tragen.

Abb. 4.1 verdeutlicht schließlich auch noch, daß innerhalb der vorbewußten Informationen ein deutliches *Erinnerbarkeitsgefälle* besteht. Es gibt Gedächtnisinhalte, welche wir uns sehr leicht bewußt machen können, aber auch solche, bei denen uns das Erinnern sehr schwer fällt. Zusätzlich fällt auf, daß dieses Erinnerungsgefälle sehr starken Schwankungen unterliegen kann, d. h., daß es immer wieder vorkommt, daß uns ein aktuell kaum oder nicht abrufbarer Gedächtnisinhalt (z. B. der Name eines Schauspielers aus einer gerade verfolgten Fernsehsendung) nach einer Stunde oder einem Tag spontan einfällt oder auch genau umgekehrt. Wie sind diese Abrufbarkeitsunterschiede und ihre Veränderungen zu erklären?

Solche *Determinanten der Erinnerbarkeit vorbewußter Gedächtnisinhalte* sind etwa
– das Alter der Informationen,
– die Häufigkeit der Nutzung der Informationen,
– aktuelle Wahrnehmungs- und Gedächtnisvorgänge mit den daraus folgenden Fixierungen bzw. priming-Effekten,
– der Selbstbezug.

Das Zusammenwirken dieser Einflußgrößen also bestimmt die Leichtigkeit oder Schwierigkeit der Bewußtmachung (Abrufbarkeit) von vorbewußten Informationen. Wird ein Gedächtnisinhalt häufig bewußt (Häufigkeit), bezieht er sich zusätzlich unmittelbar auf die eigene Person (Selbstbezug), und wurde er vor nicht allzu langer Zeit letztmals wahrgenommen oder erinnert (Aktualität), wie es beispielsweise beim eigenen Namen der Fall ist, dann ist er sehr leicht abrufbar und damit auch leicht bewußt zu machen. Die umgekehrte Bedingungskonstellation führt entsprechend zu einer Erschwerung der Abrufbarkeit unbewußter Gedächtnisinhalte.

Das uns bereits vertraute Konzept der *Aktivationssummation* repräsentiert somit die Variabilität auf der Dimension »Abrufbarkeit«: je höher der Grad der *Voraktivierung* durch die genannten Einflußgrößen, desto leichter sind entsprechende Gedächtnisinhalte zu erinnern und umgekehrt. Dies gilt allerdings nicht für unterbewußte Informationen, von denen man annehmen muß, daß sie durchaus hochaktiviert sein können und sich dennoch eines intentionalen Abrufs entziehen. Die Überwindung dieser Barriere ist keine Frage des Grades der Voraktivation, sondern – wie wir noch sehen werden – des Bewußtseinszustandes.

4.2.2 Selbstbild und Selbstbezug (autobiographisches Gedächtnis)

Eine absolut zentrale Größe für die Abrufbarkeit vorbewußter Informationen ist der Selbstbezug. Darunter versteht man, wie bereits angedeutet, die *Relevanz der wahrgenommenen oder gespeicherten Informationen für die eigene Person.* Alle in episodischer Form gespeicherten Informationen (episodisches Gedächtnis; vgl. Kapitel 3.1 und *Abb. 3.3*) weisen zwangsläufig ein bestimmtes Ausmaß an Selbstbezug auf, denn die jeweilige Person ist immer auch an der Wahrnehmung und dem Erleben der zugrundeliegenden Situation beteiligt. Die erlebte Relevanz (Bedeutung) für die eigene Person kann dabei allerdings stark variieren, je nachdem, für wie zentral oder peripher das jeweilige Geschehen bezüglich der eigenen Interessen, Überzeugungen, Werte und Ziele eingestuft wird. All diese episodischen Erfahrungen sind im Gedächtnis nicht allein an einer raumzeitlichen und damit *chronologischen Achse* abgespeichert, sondern erfahren im Laufe des Lebens im Sinne einer Abstraktion eine inhaltliche, im autobiographischen Gedächtnis abgespeicherte, *hierarchische Organisation. Abb. 4.2* gibt ein Beispiel für einen Ausschnitt aus einem solchen autobiographischen Gedächtnis (vgl. Kihlstrom 1984).

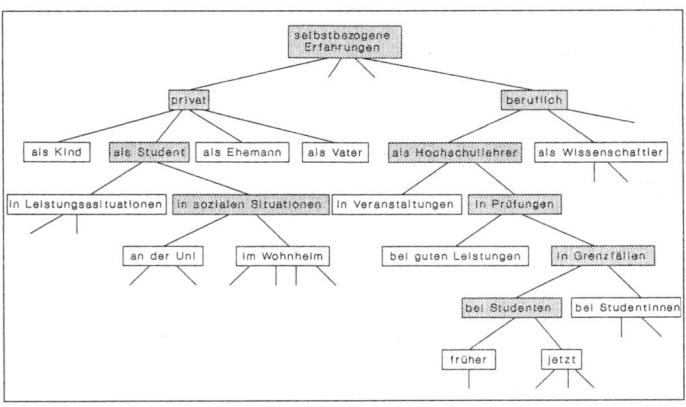

Abb. 4.2: Ausschnitt aus dem Netz selbstbezogener Erfahrungen mit hierarchischem Aufbau.

Dieses autobiographische Gedächtnis repräsentiert in Form einer raumzeitlichen Wissensstruktur das Bild, welches eine Person von sich selbst besitzt, und zwar sowohl aus einer aktuellen als auch einer historischen Perspektive (Selbstbild). Die zentralen Größen eines solchen Selbstbildes – wie Interessen, Überzeugungen, Werte und Ziele – ergeben sich nun erneut als Abstraktionen aus dieser Wissensstruktur und stellen so den *relativ stabilen Kern des Selbstbildes* dar (etwa die Überzeugung, daß jede Leistungsbeurteilung gerecht sein muß, egal ob im privaten oder beruflichen Bereich, egal ob auf die eigene Person oder andere bezogen und egal ob auf Frauen oder Männer bezogen). Je direkter aktuelle Erfahrungen und zurückliegende Erinnerungen auf diesen Kernbereich bezogen sind, desto stärker ist deren selbstbezogene Relevanz und folglich deren überdauernde Voraktivation im Gedächtnis.

4.2.3 Bewußtsein

Diese Art des Selbstbildes oder Selbstkonzepts ist gemeint, wenn wir das *Bewußtsein als die räumliche, zeitliche und selbstbezogene Orientiertheit* definieren. Das Bewußtsein besteht also aus mehr als nur jenen Informationen, die uns jeweils gerade bewußt sind (die sich im AG befinden). Es zählen auch alle unbewußten Gedächtnisinhalte hinzu (gleichgültig, ob vor- oder unterbewußt), vor allem jene, die einen besonders hohen Grad an Voraktivation besitzen und somit für die Konstruktion der Wahrnehmungsinhalte bzw. Rekonstruktion der Gedächtnisinhalte beim Erinnern den Interpretationsrahmen bzw. die Hintergrundshypothese liefern (vgl. Mandler 1986). In *Abb. 4.3* sind in bezug auf das MEKIV-Modell jene Strukturen hervorgehoben, die das Bewußtsein prägen, wobei zu beachten ist, daß die darin ablaufenden Prozesse ebenfalls einen relevanten Beitrag leisten.

Ein so konzipierter Bewußtseinsbegriff rückt den *Zustandsaspekt* in den Vordergrund. Durch die fortwährenden Veränderungen in Raum, Zeit und Selbstbezug ist auch das Bewußtsein einem permanenten Wechsel unterworfen. Andererseits sorgt der relativ stabile Kern des Selbstbildes für jene Konstanz im Bewußtsein, die uns den *Eindruck der Kontinuität und Identität der eigenen Person* vermittelt. Alltägliche Veränderungen im Bewußtsein verstehen sich von daher im Rahmen eines *normalen* Bewußtseinszustandes. Von einem *veränderten* Bewußtseinszustand würde man beispielsweise im Schlaf (Traum), im Rausch (Alkohol, Drogen), in Hypnose usw. sprechen. Auch starke Emotionen (Wut, Angst) können zu solchen Veränderungen führen, wie schon aus der gebräuchlichen Formulierung »Er ist außer sich vor . . .« hervorgeht.

Gerade aus diesen letzten Überlegungen heraus ergibt sich eine entscheidende Ergänzung und Differenzierung, die in *Abb. 4.3*

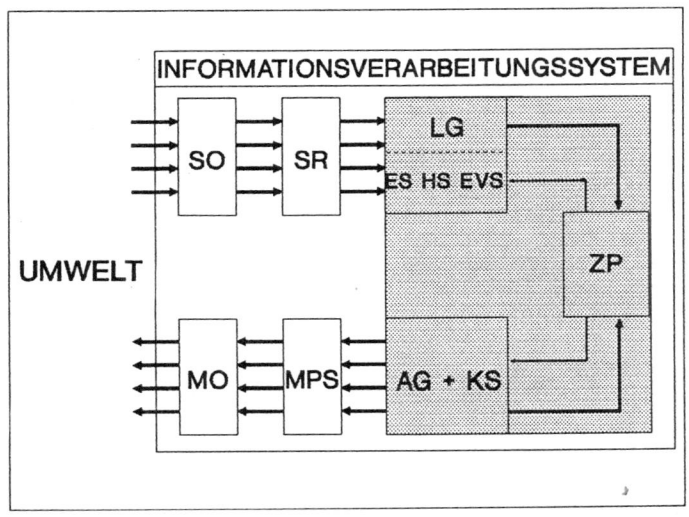

Abb. 4.3: Hervorhebung der das Bewußtsein stiftenden kognitiven Strukturen und Prozesse nach dem MEKIV-Modell.

SO	= Sinnesorgane		ZP	= Zentraler Prozessor
SR	= Sensorisches Register		AG	= Arbeitsgedächtnis
LG	= Langzeitgedächtnis		KS	= Kurzzeitspeicher
ES	= Epistemische Struktur		MPS	= Motorisches Programmsystem
HS	= Heuristische Struktur		MO	= Motorik
EVS	= Evaluative Struktur			

bereits enthalten ist. Das Bewußtsein hinsichtlich der selbstbezogenen Orientiertheit bezieht sich implizit auch auf die Qualität der Steuerung und Kontrolle des gesamten kognitiven Systems durch den zentralen Prozessor (ZP): Sie kann u. a. rational-zielgerichtet (im Normalfall), emotional-zielgerichtet (im Affektfall und Rausch), assoziativ-ungerichtet (im Traum und Rausch) und fremdbestimmt (in Hypnose) sein. Veränderte Bewußtseinszustände definieren sich damit nicht zuletzt über Steuer- und Kontrollmerkmale des ZP.

Eine weitere entscheidende Annahme besteht darin, daß mit diesen unterschiedlichen Steuerungs- und Kontrollprogrammen des ZP nicht alleine die Verarbeitungsmodi variieren, sondern auch unterschiedliche Wissensbestände verfügbar werden können. So ist es in der Hypnose oder im Traum möglich, an Wissensbestände heranzureichen, die im normalen Bewußtseinszu-

171

stand unterbewußt und damit blockiert sind. Aus dem wohlbekannten Bereich des zustandsabhängigen Lernens und Erinnerns sind solche Phänomene wohlbekannt. Erfahrungen, die z. B. im Alkoholrausch gemacht wurden, können oftmals erst dann wieder erinnert werden, wenn man sich erneut im alkoholisierten Zustand und damit im entsprechenden Steuerungs- und Kontrollprogramm des ZP befindet.

Am Beispiel der *multiplen Persönlichkeit* wollen wir abschließend die Überlegungen zu den Grundlagen einer kognitiv orientierten Bewußtseinspsychologie illustrieren. Es handelt sich bei diesem seltenen klinischen Bild um Personen, die mehrere unabhängige Persönlichkeiten in sich beherbergen (vgl. Braun 1990). Solche multiplen Persönlichkeiten fallen dadurch auf, daß sie auf andere Personen *extrem* unterschiedlich wirken. Einmal verkörpern sie eine zurückhaltende, eher ängstliche Person, ein anderes Mal dagegen das genaue Gegenteil, obwohl die Situation selbst vergleichbar ist. Diese Unterpersönlichkeiten sind in der Regel gegenseitig amnestisch, sie wissen also nichts voneinander und von ihren Erfahrungen. Die Konsequenz daraus ist u. a., daß die jeweils das kognitive System und damit das Gesamtindividuum kontrollierende und steuernde Unterpersönlichkeit totale Gedächtnislücken für jene Zeiträume aufweist (und mit ihnen zurechtkommen muß), in welchen andere Unterpersönlichkeiten die Kontrolle innehatten. Diese Unterpersönlichkeiten, die sich bezeichnenderweise eigene Namen geben, sind auch insofern *voll- und eigenständige Persönlichkeiten,* als sie zweifellos nicht nur ein je eigenständiges Bewußtsein im definierten Sinne aufweisen, sondern sogar – als Folge!? – durch organische Besonderheiten wie Kurzsichtigkeit, Schmerzunempfindlichkeit, allergische Reaktionen usw. (vgl. Braun 1983) unterscheidbar sind. Erklärbar auf dem Hintergrund der bisherigen Überlegungen zum Bewußtsein ist die multiple Persönlichkeit aus einem extrem isolierten Nebeneinander verschiedener Selbstbilder. Mögliche Ursachen dafür sind traumatische Erlebnisse in der frühen Kindheit, die zu diesen namentlich benannten, sehr unterschiedlichen Identitäten mit jeweils umfangreichen eigenen Erfahrungen führten. Mit der Dominanz eines dieser Selbstbilder ergeben sich durch die damit verbundenen Veränderungen im unbewußten Bereich (vorbewußte Gedächtnisinhalte werden unterbewußt und umgekehrt, schwer erinnerbare Informationen werden leicht abrufbar und umgekehrt) und durch die damit ebenfalls assoziierte Veränderung in der Qualität der Steuerungs- und Kontrollprogramme des ZP ein eigenständiges Bewußtsein, eine eigenständige Persönlichkeit und – in Ansätzen – sogar ein eigenständiger Organismus. Anders als bei einer normalen Person, die ebenfalls Teilpersönlichkeiten aufweist (Vaterrolle, Sportskamerad, Geschäftsmann, Urlaubspartner usw.), aber dennoch eine einheitliche Persönlichkeit bleibt, sind diese Teilaspekte bei der multiplen Persönlichkeit *dissoziiert* (desintegriert, voneinander losgelöst). Und anders als im hypnotischen Zustand, den der Hypnotiseur hervorrufen und auch beenden kann, entzieht sich der Wechsel zwischen den Unterpersönlichkeiten der Kontrolle der MP.

Neben dem klinischen Bereich verspricht die Weiterentwicklung der Bewußtseinspsychologie auch starke Impulse für die Grundlagenforschung im Bereich der kognitiven Psychologie. Um nur ein Beispiel zu nennen: In Kapitel 3.3.1 hatten wir bei der Besprechung kreativer Problemlöseprozesse die Geschichte von Kekulé kennengelernt, der abends im Halbschlaf vor dem Kamin das Bild von sich in den eigenen Schwanz beißenden Schlangen sah und damit die Ringstruktur des Benzols fand. Wir würden jetzt sagen, daß er sich in einem schlaf- und traumähnlichen Bewußtseinszustand befand, der einerseits andere (neue) Steuer- und Kontrollstrukturen und damit neue Verarbeitungsmodi mit sich bringt und der andererseits andere (neue) vor- und unterbewußte Gedächtnisinhalte erschließt. Beides hat sich im Beispielsfall möglicherweise als hilfreich erwiesen.

Neue Antworten provozieren noch mehr neue Fragen. Die kognitive Bewußtseinspsychologie wird sich ihnen stellen müssen; etwa auch der Frage, wo die Gemeinsamkeiten und Unterschiede zu den entsprechenden Konzepten und Modellen der Tiefenpsychologie anzusiedeln sind.

5 Literatur

Atkinson, R. C. & Shiffrin, R. M. (1968): *Human memory: a proposed system and its control processes.* In Spence, K. W. & Spence, J. T. (Hrsg.), The psychology of motivation and learning. Vol. 2 (S. 89−195). New York: Academic Press.

Baddeley, A. D. & Hitch, G. (1974): *Working memory.* In Bower, G. H. (Hrsg.), The psychology of motivation and learning. Vol. 8 (S. 47−90). New York: Academic Press.

Bellezza, F. S. & Walker, R. J. (1974): *Storage coding trade-off in short-termin store.* Journal of Experimental Psychology 102, 629−633.

Bick, H. T. (1976): *Kreativität und neuronale Netzeigenschaften.* Gießen: Diplomarbeit, Fachbereich 06 Psychologie.

Birch, H. G. & Rabinowitch, H. S. (1951): *The negative effect of previous experience on productive thinking.* Journal of Experimental Psychology 41, 121−125.

Bourne, L. E., Dominowski, R. L., Loftus, E. F. & Healy, A. F. (1986): *Cognitive Processes.* Englewood Cliffs/N. J.: Prentice-Hall. 2. Auflage.

Braun, B. G. (1983): *Psychophysiologic phenomena in multiple personality and hypnosis.* American Journal of Clinical Hypnosis 26, 124−137.

Braun, B. G. (1990): *Multiple personality disorder: an overview.* American Journal of Occupational Therapy 44, 971−976.

Bredenkamp, J., Klein, K.-M., von Hayer, S. & Vaterrodt, B. (1988): *Gedächtnispsychologische Untersuchungen eines Rechenkünstlers.* Sprache & Kognition 7, 69−83.

Broadbent, D. E. (1958): *Perception and communication.* London: Pergamon Press.

Chase, W. G. & Ericsson, K. A. (1982): *Skill and working memory.* In Bower, G. H. (Hrsg.), The psychology of learning and motivation. Vol. 16 (S. 1−58). New York: Academic Press.

Cherry, E. C. (1953): *Some experiments on the recognition of speech with one and with two ears.* Journal of the Acoustical Society of America 25, 975−979.

Cherry, R. S. & Kruger, B. (1983): *Selective auditory attention abilities of learning disabled and normal achieving children.* Journal of Learning Disabilities 16, 202−205.

Collins, A. M. & Quillian, M. R. (1969): *Retrieval time from semantic memory.* Journal of Verbal Learning and Verbal Behavior 8, 240−247.

Collins, A. M. & Quillian, M. R. (1972): *How to make a language user.* In Tulving, E. & Donaldson, W. (Hrsg.), Organization of memory (S. 309−351). New York: Academic Press.

Collins, A. M. & Loftus, E. F. A. (1975): *Spreading activation theory of semantic processing*. Psychological Review 82, 407–428.

Craik, F. I. M. & Lockhart, R. S. (1972): *Levels of processing: a framework for memory research*. Journal of Verbal Learning and Verbal Behavior 11, 268–294.

Crowder, R. G. (1982): *Decay of auditory memory in vowel discrimination*. Journal of Experimental Psychology: Learning, Memory, and Cognition 8, 153–162.

Deutsch, J. A. & Deutsch, D. (1963): *Attention: some theoretical considerations*. Psychological Review 70, 80–90.

Dörner, D. (1977): *Kybernetische Modelle in der Psychologie*. In Herrmann, T., Hofstätter, P. R., Huber, H. P. & Weinert, F. E. (Hrsg.), Handbuch psychologischer Grundbegriffe (S. 253–259). München: Kösel.

Dörner, D. (1979): *Problemlösen als Informationsverarbeitung*. Stuttgart: Kohlhammer. 2. Auflage.

Dörner, D., Kreuzig, W. H., Reither, F. & Stäudel, T. (1981): *Planen, handeln und entscheiden in sehr komplexen Realitätsbereichen*. In Michaelis, W. (Hrsg.), Bericht über den 32. Kongreß der Deutschen Gesellschaft für Psychologie in Zürich 1980 (S. 280–283). Göttingen: Hogrefe.

Dörner, D., Kreuzig, H. W., Reither, F. & Stäudel, T. (Hrsg.) (1983): *Lohhausen. Vom Umgang mit Unbestimmtheit und Komplexität*. Bern: Huber.

Duncker, K. (1935): *Zur Psychologie des produktiven Denkens*. Berlin: Springer.

Duncker, K. (1945): *On problem solving*. Psychological Monographs 58, 1–110.

Eich, E. (1984): *Memory for unattended events: remembering with and without awareness*. Memory and Cognition 12, 105–111.

Funke, J. (1983): *Einige Bemerkungen zu Problemen der Problemlöseforschung oder: Ist Testintelligenz doch ein Prädikator?* Diagnostica 29, 283–302.

Hirst, W., Spelke, E. S., Reaves, C. C., Caharack, G. & Neisser, U. (1980): *Divided attention without alternation or automaticity*. Journal of Experimental Psychology: General 109, 98–117.

Howard, D. V. (1983): *Cognitive psychology: memory, language and thought*. New York: MacMillan.

Hunter, I. M. L. (1968): *Mental calculation*. In Wason, P. C. & Johnson-Laird, P. N. (Hrsg.), Thinking and reasoning (S. 341–351). Middlesex, England: Penguin.

Hussy, W. (1983): *Komplexe menschliche Informationsverarbeitung: das SPIV-Modell*. Sprache und Kognition 2, 47–62.

Hussy, W. (1984): *Denkpsychologie: ein Lehrbuch*. Band 1: Geschichte, Begriffs- und Problemlöseforschung, Intelligenz. Stuttgart: Kohlhammer.

Hussy, W. (1986): *Denkpsychologie: ein Lehrbuch*. Band 2: Schlußfolgern, Urteilen, Kreativität, Sprache, Entwicklung, Aufmerksamkeit. Stuttgart: Kohlhammer.

Hussy, W. (1989): *Strategien zur Bewältigung umfänglicher, problemrelevanter Informationsangebote im Altersvergleich*. Zeitschrift für Entwicklungspsychologie und Pädagogische Psychologie 21, 24–39.

Hussy, W. (1991a): *Ein Beitrag zur zeitlichen Erstreckung der Merkmalsfixierung*. Unveröffentliches Manuskript.

Hussy, W. (1991b): *Eine experimentelle Studie zum Intelligenzkonzept »Verarbeitungskapazität«*. Diagnostica 37, 314–333.

Hussy, W. (1991c): *Komplexes Problemlösen und Verarbeitungskapazität*. Sprache & Kognition 10, 208–220.

Hussy, W. (1992a): *Merkmalsfixierung und der kreative Prozeß*. Unveröffentlichtes Manuskript.

Hussy, W. (1992b): *Zum Einfluß unbewußter Prozesse auf das Problemlösen*. Unveröffentliches Manuskript.

Jäger, A. O. (1982): *Mehrmodale Klassifikation von Intelligenztestleistungen: experimentell kontrollierte Weiterentwicklung eines deskriptiven Intelligenzstrukturmodells*. Diagnostica 28, 195–225.

Janke, W. (1966): *ENRL – (Extraversion, Neurotizismus, Rigidität, Lügen) Fragebogen*. Gießener Form.

Johnston, W. A. & Heinz, S. P. (1978): *Flexibility and capacity demands of attention*. Journal of Experimental Psychology: General 107, 420–435.

Jülisch, B. & Krause, W. (1976): *Semantischer Kontext und Problemlöseprozesse*. In Klix, F. (Hrsg.), Psychologische Beiträge zur Analyse kognitiver Prozesse (S. 274–301). Berlin: Deutscher Verlag der Wissenschaften.

Kahneman, D. (1973): *Attention and effort*. Englewood Cliffs/N. J.: Prentice-Hall.

Kahneman, D. & Tversky, A. (1972): *Subjective probability: a judgment of representativeness*. Cognitive Psychology 3, 430–454.

Kahneman, D. & Tversky, A (1973): *On the psychology of prediction*. Psychological Review 80, 237–251.

Kanizsa, G. (1976): *Subjective contours*. Scientific American 234, 48–52.

Katona, G. (1940): *Organizing and memorizing*. New York: Columbia University Press.

Kihlstrom, J. F. (1982): *Hypnosis and the dissociation of memory, with special reference to posthypnotic amnesia*. Research Communications in Psychology, Psychiatry and Behavior 7, 181–197.

Kihlstrom, J. F. (1984): *Conscious, subconscious, unconscious: a cognitive perspective*. In Bowers, K. S. & Meichenbaum, D. (Hrsg.), The unconscious reconsidered (S. 149–211). New York: Wiley.

Klix, F. & Rautenstrauch-Goede, K. (1967): *Struktur- und Komponentenanalyse von Problemlöseprozessen*. Zeitschrift für Psychologie 174, 167–193.

Koestler, A. (1964): *The act of creation*. New York: MacMillan.

Logan, G. D. (1979): *On the use of a concurrent memory load to measure attention and automaticity*. Journal of Experimental Psychology: Human Perception and Performance 5, 189—207.

Luchins, A. S. & Luchins, E. H. (1950): *New experimental attempts at preventing mechanization in problem solving*. Journal of General Psychology 42, 279—297.

MacKay, D. G. (1973): *Aspects of the theory of comprehension, memory and attention*. Quarterly Journal of Experimental Psychology 25, 22—40.

Maier, N. R. F. (1931): *Reasoning in humans. II. The solution of a problem and its appearance in consciousness*. Journal of Comparative Psychology 12, 181—194.

Mandler, G. (1986): *Aufbau und Grenzen des Bewußtseins*. In: Sarris, V. & Parducci, A. (Hrsg.), Die Zukunft der experimentellen Psychologie (S. 115—163). Weinheim: Beltz.

Mayer, R. E. (1983): *Thinking, problem solving, cognition*. New York: Freeman.

Miller, G. A., Galanter, E. & Pribram, K. H. (1956): *Plans and the structure of behavior*. New York: Holt, Rinehart & Winston.

Moray, N. (1959): *Attention in dichotic listening: affective cues and the influence of instructions*. Quarterly Journal of Experimental Psychology 11, 56—60.

Moray, N. (1967): *Where is capacity limited? – A survey and a model*. Acta Psychologica 27, 84—92.

Murray, H. G. & Denny, J. P. (1969): *Interaction of ability level and interpolated activity in human problem solving*. Psychological Reports 24, 217—276.

Neisser, U. (1967): *Cognitive Psychology*. New York: Appleton-Century-Crofts.

Neisser, U. (1979): *Kognition und Wirklichkeit. Prinzipien und Implikationen der kognitiven Psychologie*. Stuttgart: Klett-Cotta.

Neumann, O. (1985): *Informationsverarbeitung, Künstliche Intelligenz und die Perspektiven der Kognitionspsychologie*. In Neumann, O. (Hrsg.), Perspektiven der Kognitionspsychologie (S. 3—38). Berlin: Springer.

Newstead, S. E. & Dennis, I. (1979): *Lexical and grammatical processing of unshadowed messages: a re-examination of the MacKay effect*. Quarterly Journal of Experimental Psychology 31, 477—488.

Nisbett, R. E. & Ross, L. (1980): *Human inference: strategies and shortcomings of social judgment*. Englewood Cliffs, N. J.: Prentice-Hall.

Norman, D. A. (1968): *Toward a theory of memory and attention*. Psychological Review 75, 522—536.

Posner, M. I. & Snyder, C. R. R. (1975): *Facilitation and inhibition in the processing of signals*. In Rabbitt, P. M. A. & Dornic, S. (Hrsg.), Attention and performance V (S. 669—682). New York: Academic Press.

Putz-Osterloh, W. & Lüer, G. (1981) *Über die Vorhersagbarkeit komplexer Problemlöseleistungen durch Ergebnisse in einem Intelligenztest*.

Zeitschrift für Experimentelle und Angewandte Psychologie 28, 309–334.

Raven, C. J. (1962): *Advanced Progressive Matrices Set II.* London: Lewis.

Rothenberg, A. (1979): *The emerging goddes.* Chicago: University of Chicago Press.

Ruhlender, P. (1989): *Nicht-bewußtes Lernen beim Lösen von Anagrammen.* Zeitschrift für Experimentelle und Angewandte Psychologie 36, 494–509.

Saugstad, P. & Raaheim, K. (1960): *Problem solving, past experience and availability of functions.* British Journal of Psychology 51, 97–104.

Schaefer, R. E. (1985): *Denken.* Berlin: Springer.

Scheerer, M., Ruthmann, E. & Goldstein, K. (1954): *A case of »idiot savant«: an experimental study of personality organisation.* Psychological Monographs 58, Whole No. 269.

Schneider, W. & Shiffrin, R. M. (1977): *Controlled and automatic human information processing: I. Detection, search, and attention.* Psychological Review 84, 1–66.

Schoppe, K. J. (1975): *Verbaler Kreativitätstest: Handanweisung.* Göttingen: Hogrefe.

Shannon, C. E. & Weaver, W. (1949): *The mathematical theory of communication.* Urbana: University of Illinois Press.

Shiffrin, R. M. & Schneider, W. (1977): *Controlled and automatic human information processing: II. Perceptual learning, automatic attending, and a general theory.* Psychological Review 84, 127–190.

Spada, H. & Mandl, H. (1988): *Wissenspsychologie: Einführung.* In Mandl, H. & Spada, H. (Hrsg.), Wissenspsychologie. München: Psychologie Verlags Union.

Spelke, E., Hirst, W. & Neisser, U. (1976): *Skills of divided attention.* Cognition 4, 215–230.

Sperling, G. (1960): *The information available in brief visual presentations.* Psychological Monographs 74, 1–29.

Stäudel, T. (1987): *Problemlösen, Emotion und Kompetenz.* Regensburg: Roderer.

Stroop, J. R. (1935): *Studies of interference in serial verbal reactions.* Journal of Experimental Psychology 18, 643–662.

Süllwold, F. (1988): *Geschlechtsunterschiede in der Streßverarbeitung.* Forschung Frankfurt, Heft 1/2, 30–34 (Wissenschaftsmagazin der Universität Frankfurt).

Thorndike, E. L. (1898): *Animal intelligence.* Psychological Monographs 2, Nr. 8.

Treisman, A. M. (1960): *Contextual cues in selective listening.* Quarterly Journal of Experimental Psychology 12, 242–248.

Treisman, A. M. (1964a): *Verbal cues, language, and meaning in selective attention.* American Journal of Psychology 77, 206–219.

Treisman, A. M. (1964b): *The effect of irrelevant material on the efficiency of selective attention.* American Journal of Psychology 77, 533–546.

Tulving, E. (1972): *Episodic and semantic memory.* In Tulving, E. & Donaldson, W. (Hrsg.), Organization of memory (S. 381—403). New York: Academic Press.

Tversky, A. & Kahneman, D. (1971): *Belief in a law of small numbers.* Psychological Bulletin 76, 105—110.

Tversky, A. & Kahneman, D. (1974): *Judgment under uncertainty: heuristics and biasis.* Science 185, 1124—1131.

Ullrich de Muynck, R. & Ullrich, R. (1977): *Der Unsicherheitsfragebogen.* München: Pfeifer.

Waldmann, M. & Weinert, F. E. (1990): *Intelligenz und Denken. Perspektiven der Hochbegabtenforschung.* Göttingen: Hogrefe.

Wallas, G. (1926): *The art of thought.* New York: Harcourt Brace.

Watson, J. B. (1930): *Behaviorism.* New York: Norton. (deutsch: Behaviorismus. Fachbuchhandel für Psychologie: Reprints Psychology 4. 1979, 1984. 3. Auflage).

Watson, J. D. (1969): *Die Doppel-Helix.* Reinbek: Rowohlt.

Weinert, F. E. (1989): *Vorwort zur deutschsprachigen Ausgabe.* In Weisberg, R. W., Kreativität und Begabung (S. 11—14). Heidelberg: Spektrum.

Weisberg, R. W. (1989): *Kreativität und Begabung. Was wir mit Mozart, Einstein und Picasso gemeinsam haben.* Heidelberg: Spektrum.

Weiss, R. H. (1971): *Grundintelligenztest Skala 3 – CFT 3. Test und Handanweisung.* Braunschweig: Westermann.

Wippich, W. (1984): *Lehrbuch der angewandten Gedächtnispsychologie.* Band 1. Stuttgart: Kohlhammer.

Franz Schermer

Lernen und Gedächtnis

1991. 191 Seiten mit 13 Abbildungen und
6 Tabellen
Kart. DM 24,–
ISBN 3-17-010376-8
Urban-Taschenbücher, Band 559
Grundriß der Psychologie, Band 10

In verständlicher Sprache und übersichtlich
gegliedert führt dieses Buch in die Lern- und
Gedächtnispsychologie ein. Es vermittelt Verständnis für die verschiedenen Fragestellungen
und macht den Leser mit den grundlegenden
Fakten dieser zentralen Bereiche der Psychologie vertraut. Der Autor behandelt sowohl tradi-
tionelle als auch aktuelle Sichtweisen und verhilft auf diese Weise jedem Interessierten zu
einem orientierenden Überblick. Im lernpsycho-
logischen Teil werden Kontiguität, Verstärkung
und Beobachtung erörtert, und im gedächtnis-
psychologischen Teil geht es u. a. um verbales
Lernen, Speichermodelle und semantisches
Gedächtnis.

 Verlag   Postfach 80 04 30
W. Kohlhammer 7000 Stuttgart 80

451-1092 339 MFG